반려견 행동심리학

나의 반려견
고스트와 보저에게 이 책을 바칩니다

반려견
행동심리학

개의 행복을 위한
가장 과학적인 양육 가이드

재지 토드 지음
이윤정 옮김

동글디자인

추천의 말

저는 동물들을 사랑해서 수의사가 되었고, 동물 복지를 위해 힘쓰다 보니 이를 지지하는 많은 사람을 만날 기회가 있었습니다. 그동안 반려동물에 관한 스물다섯 권의 책을 쓴 수의사로서 17년간 아침 텔레비전 프로그램인 《굿모닝 아메리카Good Morning America》에 고정 출연했습니다. 거의 20년간 전국적으로 발행되는 신문에 반려동물과 동물병원 관련 사설을 기재하기도 했습니다. 반려동물이 동물병원에 갈 때 스트레스를 덜 받게 하자는 취지에서 피어프리Fear Free라는 단체를 설립하고 운영했습니다. 저는 사람들에게 반려견의 심신 건강을 돌보는 법을 가르치는 일의 중요성을 잘 알고 있습니다. 그런 점에서 재지 토드 박사의 이번 저서를 매우 흥미롭게 읽었습니다.

토드 박사가 운영하는 블로그 '반려동물 심리학Companion Animal Psychology'을 즐겨 보는 저는 그녀가 개와 과학, 그리고 행복에 관해 글 쓰는 것을 무엇보다도 사랑한다는 사실을 잘 압니다. 토드 박사는 다양한 주제를 통해 어떻게 해야 반려견들이 행복한지에 관해 상세하게 접근합니다. 또한 이를 명확하고 전문적으로 설명해 줍니다. 그녀는 삶의 모든 측면에서 반려견을 행복하게 하는 방법과 과학이 어떻게 밀접하게 연관되어 있는지를 알려 줍니다. 강아지를 분양받거나 입양할 때 좋은 결정을 내리는 법부터 시작해 사회성을 길러 주는 법, 놀이의 중요성, 똑똑한 반려견을 만드는 법, 그리고 모든 연령대의 반려인들이 안전하고 행복하게 반려견과 상호작용하는 방법까지, 이 책에 그 모든 것이 담겨 있습니다. 각 장이 끝날 때마다 독자가 실생활에서 적용해 볼 만한 유용한 조언들도 제공해 줍니다.

심리학 전문가인 토드 박사는 정서적 안정감의 중요성을 누구보다 더 잘 인지하고 있습니다. 견주가 반려견을 행복하게 하는 법을 알고 있어야만 반려견의 신체적·정서적 건강 모두에 변화를 줄 수 있으며, 인간과 동물의 유대감도 강화됩니다. 이 책은 반려견이 심신의 안녕을 누리도록 하는 지식과 도구를 독자들에게 제공해 반려견이 최적의 행복과 풍요를 누릴 수 있도록 도와줄 것입니다.

2018년 《두려움에서 벗어나기 From Fearful to Fear Free》라는 저서가 출간된 기념으로 토드 박사가 저를 인터뷰한 적이 있었습니다. 당시 저는 피어프리 단체를 이끌며 느낀 진솔한 이야기와 함께 반려견의 정서 건강을 돌보는 데 실패하면 반려견의 신체 건강에도 해를 입힐 수 있다는 사실을 전했습니다. 동물 복지의 핵심(그리고 반려견 삶의 질을 높이도록 돕는 단체인 피어프리 해피홈즈의 필수 요소)은 동물들에게 지속적인 행복감과 안정감을 주고, 풍족한 환경을 제공하는 것입니다. 동물 복지와 동물 행동에 관한 연구는 빠르게 변화하는 분야입니다. 이 책의 내용은 개를 주제로 연구한 최신 과학 자료를 바탕으로 하고 있습니다. 그뿐만 아니라 토드 박사는 개 전문 과학자, 수의사, 수의 행동학자, 유기견 보호소 관리자, 그리고 개 훈련사와의 인터뷰를 통해 이들이 반려인들에게 꼭 알리고자 하는 내용을 알아냈습니다. 개의 관점에서 도출한 연구 결과나 개들에게 더 나은 세상을 만드는 조언 등 전문가들의 이야기는 우리에게 새로운 사실을 깨우쳐 주며 놀랍기까지 합니다.

토드 박사는 더 나은 동물 복지를 실현하는 데 열정을 가진 유망한 과학 저술가일 뿐만 아니라, 피어프리 단체의 고문단이자 개 훈련 전문가입니다. 그녀는 반려견들과 함께 지내는 반려인이기도 하지요. 하여 이 책에는 토드 박사가 반려견 보저와 고스트를 기르며 경험한 일화들이 소개되어 있습니다. 독자들은 두 반려견이 그녀의 삶에 찾아온 이야기, 훈련 과정의 어려움, 그리고 이들의 독특한 성격마저도 알게 될 것입니다. 그 모든 흥미로운 과정에서 개를 향한 토드 박사의 사랑은 찬란하게 빛납니다.

여러분도 저처럼 반려견의 정서적 행복에 관심이 많다면 분명히 이 책을 흥미롭게 읽을 것입니다. 이 책은 과학적으로도 명확할 뿐 아니라 아름다운 이야기로 가득한, 과학과 영혼의 흔치 않은 조합이라고 할 수 있습니다. 마지막 장을 읽을 즈음에는 여러분의 반려견이 더욱 행복하게 살아가도록 하는 방법을 찾아냈을 것이라 확신합니다.

— 수의학 박사, 마티 베커 Marty Becker

차례

추천의 말 5
들어가며_이 책을 쓰기까지의 과정 13

1장 반려견에게 행복이란

반려견이 행복한지 어떻게 알 수 있을까? 25 | 동물 복지가 뜻하는 것 29 | 반려견을 이해하는 것 34 | 반려견마다 필요한 것이 다르다 35 | 인간과 동물 간 유대감의 중요성 36

2장 반려견의 복지와 입양

개의 외모와 유전적 변화 43 | 유행이 반려견 선택에 미치는 영향 46 | 입양 전 생각해야 할 것들 49 | 입양 시기와 사회성 발달 54 | 입양 전 환경의 중요성 57 | 추가적인 사회화 훈련의 필요성 59 | 보호소에서 개를 입양할 때 꼭 명심해야 하는 것 62 | 현실적으로 생각하기 63

3장 반려견의 학습법과 행동심리

동물의 학습에 관하여 70 | 비연합 학습: 습관화와 민감화 71 | 연합 학습: 고전적 조건형성과 조작적 조건형성 73 | 고전적 조건형성: 파블로프의 학습법 75 | 조작적 조건형성: 스키너의 학습법 77 | 훈련 방식과 행동의 연관성 81 | 전기 충격 목줄의 위험성 86 | 보상 기반 훈련의 이점들 88 | 강아지 수업 91 | 좋은 훈련사를 선택하는 법 94

4장 반려견 훈련 기술

밀고 나가기, 되돌아가기, 계속하기 규칙 102 | 개에게 동기부여가 되는 것들 104 | 훈련할 때 클리커를 사용해야 할까? 110 | 훈련 기술 : 타이밍의 중요성 113 | 훈련 기술: 훈련 후 활동과 동기부여 116

5장 반려견 건강 관리

동물병원에서 보이는 스트레스 징후 121 | 동물병원에서 스트레스 줄이기 124 | 체계적인 의료 관리의 중요성 129 | 중성화 수술과 성호르몬의 관계 133 | 털 손질과 접촉 민감성 135 | 치아 관리 137

6장 반려견의 사회성

놀이는 어떤 모습일까? 145 | 놀이 인사를 하는 이유 146 | 놀이에도 기술이 필요하다 150 | 강아지 전용 공원 153 | 개와 고양이를 함께 기르는 법 156

7장 반려견과 인간의 유대감

인간을 향한 반려견의 애착 166 | 개들의 선호도 172 | 개들이 사람의 정서를 이해할까? 174 | 사람과 개의 상호작용 방법 176

8장 아이와 반려견의 관계

아이가 있는 집에서 사는 반려견 185 | 반려견이 어린아이를 무는 이유 189 | 반려견과 안전하게 상호작용하는 법 191 | 아이와 반려견의 원만한 관계를 위해서 해야 할 일 195

9장 반려견의 산책

산책이 꼭 필요한 이유 203 | 반려견 산책에 필요한 동기부여 206 | 마당에 나가는 것은 산책이 아니다 211 | 반려견과 안전하게 산책하기 212

10장 반려견의 폭넓은 활동 경험

폭넓은 활동의 중요성 221 | 청각과 후각: 개에게 중요한 감각들 225 | 반려견의 스포츠 활동과 인간과의 유대감 231 | 다양한 활동 경험을 제공하는 방법과 이유 232

11장 반려견 식습관의 과학

개가 먹을 수 있는 것 241 | 반려견 식단 관리법 243 | 간식에 관한 진실 248 | 반려견이 과체중이거나 비만일 때 248 | 개의 포식 행동에 관해 255

12장 반려견 수면의 비밀

반려견과 사람이 함께 자는 것 261 | 반려견의 수면 패턴 이해하기 265 | 개들은 얼마나 자야 할까? 266 | 반려견의 수면 각성 주기 268 | 경험이 반려견 수면에 미치는 영향 271 | 잠과 학습의 상관관계 272 | 반려견의 잠꼬대와 꿈 274

13장 반려견의 문제 행동과 심리 상태

두려움 284 | 공격성 290 | 분리 불안 293 | 소유욕 294 | 배변 훈련 문제 296 | 도움받기의 필요성 297

14장 노견과 장애견

노견이 겪는 변화들 305 | 장애가 있는 개들 313 | 시각·청각 장애 견과 함께 지내기 313 | 신체 장애견과 함께 지내기 315

15장 반려견의 마지막 순간

개의 수명 318 | 삶의 끝을 결정하는 것 323 | 삶의 질 평가 325 | 의사 결정의 어려움을 인지하기 327 | 안락사는 어떻게 진행될까? 330 | 반려견의 죽음을 애도할 때 332 | 예상치 못한 이별과 응급 상황에 대비하기 333

마치며_반려견의 행복을 위하여 339

행복한 반려견을 위한 체크리스트 345
참고 문헌 348

* 일러두기
- 개과학(canine science)은 개를 과학적으로 연구하는 학문을 말하며, 심리학, 행동과학, 유전학 등과 관련된 다양한 연구를 포괄하고 있습니다.
- 논문, 서적, 학술지 모두 《 》로 표기했습니다.
- 모든 주석은 번역자주입니다.

들어가며_ 이 책을 쓰기까지의 과정

나의 반려견들과의 첫 만남

정도에 다소 차이는 있겠지만, 모든 반려견은 견주의 삶에 변화를 가져온다. 나야말로 시베리안 허스키와 알래스칸 맬러뮤트 교배종 한 마리가 내 삶에 이토록 큰 변화를 안겨 줄지 상상도 하지 못했다.

아주 무더운 어느 날, 우리는 고스트를 보호소에서 집으로 데려왔다. 차고에 들어가 녀석을 내려 준 다음 잠깐 볼일을 보게 하려고 리드 줄을 한 채 마당으로 갔다. 고스트는 다른 보호소가 아닌 가정집에 도착했다는 사실에 조금 안심한 듯 보였다. 녀석은 이미 동물 보호 센터를 몇 차례 옮겨 다녔다고 했다. 지금은 조금 더 자란 듯하지만, 보호소에서 전해 들은 바에 따르면 고스트는 네 살이었다. 낯선 사람들이 사는 집에 오게 되어 긴장한 모습이 역력했기에, 나는 녀석을 쓰다듬어 주는 데 상당히 많은 시간을 할애했다. 고스트는 옆으로 누워 있기도 했고, 방 한가운데서 벌러덩 드러누워 있기도 했다. 나는 그때마다 녀석에게 다가가 묵직하고 부드러운 털을 쓰다듬어 주었다. 한참을 쓰다듬어 주다가 내가 손을 떼면 녀석은 고개를 바짝 세워 들고 자기 입술을 핥았다. 때로는 내게 앞발을 내밀어 더 쓰다듬어 달라고 애원했다. 고스트는 쓰다듬어 주는 걸 아주 좋아하면서도 어떤 때는 마치 우리가 자기를 해치기라도 할 듯 손만 대면 피하기 일쑤였다.

어딜 가든 사람들은 고스트의 외모를 두고 칭찬을 아끼지 않았다. 나는 이토록 멋진 개가 새 주인을 만나기까지 수 주일을 기다려야 했다는 사실을 믿기 힘들었다. 녀석은 다정했으며 인물이 좋고 덩치도 컸다. 눈 맞춤은 잘하지 않았어도 내가 등을 돌리면 녀석이 나를 바라보는 것이 느껴졌다. 창백하면서도 푸른, 거의 하얗게 보이는 두 눈동자 주위로 눈매가 짙고 또렷했다. 한편, 녀석이 몸을 움직이고 나면 털이 조금씩 빠져있곤 했다. 털갈이는 여름 내내 계속되더니 내가 녀석의 털을 빗겨 줄 때마다 엄청난 양의 털이 빠져 이제는 완전히 다른 개가 되었다고 해도 과언이 아니다. 녀석은 뭘 해야 할지 모르는 눈치였고, 그건 우리도 마찬가지였다. 얼마나 먹여야 할지, 산책은 얼마나 해야 할지, 어떤 게임을 하면 좋을지 등 우리가 이제부터 찾아내야 하는 것들이었다. 녀석은 산책 도중 길에서 만난 사람들이 쓰다듬어 주면 가만히 있으면서도 그들에게 별 관심이 없었다. 하지만 다른 개들을 만나면 기분이 좋아 보였다. 다른 개가 지나갈 때면 몇 번이고 리드 줄을 핵 당기면서 내달려가 코를 킁킁댔던 기억이 난다. 얼마 지나지 않아 우리는 고스트에게 친구를 만들어 주기로 했다.

지역 유기견 보호소 명단에 오스트레일리언 셰퍼드 한 마리가 있었다. 보호소 웹사이트에 사진이나 정보가 올라와 있지는 않았다. 인터넷으로 조사해 보니 셰퍼드 품종이 훈련이 잘되는 편이라고 해서 우리는 고스트와 함께 보호소를 찾아갔다. 그러나 그 친구는 애견 미용실에 가고 없었다. 우리는 접견실에 앉아 녀석이 돌아오길 기다렸다. 고스트도 바닥에 엎드려 느긋하게 기다려 주었다. 하지만 아무리 기다려도 오지 않아 그냥 집으로 돌아왔다. 우리는 집에 도착하자마자 지금 바로 보호소로 와 줄 수 있냐는 연락을 받았다. 보호소가 문을 닫기 직전에 도착한 우리는 털을 아름답게 손질하고 두건까지 두른 그 친구를 데리고 아주 잠깐 산책을 했다. 고스트가 그 친구를 마음에 들어하는 것 같았다. 그래서 우리는 그 셰퍼드를 입양하기로 했다. 우리는 새 친구에게 보저라는 이름을 붙여 주었다. 6주라는 기간 동안, 반려견이 한 마리도 없던 우리 집에 두 마리의 반려견이 생겼다. 그리고 두 마리의 반려묘도 생겼다. 보저를 데려오기 전, 범 무늬 고양이 한 마리가 창문을 통해 고스트를 지켜보길래 집으로 들였다. 그러다 그에게도 친구가 필요할 듯하여 예쁘장한 얼룩 고양이 한 마리도 기르게 되었다.

나는 책이나 텔레비전에서 개에 관한 내용을 접할 때마다 혼란스러웠다. 산책할 때는 반려견이 견주와 나란히 걸어야 한다고 했지만, 썰매견인 고스트는 썰매를 끌던 습성 때문인지 자연스레 사람 앞에서 걸었다. 반려견에게 밥을 주기 전에 먼저 식사를 마쳐야 한다는 이

론도 마찬가지였다. 우리는 사실 식사 전에 반려견들부터 배불리 먹이는 게 더 편했다. 반려견이 뭔가를 먹다가 뼈를 씹으면 입에서 뼈를 빼내 주라고도 하던데, 그건 정말이지 멍청한 생각이다! 고스트 이빨이 얼마나 큰데, 거기에 손을 넣는 위험을 감수하라니. 게다가, 녀석은 내가 뭘 주겠다고 하면 순순히 응한다. 간식을 내밀며 녀석이 물고 있던 공을 달라고 하면 기꺼이 공을 건네주니 말이다. 반려견과 대치 상황을 만들 필요가 없다면 되도록 피하는 게 좋지 않을까?

보저의 경우는 솔직히 말해 약간 구제 불능이었다. 안절부절못하고, 고집도 센 편이고, 하루종일 짖어댔다. 리드 줄을 걸고 나가면 어느 방향으로 튈지 모를 지경이었다. 그리고 끊임없이 사람의 주의를 끌면서도 우리가 쳐다보면 낮은 소리로 으르렁댔다. 그냥 혼자 내버려 두면 입으로 자기 꼬리를 물고 한없이 빙빙 돌기도 했다. 보저를 집으로 데려온 초반에 녀석을 본 지인들은 우리가 당장에라도 그 개를 다시 보호소로 보내리라 생각했을 것이다. 그렇게 하면 몸은 편했겠지만, 우리는 보저에게 책임감을 느끼고 있었다. 녀석은 사회성이 떨어졌고, 제대로 된 훈련을 받지 못한 게 분명했다. 우리가 녀석을 가르쳐야 했다. 그래도 다행히 배변 훈련은 되어 있었다. 그리고 자신이 고스트의 친구가 되기 위해 이 집에 왔다는 점을 아는 듯했다. 갑작스레 내 삶이 두 반려견을 행복하게 지내도록 하는 데 맞춰지게 되었다. 물론 생각처럼 쉬운 일은 아니었지만 말이다.

여기서 짚고 넘어가고 싶은 사실들이 있다. 여전히 많은 사람이 텔레비전 프로그램에서 알려 주는 '반려견보다 먼저 식사하기'와 같이 근거 없는 사실을 믿고 있으며, 그 어느 때보다도 개에 관한 풍부한 지식을 갖게 되었다는 점이다.

개에 대해 더 알고 싶어진 이유

노팅엄 대학교에서 사회심리학 박사 과정을 공부했던 나는 학생들에게 다양한 주제로 기초 심리학을 가르쳤다. 심지어 양의 뇌를 해부하는 수업을 진행하며 학생들이 해마(기억력과 감정을 관장하는 부위)와 후신경구(후각을 관장하는 부위) 등을 구분할 수 있도록 알려 주었다. 당시의 수업을 떠올리면 아직도 독한 방부제 냄새와 희끄무레하고 누르스름했던 뇌의 색깔이 떠오른다. 또 나는 대학원 1학년 학생들의 심리학 입문 과정 개별 지도를 맡아 인간을 비롯한 모든 동물들이 학습하는 방법을 주제로 연구를 한 적이 있었다.

나는 '동물 학습'이라는 주제를 연구하기 위해 학생들에게 강화reinforcement와 처벌punishment 방식의 사례를 조사해 오라고 했다. 내가 연구한 사례 중 하나는 우리 집 반려묘인 얼룩 고양이 스냅을 대상으로 한 것이었다. 밤마다 스냅이 들어와야 할 시간이 되면, 나는 녀석의 이름을 부르며 간식 봉지를 흔들어 보였다. 그리고 부엌으로 들어오면 간식 하나를 건네주는 방식이었다. 이는 간식을 주면서 행동을 이끌어 낸 것으로 정적 강화의 사례다. (정적 강화란 어떤 행동이 일어난 직후 행위자가 좋아하는 것을 주어 그 행동의 발생 빈도를 높이는 것을 말한다.) 대부분의 학생이 인간의 사례를 생각해 오긴 했지만, 일부 학생들은 나처럼 집에서 기르는 반려견의 사례를 생각해 오기도 했다. 이런 정보는 집에서 반려동물을 기르는 누구에게든 매우 유용하다. 많은 반려인이 기본 심리학을 배웠으면 하고 바라는 많은 이유 중 하나는 동물 행동의 원리를 이해하면 반려견과 행복한 관계를 맺는 데도 도움이 되기 때문이다.

나는 고스트를 입양하기 전까지는 동물 학습에 관해 깊이 생각해 본 적이 없었다. 하지만 반려견을 입양하고 나서 직접 개를 돌보는 일의 어려움과 도움이 되는 조언을 찾기가 쉽지 않다는 점을 알게 되었다. 2012년, 고스트를 입양하고 1년도 채 되지 않았을 때 반려견과 반려묘를 잘 돌볼 수 있는 과학적인 방법을 알아내고자 '반려동물 심리학Companion Animal Psychology'이라는 블로그를 시작했다. 나는 개와 고양이를 연구한 다양한 내용의 과학 자료들을 수집했고, 많은 이들이 그 내용을 궁금해한다는 사실을 알게 되었다. 개과학이 급성장하는 분야라는 사실은 그만큼 새로운 내용이 많다는 뜻이다. 평생 반려인으로 살아온 이들도 늘 새로운 정보를 접하게 된다.

강화와 처벌의 원리가 반려동물과 살아가는 데 중요한 것은 사실이다. 그러나 다른 한편으로는 동물들의 생각과 감정에 관해 우리가 아는 것들이 완전히 달라졌다. 미국 심리학자 버러스 프레더릭 스키너Burrhus Frederic Skinner의 주장대로 동물들은 단순히 자극에 반응하는 것일 뿐이라는 생각에서 시작하여, 현재 동물을 지각이 있는 존재로 인정하기에 이르렀다. 이제 우리는 반려동물들이 사람과 마찬가지로 생각을 하고 감정을 느낀다는 사실을 잘 알고 있다. 이는 반려동물을 돌볼 때 더 큰 책임감을 가지고, 그들을 있는 그대로 인정해야 한다는 것을 의미한다. 인간에게 애착을 느끼고 나름대로 원하는 것도 있는 영리한 존재로 말이다.

1998년, 한 연구 결과 덕분에 과학자들이 개에 주목하게 되었다. 인류학 교수인 브라이언 헤어Brian Hare 박사와 행동학자 아담 미클로시Ádám Miklósi 교수는 개들이 사람의 손가락으로 지목한 쪽을 쳐다본다는 사실을 밝혀냈다. 이는 인간과 가장 가까운 영장류인 침팬지도 하지 못한 행동이었다. 이후 개에 관한 연구(개의 행동, 감정, 인간에게 보이는 반응 등)가 본격적으로 시작되었다. 개뿐만 아니라 모든 종류의 동물을 대상으로 연구가 활발히 이루어졌다. 내가 학생들의 뇌 해부 수업을 도와줄 때만 해도, 인간과 다른 동물들은 매우 동떨어진 존재로 인식되었다. 인간만이 특별한 능력을 갖춘 존재라고 생각한 것이다. 그러나 시간이 흐르면서 그 존재의 격차가 줄어들고 있다(물론 변한 것은 그 격차를 대하는 우리의 인식이지만 말이다). 개를 사랑하는 이들은 과거 과학자들이 동물은 감정을 느끼지 못하는 존재라고 생각했다는 사실을 상상하기 힘들 것이다. 하지만 이제 과학자들은 개에 관한 모든 것, 가령 개를 길들이기 시작한 기원부터 개들의 '죄책감 어린 표정', 강아지의 발달 과정, 놀이 행동까지 관심을 가진다. 개과학의 훌륭한 점은, 과학적으로 밝혀낸 사실이 동물 복지는 물론 우리가 반려견들을 잘 돌보는 데도 도움을 준다는 것이다.

블로그를 시작한 첫해, 나는 브리티시컬럼비아주 동물학대방지협회BC SPCA의 한 지사에서 자원 활동을 시작했다. 북미 지역에서 가장 활발하게 활동하는 지사 중 한 곳이었다. 나는 개와 고양이들과 더 많은 경험을 나누고 싶었던 것인데, 거기서 반려동물을 세 마리나 만나게 되었으니 매우 감사한 마음이다. 한 해가 지나고, 나는 운이 좋게도 명망 높은 장 도날드슨Jean Donaldson 개 훈련사 아카데미에서 장학금을 받으며 과학적이고 효율적으로 개를 훈련하는 방법을 배웠다. 반려견이 두려움을 느끼거나 사람의 음식에 입을 댈 때 혹은 공격성을 드러내는 등의 문제 행동을 보일 때 어떻게 대처해야 하는지 배울 수 있었다. 그리고 반려인들이 반려동물의 문제 행동을 바로잡는 데 도움을 주기 위해 '블루마운틴 애니멀 비헤이버Blue Mountain Animal Behaviour' 이라는 기관을 설립했다. 그 모든 것을 진행하는 동안, 나는 매주 수요일마다 블로그에 글을 올렸고, '오늘의 심리학Psychology Today'이라는 두 번째 블로그도 열었다.

만일 누군가가 과거의 나를 찾아가 당신은 언젠가 반려견의 행복을 위한 과학적인 글을 쓰게 될 거라고 말한다면 나는 매우 놀라면서 어리둥절한 표정을 지을지도 모른다. 나는 반려견을 만나고 나서야 동물 훈련과 행동에 관해 알고 싶어졌고 배우게 된 사람이다. 그러니 이 책은 반려견에 관해 더 많이 알고자 하는 모든 반려인을 위한 책이다. 나는 그동안 과학을 잘 이해하는 (그리고 연구에 기여하는) 입장에서 모든 종류의 개들을 만나고 훈련도 시켜 보았다. 훈련 과정에서 견주가 반려견의 필요를 이해하게 되면서 견주와 반려견 모두에게 긍정적인 변화가 생기는 것을 관찰하는 게 좋았다.

이 책은 과학이 개에 관해 어떤 사실들을 밝히고 있는지, 그리고 그것이 동물 복지 측면에서 무엇을 의미하는지를 다루고 있다. 각 장에서는 반려견을 선택하는 법, 훈련하는 법, 개의 사회적 행동과 놀이를 할 때 말하는 법, 반려견의 먹는 것, 수면 시간, 그리고 동물 병원에 가는 일을 수월하게 하는 방법 등에 관해 이야기한다. 반려견을 떠나보낼 생각에 힘겨워하고 있는 견주들을 위해 그에 대처하는 법을 다룬 장도 있다(당연히 미리 알아 두면 좋은 내용이다). 나는 과학적 연구 결과를 토대로 구체적인 사실을 서술하면서도 독자들이 이해하기 쉽게 하는 데 중점을 두었다. 또한 개와 관련된 다양한 전문가들을 인터뷰하여, '개들에게 더 좋은 세상을 만들기 위한 단 하나의 조언이 무엇이냐'라는 질문에 대한 그들의 답변도 이 책에 함께 실었다.

각 장을 마무리할 때는 구체적으로 설명한 내용의 요점만을 정리하여 집에서 쉽게 적용해 보도록 했다. 모두 근거를 바탕으로 한 현실적인 내용이다. 책의 마지막에는 체크리스트도 제공해 독자 스스로 자신을 점검하며 책에서 제시하는 내용을 실천할 수 있게 안내

했다. 마지막 장에는 견주가 반려견을 위해 할 수 있는 가장 중요한 사항들을 요약해 두었다.

이 책을 다 읽을 즈음이면 당신도 반려견을 행복하게 (혹은 더욱 행복하게) 하는 방법을 잘 이해하게 될 것이다. 그러나 이 책이 전문가의 도움을 대체할 수는 없다는 점을 기억해줬으면 한다. 반려견에게 문제가 생기면 수의사나 반려견 훈련사, 행동학자 등을 찾아가 도움을 구해야 한다.

무엇보다도, 우리가 계속해서 배워야 한다는 사실을 잊어서는 안된다. 그동안 개에 관해 무엇을 알고 있었든 간에 그것은 변하기 마련이다. 이 책을 통해서도 알게 되겠지만 새롭게 밝혀지는 사실들은 아주 흥미롭고 놀라우면서도 우리의 일상생활과 밀접하게 연관된다. 이제 반려견의 행복을 위해 배워야 할 내용을 차근차근 알아보도록 하자.

1장

반려견에게 행복이란

고스트는 눈만 내리면 너무나 행복해했다. 녀석의 묵직한 털은 눈밭에 나가기에 안성맞춤이었다. 눈이 쌓이면 녀석은 신이 나서 눈밭 위에서 껑충껑충 날뛰고, 내달리고, 굴렀다. 깨끗한 눈을 맛보고, 소변을 눈 다음 노랗게 변한 눈 위에 코를 대고 조심스레 킁킁대고 살피느라 미묘하게 코를 씰룩거렸다. 뒷마당에서 수북이 쌓인 눈에 벌러덩 드러누운 사진을 보면 언제나 그렇듯 길고 호리호리하다. 입은 꾹 다물고 있어도 카메라를 쳐다보는 눈빛에서 '왜 나를 향해 그걸 들고 있는 거예요?'라고 묻는 게 느껴졌다. 하지만 카메라를 치우고 나면 눈 속에서 편안한 표정을 지었다.

보저는 눈 뭉치 쫓는 걸 좋아했다. 내가 뭉툭하게 쌓인 눈을 발로 뻥 차면, 녀석은 흩어지는 눈 뭉치를 쫓아 내달렸다. 그러다 흥분해서는 뽀드득뽀드득 소리가 나는 내 발자국만 쳐다보며 낑낑대기 일쑤였다. 눈이 오지 않을 때라도 녀석은 특히 막대기만 입에 물면 도망 다니기 바빴다. 내가 조금 가까이 다가올 때까지 기다렸다가 갑자기 몸을 틀어 잔디밭을 가로지르며 달렸다. 입에 물고 있는 막대기는 잔디밭을 한 바퀴 돌아 다시 내 앞에 올 때까지 절대로 떨어뜨리는 법이 없었다.

하지만 행복이란 그렇게 즐겁게 뛰노는 순간에 관한 것만은 아니다. 행복은 일상의 만족감을 수반해야 한다. 반려견이 행복해지도록 하는 중요한 요건이 몇 가지 있다. 우선 행복한 반려견은 기본적 필요가 충족되어야 한다. 이는 견주가 개의 행동을 이해할 수 있는 충분한 지식을 가지고 있고, 반려견에게 무엇이 필요한지 잘 알고 있을 때만 충족된다. 반려견은 당연히 행복감을 느껴야 한다. 이는 우리 인간이 인정해야 하는 부분이다. 반려견은 반려인과 좋은 관계를 맺어야 한다. 그렇지 못하면 다른 집으로 보내지거나 안락사를 당할 위험에 처하게 된다.

사람들은 자신의 반려견이 행복하길 바란다. 우리는 어느 때보다도 반려동물에 더 많은 돈을 쓰고 있다. 미국 반려동물산업협회 American Pet Products Association에서는 2019년 미국인들이 반려동물을 위해 750억 달러를 소비할 것으로 예측했다(이는 20년 전 230억 달러를 소비한 것에 비하면 엄청나게 증가한 수치다). 미국에 8,970만 마리, 캐나다에 820만 마리, 영국에 900만 마리의 개가 있는 것으로 추정된다. 수치만 보아도 행복해야 할 개들이 정말 많다는 사실을 알 수 있다.

반려견이 행복한지 어떻게 알 수 있을까?

반려견이 행복함을 느끼고 있다는 사실은 알아채기가 쉽다. 행복한 개는 눈매가 편안해 보이고 입도 차분하게 벌리고 있다. 이빨과

혀의 일부가 보이지만 일부러 입술을 벌리며 이를 드러내고 으르렁거릴 때와는 확연히 다르다. 기분이 좋을 때는 꼬리도 부드럽게 살랑살랑 흔들고 그에 따라 몸 전체가 함께 씰룩인다. 원래 개가 겁을 먹으면 자세를 낮추는데, 기분이 좋을 때는 편안한 자세를 취하고 양쪽 귀도 편안하게 내린다.

반면 겁먹었을 때를 알아차리는 건 쉽지 않다. 일반 견주보다는 개 전문가들이 겁먹은 상태를 잘 알아차린다. 그러나 많은 견주들은 동물병원에 방문할 때나 주변에서 불꽃놀이를 할 때처럼 개가 겁을 먹을 거라고 충분히 예상할 수 있는 상황에서도 개가 겁먹었다는 신호를 놓치곤 한다. 개들은 여러 방식으로 두려움, 불안, 스트레스의 신호를 보낸다. 꼬리를 안으로 밀어 넣거나, 귀를 뒤로 바짝 젖히고, 입술이나 코를 핥는다. 고래 눈$^{whale\ eye}$처럼 평소보다 눈을 크게 떠 흰자가 두드러지게 한다. 시선을 피하고, 앞발을 들고, 몸을 떨거나 턴다. 자세를 낮추고, 피곤하지 않은데도 하품을 한다. 헥헥거리고, 털을 핥고, 코를 킁킁대고, 주변 사람을 찾는다(주인에게 안정감을 찾으려 한다). 몸을 숨기고, 움직이지 않고(종종 차분한 상태로 오해받는 행동이다), 꼼짝 않고 뻣뻣하게 서 있거나, 소변이나 대변을 지리기도 한다. 견주가 이러한 신호를 잘 감지해야 반려견이 스트레스를 덜 받도록 도울 수 있다.

꼬리를 흔든다고 해서 다 기분이 좋은 것은 아니다. 꼬리를 높이 세우고 짧고 빠르게 흔들면 위협을 한다는 신호다. 하지만 뭉툭하거나 꼬불꼬불 말린 꼬리를 타고나거나 미용을 목적으로 꼬리나 귀가

편안하게 눈을 뜨고 자연스레 입을 벌린 모습을 보면 이 개가 행복한 상태임을 알 수 있다.

이빨을 드러냈지만 입을 자연스레 벌린 모습이다.

카메라를 싫어하는 젬마가 고개를 돌려 딴 곳을 바라보고 있다.

개가 스트레스를 받고 있다는 신호다. 입을 꾹 다문 채로 시선을 피하고 있는데, 고래 눈을 뜨고 귀는 뒤로 젖혔다.

바싹 잘리는 개들도 있다. 이러한 견종별 특성 또는 미용 목적의 외모 변화는 우리가(그리고 다른 개들이) 개의 신체 언어를 읽어 내는 데 방해가 된다.

캐나다의 브리티시컬럼비아주나 노바스코샤주 등의 관할 지역에서는 개의 꼬리와 귀를 뭉툭하게 자르는 것을 금지했다. 그러나 다른 많은 지역에서는 여전히 허용하고 있다. 사람뿐 아니라 개들끼리도 뭉툭한 꼬리로 인해 혼란스러워한다. 연구자들은 로봇 개를 제작해 꼬리의 길이를 다르게 한 실험을 했다. 그 결과, 꼬리의 길이에 따라 상대 개들의 반응에 차이가 나타났다. 긴 꼬리를 가진 로봇 개가 꼬리를 살랑살랑 흔들 때 상대 개는 로봇 개에게 다가갔다. 로봇 개가 (위협의 표시로) 꼬리를 똑바로 세우자 상대 개는 로봇 개를 피했다. 반면 꼬리가 뭉툭한 로봇 개가 기분이 좋다는 표시로 꼬리를 살랑살랑 흔들어도 상대 개는 그 로봇 개의 의도를 제대로 파악하지 못하고 아주 조심스럽게 행동했다.

현재 우리는 개들이 행복감과 두려움을 느낀다는 것을 당연하게 생각한다. 찰스 다윈Charles Darwin은 인간뿐만 아니라 동물들도 감정을 느끼도록 진화했다고 믿었다. 그러나 수십 년 동안 많은 과학자가 이에 관해 회의적이었다. 이는 아마 인간이 동물들의 주관적인 경험을 알 수 없었기 때문일 것이다. 또는 역사적으로 인간이 다른 동물들보다 고유하고 특별한 존재라는 믿음이 있었기 때문일 수도 있다. 하지만 시간이 지나면서 인간이 아닌 다른 동물들도 감정을 느낀다는 증거가 발견되었다. 과학자들은 고통과 같은 부정적인 감정이 아닌 긍정적인 감정을 연구하는 데 주력하고 있다. 이는 동물의 정서가 동물 복지 모델을 설계하는 데 중요한 요소가 되어야 함을 의미한다.

저명한 신경 과학자 자크 판크세프[Jaak Panksepp](쥐에게 간지럼을 태운 실험으로 잘 알려졌다) 교수는 동물(그리고 사람)의 뇌에서 발견되는 주요 정서를 일곱 가지로 분류했다. 그중 네 부분은 긍정의 정서다. (호기심이나 기대감, 열의를 비롯한) 탐색[SEEKING], 재미[PLAY], 욕정[LUST], (새끼를 염려하고 보살피는 마음에서의) 걱정[CARE] 등이 있다. 그리고 분노[RAGE], 두려움[FEAR], (외로움이나 슬픔을 느낄 때의) 공포[PANIC] 등은 부정적 정서다. 대문자로 표기한 이유는 이 정서들이 일상에서 느끼는 감정에 관해 얘기하는 것이 아니라 구체적인 뇌의 체계를 의미하기 때문이다. 정서적 신경 과학에서 판크세프 교수의 연구 결과는 우리가 동물 인지와 동물 정서를 신중히 다루어야 함을 보여 준다.

동물 복지가 뜻하는 것

동물 복지 과학에서의 흥미로운 발견들은 반려견들의 삶에 적용된다. 1960년대 이후로 동물 복지는 동물 학대를 금지하는 데 국한되어 있었다. 우리가 반려견의 복지를 보는 관점은 1965년 영국 정부가 농장 동물 복지를 위해 내놓은 브람벨 보고서[Brambell Report]에 기인한다. 보고서의 문구는 1941년 프랭클린 루스벨트$^{\text{Franklin D. Roosevelt}}$가 미국 시민의 네 가지 자유에 대해 연설한 내용에서 가져온 것이었다. 브람벨 보고서에서 말하는 동물이 가져야 할 다섯 가지 자유$^{\text{The Five Freedoms}}$는 원래 농장 동물을 대상으로 하고 있지만, 이는 반려동물들에게도 해당된다.

다섯 가지 자유

- 갈증과 배고픔으로 고통받지 않고 영양실조에 걸리지 않을 자유
  - 언제든지 제대로 된 식사를 하고 충분한 건강과 활력을 유지해야 한다.
- 신체적 불편함과 더위 및 추위로부터 안전할 자유
  - 안전하고 편안하게 머무르며 휴식을 취할 수 있는 적합한 환경에서 지내야 한다.
- 통증, 부상, 질병에서 안전할 자유
  - 예방 또는 신속한 진단과 치료로 보호한다.
- 두려움과 괴로움에서 벗어날 자유
  - 정신적인 고통을 피할 수 있는 환경을 제공한다.
- 정상적인 행동 표현의 자유
  - 충분한 공간, 적합한 시설 그리고 동물이 사회적 활동을 할 수 있는 환경을 제공한다.

위의 다섯 가지 사항 중에서 가장 알려지지 않은 항목은 '정상적인 행동 표현의 자유'이다. 영국의 한 조사에 따르면, 응답자의 18퍼센트만이 행동 표현의 자유가 동물 복지에 속한다고 인지하고 있었

다. 다른 네 가지 항목은 대부분의 응답자가 알고 있었다. 좋은 동물 복지를 제공하는 방법에 관해 배우는 데 관심이 없다고 응답한 반려인은 4퍼센트에 불과했다.

최근 들어서는, 뉴질랜드 매시 대학교 교수인 데이비드 멜러[David Mellor]가 동물 복지 향상을 위해 인간의 행동을 평가할 때 사용할 다섯 가지 영역 모델을 제안했다. 이 모델은 인간이 동물에게 해를 입히지 않는 데만 초점을 맞추는 것이 아니라 동물에게 좋은 경험을 제공하는 것의 중요성도 함께 강조한다. 다시 말해, 동물 복지란 (애완동물을 비롯한) 동물들이 자신들을 행복하게 하는 행위를 할 수 있는 조건을 만들어 주는 것이다.

다섯 가지 영역 모델의 개요

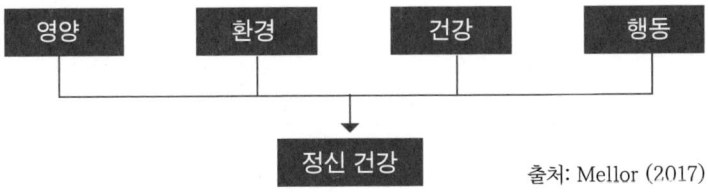

출처: Mellor (2017)

멜러 교수는 내게 이렇게 말했다. "영양, 환경, 건강, 행동 등의 영역에 대해 생각할 때, 동물들의 생존에 필요한 것뿐만 아니라 잘 자라게 하는 데 필요한 것이 무엇인지 잘 구분해야 합니다."

멜러 교수는 부정적인 상태를 완전히 제거할 수는 없다고 말했다. 목마름을 예로 들면, (우리도 그렇지만) 동물들도 목이 말라야 물을 마신다. 물을 마시면 목마름이 가시고 더는 물을 찾지 않게 된다. 배고픔도 마찬가지로, 동물들은 배가 고파야만 무언가를 먹으려 할 것이다. 이렇듯 목마름이나 배고픔 같은 경험을 완전히 제거할 수는 없다. 하지만 부정적 경험은 최소화하고 다양한 음식을 제공하는 등의 방식으로 긍정적 경험을 제공할 수 있다.

부정적인 내면 상태도 고려해 봐야 할 문제다. 동물들은 머무는 환경과 그곳에서 어떤 일이 벌어지느냐에 따라서 두려움, 불안, 우울, 지루함, 그리고 외로움 등의 감정을 느낄 수 있다. 이러한 정서를 불러일으키는 상황에 대한 책임은 주로 사람에게 있다. 이는 우리가 그 상황을 바꿀 수 있다는 것을 의미하기도 한다. 예를 들면 동물이 지루하지 않도록 다채로운 환경을 조성한다든지 해서 말이다. 멜러 교수는 "우리는 동물의 긍정적 경험 여부에 지대한 영향력을 미친다."라고 말했다.

교수는 더 나아가 개들이 갖고자 하는 행동 기회에 관해 말해 주었다. "우리가 이 부분에 통제권을 쥐고 있습니다. 물론 개가 만족스럽고 행복한 삶을 살기 위해 모든 긍정적 경험을 다 해야 하는 것은 은 아닙니다. 하지만 적절한 상황에서 긍정적 경험을 많이 하게 될수록 개의 삶의 질은 더 나아지겠죠."

두려움이나 통증과 같은 부정적 상태는 개가 긍정적 상태를 경험하는 것을 막는다. 예를 들어, 통증을 느끼는 개는 재미있게 뛰어놀지 않을 것이다. 다른 개나 사람들에게서 떨어져 있으려고 하고, 제대로 먹지도 않을 것이다. 즉, 부정적 상태를 최소화하는 것은 개의 행복을 위해서도 중요하다. 멜러 교수는 이렇게 말했다. "그렇다면 개들이 긍정적 경험을 하고 있다는 것을 어떻게 알 수 있을까요? 바로 개들이 어떤 활동에 몰두하는지를 보면 알 수 있습니다."

반려견이 행복해지도록 하려면, 영양 공급과 건강, 좋은 환경, 좋은 관계, 행동 표현 능력, 그리고 긍정적 정서를 경험할 기회를 제공해야 한다. 행복과 안정감은 단순히 정서적 안녕에만 기인하는 것이 아니다. 동물원에서 지내는 오랑우탄 중 사육사가 보기에 '행복해' 보이는 오랑우탄들이 수명이 더 길었다고 한다. 그리고 갈색 흰목꼬리감기원숭이와 침팬지들을 대상으로 한 연구에서는 사육자들이 동물들의 긍정적/부정적 복지를 평가한 내용과 동물들이 느끼는 '행복감' 평가의 결과가 관련 있음을 밝혀냈다. 위 결과를 바탕으로 다음과 같은 사실을 추론할 수 있다. 반려견이 행복하면 그들이 건강하게 오래 사는 데 도움이 된다는 것이다. 신체적 건강과 정서적 건강의 복잡한 균형 사이에서, 동물 복지 향상을 위해 우리가 할 수 있는 일이 있다면 반려견에게 더 유익할 것이다.

그러나 반려견 복지 향상을 방해하는 여러가지 문제들이 있다. 잘못된 개 훈련 방식, 인위적인 품종 개량, 반려견 방치, 미용 목적의 시술 등을 예로 들 수 있다. 대치 상황을 만드는 개 훈련 방식은 개에게 두려움과 스트레스를 주고 공격성을 유발한다. 인위적인 품종 개량은 유전적 다양성은 줄이고 질병을 일으킨다. 사람들의 근무 방식과 주거 형태의 변화로 반려견들은 더 긴 시간 집에 홀로 남아 있어야 했다. 그리고 산책할 때 다른 개들을 더 많이 만나게 되었다. 꼬리나 귀를 자르거나, 성대 수술을 시키기도 한다. 이러한 수술은 개에게 고통을 줄 뿐 아니라 의사소통 능력에도 문제를 일으킨다. 개들이 두려워하거나 불안해하고 스트레스를 받을 때 보내는 신호를 알아채지 못하거나 심지어 이런 신호들을 재밌게 여기기도 한다. 이는 개를 제대로 이해하지 못하기 때문에 발생한다.

반려견을 이해하는 것

반려견을 이해하는 것은 반려견이 행복한 삶을 살게 하는 데 핵심이다. 이러한 생각은 영국 왕립동물학대방지협회[RSPCA] 반려동물 부서의 수장 샘 게인즈[Sam Gaines] 박사에 의해 주목받았다. 그녀는 이렇게 말했다. "우리가 보고 듣는 많은 문제는 견주들이 반려견을 더 잘 이해했더라면 발생하지 않았을 것입니다. 예를 들어, 사람들은 아무런 조사도 없이 충동적으로 조그마한 생명체를 집에 들이곤 합니다. 그 생명체에 관해 전혀 혹은 거의 모르면서 말이죠. 이렇게 되면 사람들이 반려견에게 필요한 것을 제공하기가 힘들어지는 것은 당연합니다."

그리고 안타깝게도, 우리 주위에는 잘못된 정보들 또한 흘러넘친다. 특히 사람들이 알고 있는 오래된 정보들은 더욱 그렇다. 게인즈는 이렇게 덧붙여 말했다. "이상적인 세계에서 제가 하고 싶은 일이 있다면, 개에 관해 '사람들이 알고 있는 것'을 싹 지워 버리는 것입니다. 영화 《맨 인 블랙》에서 볼펜을 누르면 사람의 기억이 완전히 제거되는 것처럼 말이죠. 그런 다음 개에 관한 완전히 새로운 지식을 사람들에게 심어 주고 싶어요."

개과학이 훌륭한 이유는 연구자들이 반려견 일상에 관한 중요한 주제들을 대상으로 계속해서 연구를 이어 나가고 있기 때문이다. 당신이 오랜 시간 반려견과 함께해 온 반려인이라도, 아직 모르는 새롭고 흥미로운 사실들이 많이 밝혀지고 있다.

반려견마다 필요한 것이 다르다

사람들과 마찬가지로 모든 개는 개별적인 존재다. 어떤 개들은 사회성이 발달해 다른 개나 사람들에게 친근하게 다가간다. 새로운 사람이나 개를 낯설어하지 않는 개들에겐 누군가를 만날 기회를 자주 마련해 주는 것이 좋다. 한편, 낯을 가리고 소심한 개들은 매일 모르는 사람이나 개를 만나야 한다면 힘들어할 것이다. 견주는 자신의 반려견이 무엇을 원하는지 인지하고 적절히 제공해야 한다.

고스트와 보저만 보아도 둘은 확연히 다른 개였다. 고스트는 차분하고 다른 사람들에게 별다른 관심이 없었다. 보저는 사람들만 보면 친구가 되지 못해 안달이었다. 가만히 앉아서 기다려야 쓰다듬어 준다는 걸 잘 알면서도, 몰래 눈치를 보다가 이때다 싶으면 벌떡 일어나 쓰다듬어 주던 사람의 얼굴을 핥기 일쑤였다. 반면 고스트는 다른 개들을 만나면 항상 즐거워 보였는데, 보저는 자신만의 공간에 다른 개를 들이는 데 매우 까다롭게 굴었다.

개마다의 필요를 파악할 때는 두 가지 측면을 고려해야 한다. 우선 반려견이 부정적으로 느끼는 경험을 최소화해야 한다. 즉 개가 두려움을 느끼는 상황에 부딪히는 것을 방지하는 방법을 알아야 한다. 예를 들면, 그 상황을 피하거나 개가 그 상황을 좋아하도록 길들이거나 수의사와의 상담을 통해 적절한 약물을 사용할 수도 있다. 두 번째로는 특정 개가 어떤 상황에서 즐거워하는지 아는 것이다. 물건 물어오기 놀이를 좋아하거나 수영을 좋아할 수도 있다. 민첩성 수업을 좋아하거나 숲속 산책을 좋아할 수도 있다. 반려견이 무엇을 좋아하는지 알고 좋아하는 경험을 하게 하는 것은 전적으로 견주에게 달렸다.

인간과 동물 간 유대감의 중요성

사람들은 개를 입양하거나 분양을 받으면서 아름답게 오래 지속되는 우정을 꿈꾼다. 함께 산책하고 오래오래 행복하게 지내는 상상을 하면서 말이다. 하지만 반려견이 최고의 친구라고 생각하더라도 사람과 개의 반려 관계는 깨지기 쉽다. 다음의 내용을 한번 살펴보자.

- 미국 동물학대방지협회^ASPCA에 따르면, 매년 미국 유기견 보호소에서 67만 마리의 개들이 집을 찾지 못하고 안락사를 당한다고 한다.
- 미국 동물 행동 수의사회^American Veterinary Society of Animal Behavior에 따르면, 미국에서 세 살 미만의 개가 사망하는 주된 원인은 문제 행동이라고 한다.
- 《수의학 저널^Veterinary Journal》에 따르면, 영국의 경우 세 살 미만 개의 사망 원인 중 14.7퍼센트가 문제 행동으로 인한 것이었다(위장 문제로 인한 사망률은 14.5퍼센트, 자동차 사고로 인한 사망률은 12.7퍼센트로 나왔다).
- 미국의 동물 보호 단체 아메리칸 휴메인 어소시에이션^American Humane Association에서 조사한 바에 따르면, 미국에서 새로 입양된 개와 고양이 중 10퍼센트가 6개월 후에는 그 집에 더 이상 살고 있지 않았다(보호소나 다른 누군가의 집으로 보내지거나 잃어버리거나 죽은 경우다).
- BBC 보고서에 따르면 영국에서 강아지를 분양받은 사람 중 19퍼센트가 2년 후에는 그 강아지를 기르고 있지 않았다고 한다.

분명한 사실은, 많은 이들이 부푼 기대를 안고 반려견을 기르기 시작함에도 상황이 아주 좋지 않다는 점이다. 물론 준비가 부족해서 이러한 결과가 나왔을 수도 있다. 반려인 중 18~39퍼센트는 반려견을 키우기 전 아무런 조사도 하지 않는다고 한다. 거주 환경이 반려견을 기르기에 적합하지 않아서 혹은 반려인의 건강이 나빠져서 더 이상 반려견을 기르지 못할 수도 있을 것이다. 반려견과의 관계가 깨지지 않도록 할 수만 있다면 반려견과 우리 모두에게 행복한 일일 것이다.

반려인 모두는 각기 다른 방식으로 반려견에 대한 애정을 표현하고 때로는 잘못된 방법으로 노력하기도 한다. 하지만 어찌 됐든 반려견이 행복했으면 하고 바랄 것이다. 우리는 반려견이 행복한 표정을 지을 때 기분이 좋고, 반려견이 신이 나서 방방 뛰는 모습만 봐도 함께 행복해진다. 반려인은 보호자로서 반려견의 모든 것에 대한 책임이 있다. 얼마나 중요한 존재인지는 강조하지 않아도 다 알 것이다. 그러므로 이 책은 반려견에 관한 것뿐만 아니라, 동반자로서 인간과 개의 관계 그리고 개의 행복이란 무엇인지에 관해 다룬다.

전문가의 조언

"개는 개입니다! 많은 견주가 개들을 늑대나 작은 사람쯤으로 여기는 경향이 있습니다. 개가 어떤 존재인지 제대로 이해하지 못하거나, 그대로 인정하지 않는 실수를 범합니다. 개에 관한 풍부한 연구 결과들이 있고, 어떻게 개가 행동하고, 생각하고, 느끼고, 사람 또는 다른 개들과 상호작용하는지 충분한 지식을 얻게 되었음에도 말이죠. 이는 개들의 신체적·정신적 건강에 중대한 영향을 미칩니다. 예를 들어, 사람들은 수십 년 동안 개가 늑대의 습성을 가졌다고 생각했습니다. 따라서 개를 관리하거나 훈련하며 개를 심각한 위험에 빠뜨리거나 개의 안녕을 생각하지 못했습니다. 마찬가지로, 개가 어떤 존재인지, 개의 정상적인 행동이 어떤 것인지 제대로 알지 못하면 개들은 놀이를 하거나, 킁킁거리며 냄새를 맡거나, 탐색하고자 하는 강한 욕구를 방출하지 못하게 됩니다. 그러면 삶의 질이 낮아질 수밖에 없습니다. 반려견을 진정한 동반자이자 친구라고 생각한다면, 다들 반려견의 행복을 바랄 것입니다. 그렇다면 개를 있는 그대로 알아야 합니다."

- 왕립동물학대방지협회RSPCA 반려동물 부서 수장,
샘 게인즈 박사

2장

반려견의 복지와 입양

　내가 30대였을 때, 나는 항상 반려견을 기르고 싶다고 생각했다. 하지만 당시에는 집에 머무는 시간이 얼마 되지 않아 개를 제대로 돌볼 여력이 안 되었다. 언젠가 생활 방식이 바뀌어 집에 머무는 시간이 늘면 반려견을 길러야겠다고 생각했다. 그리고 반려견과 함께 시골길을 산책하거나 안락의자에 나란히 앉아 재미난 책을 읽는 상상을 하곤 했다.

　일찍이 나는 영국의 인기 텔레비전 쇼 프로그램 《캐나다 젠틀캅 Due South》에 나오는 디펜베이커라는 이름을 가진 개를 이상적인 개라고 생각했다. 디펜베이커는 반은 늑대, 반은 썰매견인 아름다운 견종으로 충성심이 강하고 독립적이며, 귀가 잘 안 들리는 개였다(아니면 듣기 싫어서 그랬을까?). 《캐나다 젠틀캅 Due South》에서는 수년에 걸쳐 총 여섯 마리의 시베리안 허스키가 디펜베이커 역할을 맡았다. 허스키에 관해 조사해 보니 '처음 개를 키우는 사람에게는 별로'라거나 '탈출의 명수', '독립적이다', '힘들다' 같은 평가가 눈에 띄었다. 털이 많이 빠지는 건 말할 것도 없고 말이다. 몇몇 의견들은 나를 당혹스럽게 만들었지만, 그래도 감당할 수 있을 것 같은 생각이 들었다.

물론, 텔레비전 프로그램 속 디펜베이커와 똑같은 견종을 구할 수는 없었다. 녀석은 텔레비전 쇼에만 존재할 뿐이다. 대신 너무나 운이 좋게도 고스트를 만났다. 나는 텔레비전 프로그램을 보고 품종을 선택했다. 다른 요소들보다는 개의 외모를 우선으로 보기도 했다. 많은 이들이 반려견을 선택할 때 이와 비슷하다. 그리고 안타깝게도 이런 현상은 개들에게 안 좋은 영향을 끼친다. 이제야 아는 것이지만, 개가 행복하길 원한다면 어떤 개를 선택할지, 그리고 어디서 개를 구할지 많은 사항을 고려해 봐야 한다. 그러나 실제로 많은 사람들이 개를 선택할 때 개의 외모나 유행의 영향을 받는다.

개의 외모와 유전적 변화

개들은 늑대의 후손이지만 길드는 과정에서 외모가 많이 변화했다. 이제는 개들의 외모가 워낙 다양해 어떤 외모의 개를 원하든 그에 적합한 견종을 찾을 수 있다(원래는 작업견으로 사육된 견종일지라도 말이다). 개들의 신체적 특성은 늑대보다 더 순해 보인다는 것인데, 이는 아기 같은 생명체를 보면 자연스레 모성애가 생기는 인간의 마음을 자극한다. 개가 늑대와 다른 특징을 갖게 된 것은 우연의 결과일까? 이러한 특징은 개에 대한 우리의 감정에 영향을 줄까?

러시아에서 행해진 은여우 실험은 여우가 길드는 과정에 관한 선구적인 실험이다. 소비에트 연방 시절에 시작되어 오늘날까지 이어지고 있다. 유전학자 드미트리 벨랴예프$^{Dmitri\ Belyaev}$는 길들이기 위한 동물 선택은 결국 유전적 변화로 이어지리라 생각했다. 그리고 여우를 사육하는 프로그램을 시작했다. 오직 유전학에 관한 실험으로, 세대별로 가장 온순한 은여우들을 선택해 교배시켰다. 비교군의 은여우들로는 가장 공격적인 개체들을 선택했다. 여우들이 성적으로 성숙해지기까지 7~8개월 동안 실험자들에게 어떻게 대응하는지를 살핀 후 다음 세대를 번식할 개체들이 선택되었다.

시간이 흐르며 여우들이 점점 더 길들자 다른 변화들이 일어났다. 진화 생물학자이자 류드밀라 트루트$^{Lyudmila\ Trut}$와 함께 《은여우 길들이기$^{How\ to\ Tame\ a\ Fox\ and\ Build\ a\ Dog}$》를 쓴 리 앨런 듀가킨$^{Lee\ Alan\ Dugatkin}$ 교수는 그 변화들에 관해 설명해 주었다. "과학자들이 누가 다음 세대 여우들의 부모가 될 것인지를 정하는 데 영향을 미친 것은 '여우들이 사람에게 어떻게 행동하는가?'라는 것이었습니다. 그 사항만을 고려해 여우를 선택한 것이죠. 세대가 지날수록 여우들은 차분해지고 잘 길들어진 동물로 변해 간 것 외에도 다른 많은 변화를 보였습니다. 가령 초반에는 여우들이 꼬불꼬불하고 숱이 많은 꼬리를 갖기 시작했는데, 그 꼬리는 개들이 주인을 보고 기분이 좋을 때 흔들어 대는 꼬리였습니다. 어떤 개체들은 귀가 아래로 축 늘어진 모습을 보이기 시작했습니다. 그뿐만 아니라 털 색깔도 마치 개처럼 얼룩덜룩 변하기 시작했죠." 그리고 여우들이 스트레스를 덜 받는 등 스트레스 호르몬에서도 차이가 나타났다.

    오늘날 우리가 알고 있는 개의 특징들 또한 길들이기 과정의 부산물일 수도 있다. 하지만 때로는 그 과정에서 인간이 그런 특징들 위주로 선택했을 가능성도 있다. 무엇이 맞는지 실험하기 위해, 과학자들은 개를 아기처럼 보이게 하는 특징인 눈 모양을 연구했다. 미국의 공공 과학 학술지인 《플로스원PLOS ONE》에 발표된 연구에서는 개들이 속눈썹을 위로 올려 눈을 크게 뜨는 표정을 관찰했다. 보호센터에서 새 주인을 기다리는 네 마리의 개를 대상으로, 실험자가 개장 옆에 서 있을 때 나타나는 개의 표정을 2분 동안 카메라로 찍었다. 그리고 2분 동안 개들이 몇 번이나 눈썹을 위로 올리며 눈을 크게 뜨는지 확인했다. 그런 다음 각각의 개가 새 주인을 만나기까지 얼마의 기간이 걸리는지도 확인했다. 그 결과, 2분 동안 눈썹을 다섯 번 올려 뜬 개는 50일, 눈을 열 번 크게 뜬 개는 30일, 애처러운 표정을 열다섯 번 지은 개는 28일 뒤에 입양되었다. 아기처럼 눈썹을 올리고 사람을 바라보는 표정이 사람들의 선택에 영향을 미친 것으로 보인다. 이 연구는 개들의 아기 같은 특징과 사람들의 적극적인 선택의 연관성을 최초로 밝혀낸 것이었다.

유행이 반려견 선택에 미치는 영향

개의 외모는 개를 선택하는 데 일부 영향을 줄 뿐이다. 견종의 인기에는 유행 또한 크게 한몫한다. 한 연구에서는 1927년부터 2004년까지 개가 출연한 영화와 해당 기간 애견협회에 등록된 개를 분석했다. 그리고 어떤 영화에 특정 견종이 출연하면 이후 10년 동안이나 그 견종의 인기가 상승한다는 점을 밝혀냈다. 영화 《101 달마시안[101 Dalmatians]》과 《쉐기 독[Shaggy Dog]》이 개봉한 이후, 달마시안과 올드 잉글리시 쉽독 모두 엄청난 인기를 끌었다.

한편, 다른 연구에서 1926년~2005년의 견종 등록 현황을 검토한 결과, 견종의 인기순은 품종별 건강 상태나 수명 혹은 (훈련 용이성, 겁이 많은 특성, 공격적 성향 같은) 행동 특성과는 상관이 없었다. 다시 말해, 동물 행동과 인지[Animal Behavior and Cognition] 단체의 연구 결과처럼 반려동물을 선택할 때 사람들은 사회적 영향을 많이 받는다. 그러나 대중 매체에 등장했다고 해서 특정 견종이 반드시 인기를 끄는 것은 아니다. 예를 들어, 텔레비전에서 방송하는 명망 높은 웨스트민스터 애견협회 도그쇼에서 우승한 견종은 사람들의 반려견 선택에 큰 영향을 미치지 않는다고 미국 수의학협회[America Veterinary Medical Association] 학술지에 보고된 바 있다.

심리학 명예 교수 할 헤르조그[Hal Herzog] 박사는 《우리가 먹고 사랑하고 혐오하는 동물들[Some We Love, Some We Hate, Some We Eat]》을 저술했다.

그리고 30년 동안 인간과 동물의 상호작용과 견종의 인기도를 조사했다. 그는 이 연구를 계기로 생물학적 요소와 문화의 역할에 대해 엄청난 관점의 변화가 생겼다고 말했다. "아주 오랜 시간 나는 스스로 진화심리학자라고 생각했고, 지금도 그 생각에는 변함이 없습니다. 하지만 전에는 우리의 행동이 조상에게 물려받은 생물학적 요소로 인해 결정된다고 믿었습니다. 그런데 이제는 그렇게 믿지 않습니다. 사람들이 어떤 기준으로 반려견을 선택하는지에 관해 연구하면서 관점이 바뀌었습니다. 연구를 통해 깨달은 사실이 있다면, 제가 생각했던 것보다 문화적 요소의 역할이 엄청나게 중요하다는 점입니다."

반려견 선택에 유행이 영향을 미치는 현상이 개들에게 꼭 좋지만은 않다. 일례로 단두종이라 불리는 얼굴이 납작하고 주름진 프렌치 불도그를 들 수 있다. 불도그, 퍼그 등의 단두종 개들은 호흡이나 안구 질환, 피부병 등 특이한 외모 때문에 다양한 의학적 문제를 안고 있다. 이 견종들은 영국에서 가장 인기가 많은 견종이며, 미국과 캐나다에서도 인기있는 편이다. 이는 다음 표를 통해 확인할 수 있다.

2018년 미국, 캐나다, 영국에서 가장 인기 있는 견종

	미국	캐나다	영국
1	래브라도 레트리버	래브라도 레트리버	프렌치 불도그
2	저먼 셰퍼드 도그	저먼 셰퍼드 도그	래브라도 레트리버
3	골든 레트리버	골든 레트리버	코커 스패니얼
4	프렌치 불도그	푸들	불도그

5	불도그	프렌치 불도그	스패니얼(잉글리시 스프링어)
6	비글	허배너스	퍼그
7	푸들	셰틀랜드 쉽독	골든 레트리버
8	로트와일러	오스트레일리언 셰퍼드	저먼 셰퍼드 도그
9	저먼 포인터(단모종)	버니즈 마운틴 도그	미니어처 닥스훈트 (단모종)
10	요크셔테리어	포르투갈 워터 도그	미니어처 슈나우저

출처: Information from the American Kennel Club, Canadian Kennel Club, and Kennel Club

다윈의 방주Darwin's Ark라는 단체에서 유전과 환경이 개의 특성에 미치는 영향을 연구한 수의사 제시카 헤크만Jessica Hekman 박사는 개들의 품종을 관리하는 견종 클럽들이 이종 교배 프로젝트를 지원해야 한다고 제안했다. 이종 교배는 서로 친척 관계인 견종들끼리의 교배가 아닌, 완전히 다른 견종끼리 교배하는 것을 말한다(즉 4세대에 걸쳐 서로 혈통이 섞이지 않은 견종들끼리 말이다). 이를 통해 유전적으로 새로운 변종이 생기면 견종의 건강을 개선하고 동계 교배로 인한 문제점을 방지할 수 있다.

전문가의 조언

"우리는 개들이 가지고 있는 문제가 개선되도록 노력함으로써 개에게 더 나은 세상을 만들 수 있습니다. 견주들이 정상적으로 숨 쉴 수 있는 기다란 주둥이의 개들이 더 많이 태어나도록 적극적으로 지원했으면 합니다. 그리고 타고난 품종 때문에 암에 걸릴 확률이 60퍼센트에 이르는 개들의 수를 줄여야 합니다. 머리가 지나치게 커서 제왕절개를 해야만 태어날 수 있는 개도 마찬가지죠. 견종 클럽들이 이종 교배를 지원해서 견종의 유전적 다양성과 건강한 대립 유전자를 늘리도록 해야 합니다. 그리고 개 애호가들을 비롯해 책임 있는 사육자들이 개를 사육하는 방식에도 문제가 있다는 사실을 인지해야 합니다. 바로 지금, 변화가 필요한 시점입니다.

— 블로그 '도그 좀비Dog Zombie' 저자 겸 MIT 칼슨 연구소Karlsson Lab 박사 후 과정 조교수, 수의 외과학 박사, 제시카 헤크만

입양 전 생각해야 할 것들

불도그나 프렌치 불도그, 그리고 퍼그가 사라지길 바라는 사람은 없다. 그들은 사랑스럽고 개성이 강한 견종이다. 그 견종들이 생김새 때문에 받는 고통이 계속되어서는 안 되며, 건강을 개선하기 위해 손을 써야만 한다. 견종을 선택할 때 사람들은 충동적인 경향이 있어서 건강과 같은 요소를 고려하지 않는다. 한 연구에서 사람들이 개를 선택할 때 견종의 건강을 얼마나 고려하는지 조사한 적이 있었다. 연구에는 네 견종이 참가했다. 일반적으로 건강하다고 알려진 케언테리어, 생김새로 인한 건강상 문제가 있다고 알려진 프렌치 불도

그와 치와와, 그리고 카발리에 킹 찰스 스패니얼은 생김새와는 무관한 다른 건강 문제가 있어서 참여했다.

위 견종들의 견주를 대상으로 한 설문 조사를 통해 일부 문제가 매우 심각함을 알 수 있었다. 예를 들어 프렌치 불도그의 29퍼센트가 지난해 갑작스러운 질병을 앓거나 상처를 입었고, 치와와의 33퍼센트가 치아 문제를 앓았다.

그런데 왜 사람들은 이러한 견종을 선택하는 것일까? 카발리에 킹 찰스 스패니얼 견주의 12퍼센트, 그리고 치와와 견주의 28퍼센트는 개를 선택할 때 따로 "계획 같은 건 하지 않았다."라고 응답했다. 이들이 고려한 사항은 개의 성격, 외모, 견종의 습성, 그리고 편리성이 전부였다. 프렌치 불도그, 치와와, 그리고 카발리에 킹 찰스 스패니얼의 견주는 주로 그 견종들이 귀엽다고 생각하거나 유행의 영향을 받아 선택했다. 견종의 독특한 외모나 특이한 습성 때문에 개를 선택한 견주들은 개에게 애착도 강한 편이었다. 이러한 연구 결과를 통해 사람들이 개를 선택할 때 견종의 건강을 거의 고려하지 않는다는 사실이 밝혀졌다. 과학자들은 사람들이 개의 외모를 보고 정서적 유대감을 느끼면 그 매력을 거부하기가 힘들어지기 때문이라고 생각한다.

전문가의 조언

"오늘날 개들은 납작한 코, 툭 튀어나온 눈, 짧은 다리 등 사람들이 귀엽다고 생각하는 외모로 개량되고 있다. 이러한 신체적 특성은 개에게 건강 문제나 통증을 유발한다. 예를 들어 단두종 개들은 호흡기 문제로 고통받는다(코를 킁킁거리지 않는 불도그를 본 적이 있는가?). 그 외 다른 개들도 다양한 건강 문제를 안고 있다. 한편 혈통 있는 개들도 같은 견종 내에서 근친 교배를 통해 번식하다 보니, 특정 질병을 앓는 사례가 증가한다(플랫코티드 레트리버는 암에 걸릴 확률이 높다). 사람들이 개의 귀여운 외모나 '혈통'에 너무 집착하지 않는다면 더욱 건강한 개들이 번식하게 될 것이고, 결과적으로 개들이 행복하게 살아갈 수 있을 것이다."

- 수의사, 신문 칼럼니스트 겸
《펫 서브젝트Pet Subjects》의 저자, 피트 웨더번Pete Wedderburn

영국 왕립수의대학교Royal Veterinary College의 로웨나 패커Rowena Packer 박사는 단두종 개들에 대한 사람들의 인식과 사람들이 단두종 개 혹은 다른 개를 선택하는 이유를 연구했다. 한 설문 조사를 보면, 응답자의 절반 이상은 반려견이 숨쉬기가 힘들어 쌕쌕거리고, 킁킁대고, 코를 골고 자는데도 불구하고 개에게 호흡기 문제가 없다고 대답했다. 이는 사람들이 이러한 문제를 '견종의 정상적인 특성'이라고 여기고 있음을 의미한다(일부 개들은 해당 호흡기 문제에 관해 적절한 수의과 치료를 받지 못하고 있음도 잘 보여 준다). 이어진 연구에서 박사는 주로 처음 개를 길러 보는 사람들이 단두종 개를 선택한다는 사실도 알게 되었다. 더불어 단두종 개를 선택하는 이들은 다른 견종을 선택하는 이들보다 강아지를 분양하는 웹사이트를 이용한 경우가 많았다. 어미 개가 누구인지, 건강 상태가 어떤지 잘 확인하지 않았다.

패커 박사는 다음과 같이 말했다. "이 분석 결과를 통해, 단두종을 선택한 견주들은 반려동물을 선택할 때 외모를 가장 우선순위에 두었음을 알 수 있습니다. 동물 복지의 관점에서 우려스러운 점은, 견주들이 견종의 건강이나 수명처럼 중요한 사항을 등한시했다는 사실입니다."

또한 패커 박사는 흥미로운 점을 다음과 같이 설명했다. "여전히 자신들의 결정을 후회한다고 말하는 사람들은 별로 없습니다. 많은 이들이 특정 견종을 좋아하면 건강상 문제가 있는 걸 알고도 분양을 받습니다. 제가 보기엔 만성 질환을 앓는 견종의 견주들은 반려견을 사랑하기에 자신들의 선택을 후회하지 않습니다."

나는 패커 박사에게 단두종을 기르는 견주들이 어떻게 하면 좋을지 물었다. 그는 이렇게 답했다. "단두종의 반려견을 선택했다면, 반려견의 상태를 늘 민감하게 주시하고 아픈 곳이 없는지 확인해야 합니다. 인터넷에 찾아보면 견종별로 어떤 건강 문제를 겪을 수 있는지 자세히 나와 있으니 찾아보길 권합니다. 많은 질환이 빨리 진단할수록 치료했을 때 예후가 좋습니다." 어떤 문제든 잘 모르겠을 때는 수의사에게 조언을 구하라고 덧붙였다.

누구라도 특정 견종을 기르고자 한다면 해당 품종에 관련된 건강 문제가 있는지 구체적으로 확인하고, 받아야 할 유전자 검사가 있는지도 알아봐야 한다. 개 생물학 연구소Institute of Canine Biology의 웹 사이트에서는 유전자 데이터베이스 리스트를 관리하고 있다. 그뿐만 아니라 미국 동물학대방지협회와 같은 기관에서는 각기 다른 크기의 개(소형견, 중형견, 대형견)를 키우는 데 드는 비용과 관련 자료를 제공하고 있다.

그 외에도 고려해야 할 사항은 당신이 현재 반려인이 되기에 적합한 상황인가 하는 것이다. 당신은 새로 들인 반려견에게 투자할 시간과 에너지가 충분히 있는가? 이미 기르는 반려견이 새로운 반려견의 등장에 어떻게 반응할 것 같은가? 조만간 반려견을 돌보는 데 영향을 줄 만한 큰 변화가 예정되어 있지는 않은가? 가령 곧 이사할 예정이라면, 새로 이사한 집에 적응한 뒤에 반려견을 데려오는 것이 반려견이 혼란을 겪는 일을 막을 수 있다.

반려견이 어느 정도의 에너지를 요구하는지 알면 당신의 라이프 스타일에 적합한 반려견을 찾을 수 있다. 개의 털도 신경 써야 한다. 어떤 개들은 털이 정말 많이 빠져서 당신의 옷과 가구에 온통 털을 묻히고 다니지만, 어떤 개들은 털 손질이 거의 필요 없을 수도 있다. 알레르기 여부도 중요한데, 하지만 이는 반려견이 집에 오기 전까지는 정확히 알 수 없다. 가족 중 누구도 알레르기 반응을 일으키지 않는다는 사실을 확인하고 개를 선택하는 게 좋다.

입양 시기와 사회성 발달

　강아지를 처음 입양할 때 좋은 결정을 내리기 위해서는 강아지의 사회성에 관해서도 생각해 봐야 한다. 개의 삶에서 가장 중요한 시기는 생후 3주부터 12주~14주 사이다. 정확히 언제 끝난다고 단정 지을 순 없지만, 이 시기는 사회성 발달에도 민감한 시기다(강아지의 발달 단계를 정리한 표를 확인하자). 특히 이때 강아지의 뇌는 주변 사회적 환경을 수용하면서 발달한다. 강아지들은 이 기간에 접한 것들(다양한 소리나 지면 등)을 다음에도 익숙하게 여긴다. 뇌 발달에도 아주 중요한 시기이다. 뇌가 아직 유연해서 새로운 자극에 연결고리들이 생겨나기도 하고 자극이 없는 부분은 무뎌지기도 한다.

　이렇듯 강아지들에게 특히 민감한 시기가 있다는 사실에 사람들은 놀라기도 한다. 강아지뿐만 아니라 사람을 포함한 모든 동물들에게는 이러한 민감한 시기가 있다. 새끼 고양이들이 사회성 발달에 가장 민감한 시기는 생후 2주에서 7주 사이다. 이 시기는 보통 새끼 고양이들이 반려인의 집에 가기 전이므로, 새끼 고양이를 어디서 데려오느냐가 아주 중요하다. 어린이들 또한 사회성 발달에 민감한 시기가 있는데, 이때 생활 환경에 반응해 중요한 뇌 발달이 일어난다. 이러한 인생 초기의 경험은 앞으로의 발달에 중요한 발판이 되어 준다. 어떤 아이들이 유아기에 어른들과 긍정적인 상호작용을 하고, 스트레스를 거의 받지 않고, 영양 공급을 충분히 받아 건강한 뇌 구조를 형성했다고 하자. 이러한 어린이들은 학령기가 되었을 때 더 좋은 출발선에서 시작할 가능성이 높다.

개들도 마찬가지이다. 사회성 발달에 예민한 시기에 행복하고 긍정적 경험을 많이 하게 되면 계속해서 행복하고 다정하고 자신감 넘치는 개로 성장할 가능성이 높다. 나쁜 경험을 많이 하거나 좋은 경험을 거의 하지 못한 경우라면, 겁이 많은 개로 성장할 가능성이 높다. 그러니 이 민감한 시기에는 강아지가 안전하다는 가정하에 다른 개를 많이 만나게 해주는 것이 좋다. 그리고 개뿐만 아니라 남자든, 여자든, 어린이든, 낯선 어른이든, 수염이 있든, 모자를 썼든, 가방을 멨든, 지팡이를 짚고 다니든 다양한 종류의 사람들을 접하도록 해주는 것이 좋다.

강아지의 발달 단계

태생기	강아지는 아직 태어나지 않은 상태에서도 이후의 행동으로 연결되는 영향을 받는다(13장에 스트레스 호르몬이 태아에 미치는 영향에 관한 내용이 나온다). 어미 개가 임신했을 때 섭취한 음식을 통해 아니시드 향에 노출된 경우, 이후 태어난 강아지 또한 그 향을 인지하는 것으로 나타났다.
신생기: 생후 0~2주	이제 막 태어난 강아지들은 시력과 청력이 거의 발달하지 않았고 스스로 체온 조절도 할 수 없다. 어미 개는 새끼를 먹이고 배설을 유도하기 위해 핥아 준다. 강아지들은 대부분의 시간을 어미 곁에서 다른 새끼들과 함께 자면서 보낸다.
이행기: 생후 2~3주	이제 눈이 보이기 시작하고 청각도 발달한다. 이때 강아지들은 깜짝 잘 놀라곤 한다. 주변을 돌아다니기 시작하며 초기 운동 행동이 시작된다. 초기 사회적 행동이 시작되고 꼬리를 흔들 줄 안다.

사회성 발달에 민감한 시기: 생후 3주부터 12~14주까지	강아지들이 주변 세상에 대한 모든 것을 탐색하기 시작하면서 많은 변화가 일어난다. (견종별로 차이가 있지만) 4~8주 사이에 젖을 떼는 강아지들도 있다. 운동 행동과 사회적 행동이 더 발달해 점점 성견과 비슷해진다. 사람들에게 관심을 보인다. 한배 새끼들과 놀면서 사회적 행동을 배운다. 6~8주 사이에 예방 접종이 시작되고 16주까지 계속된다(필요한 경우 두 번씩 맞아야 하는 주사도 있다).
유년기: 생후 14주부터 6~12개월까지	사회성 발달에 민감한 시기는 끝났어도 뇌는 계속 발달하고 있으므로 이 기간에도 긍정적 경험이 매우 중요하다. 긍정적 경험을 통해 강아지들은 지난 사회화 경험을 일반적인 것으로 인식한다. 더욱 독립적으로 성장한다. 사회성이 잘 발달된 강아지들은 다른 사람들 및 개들과 상호작용하고 싶어 한다. 성장은 계속된다(몸집이 큰 견종일수록 오래간다). 유년기는 사춘기가 올 때까지 계속된다.
사춘기: 생후 6~12개월부터 18~24개월까지	사춘기가 되면, 일부 암컷들은 5~6개월만 되어도 발정기를 맞이할 수 있다.

출처: Serpell et al. (2017), Bradshaw (2011)

강아지들은 보통 생후 8주 정도에 입양된다. 그때는 사회화에 중요한 시기이므로, 견주는 강아지가 어디에서 오는지 잘 알아봐야 한다. 가정집이 아닌 개 사육장이나 농장에서, 그리고 애견 샵의 작은 개장에서 이 시기를 보낸 강아지들은 사회성을 발달시킬 기회를 놓쳐 버린다(심지어 사회화에 악영향을 미치는 경험을 했을 수도 있다). 가정집에서 앞으로의 행복한 삶을 위해 사회화가 잘 된 강아지가 가장 이상적이다.

입양 전 환경의 중요성

연구자들은 상업적인 사육장 출신의 강아지 대신 애견 샵 출신의 강아지들을 연구했다. 그 결과 애견 샵에서 분양받은 강아지는 책임감 있는 개인 사육자에게 직접 분양받은 강아지보다 문제 행동을 보이는 확률이 더 높았다. 미국 수의학협회의 학술지에 발표된 한 연구에 따르면, 개인 사육자가 아닌 애견 샵에서 분양받은 개들은 낯선 사람들, 다른 개들, 그리고 같은 집에 사는 개에게 공격적 성향을 더 많이 드러내는 것으로 나타났다. 그뿐만 아니라 애견 샵에서 데려온 개들은 배변 훈련에 잘 적응하지 못하고 분리 불안 문제를 겪거나 사람들이 만질 때 민감하게 반응했다. 물론 애견 샵에서 개를 분양받는 견주와 개인 사육자에게서 개를 분양받는 견주 간에도 차이가 있을 것이다(그들이 전달받은 정보에도 차이가 존재한다).

《국제 수의학 행동 저널 Journal of Veterinary Behavior》에 실린 한 연구에 따르면, 위와 같은 견주의 차이를 감안하더라도 애견 샵에서 분양받은 강아지의 21퍼센트가 견주에게 공격적 성향을 드러냈다. 개인 사육자에게서 분양받은 강아지 중에는 10퍼센트만이 공격성을 드러냈다. 더 나아가 애견 샵에서 데려온 개들이 집안에서 배변 실수를 하거나 분리 불안 문제를 겪고 자기 몸을 핥는 행동을 더 많이 보인다는 사실을 밝혀냈다. 특히 이런 특정 문제들은 견주가 개 훈련 교육을 받지 않았거나, 아주 짧게만 개를 산책시킨 후 집에 돌아와 개를 혼냈을 때 더 흔하게 나타났다. 즉 개를 어디에서 분양받았는지와 견주가 개를 어떻게 다뤘는지가 상호작용한 결과라고 볼 수 있다.

상업적으로 개를 사육하는 곳의 환경이 다양하긴 하지만, 일부는 (그나마 절제된 표현으로) 끔찍하다. 미국 동물학대방지협회 홈페이지를 살펴보면 강아지 농장들이 어떤 상태로 운영되는지 확인할 수 있다. 한 연구 논문에서는 사회성 발달에 아주 민감한 시기에 사회화 기회를 놓치면 이후 문제 행동으로 이어질 수 있다고 밝힌 바 있다. 그 외에는 유전적인 요소들도 있고(원래 사람을 겁내는 개들을 교배시켰을 수도 있다), 스트레스로 인한 후성적 변화epigenetic change의 영향이 있을 수도 있다(어미 개가 새끼를 뱄을 때 심한 스트레스를 받은 경우다). 혹은 강아지가 너무 이른 시기에 젖을 떼고 한배 새끼들과 이별해야 했거나, 애견 샵의 비좁은 공간에서 지내며 많은 스트레스를 받아서 그럴 수도 있다. 견주가 직접 사육장이나 보호소에 방문해서 얻는 정보에 비해 애견 샵에서 얻는 정보는 한정적이라는 점도 영향을 미친다.

당신이 분양받은 강아지가 좋은 환경에서 지내다 왔는지 아는 방법은 그 환경을 직접 두 눈으로 확인하는 것이다. 《수의학 기록

Veterinary Record》에 소개된 한 연구에 따르면 사람들이 강아지를 분양받기 전 어미 개나 아빠 개를 보지 않았을 경우, 강아지가 성견이 되어 문제 행동을 보일 확률이 3.8배나 높았다. 어미 개만 미리 본 경우에도 성견이 되어 문제 행동을 보일 확률이 2.5배나 높았다.

만일 강아지를 분양받는다면 반드시 어미 개도 함께 보길 바란다(그리고 판매자가 주차장 같은 '편한' 장소에서 보자고 제안한다면 의심해 봐야 한다). 미리 해당 견종의 건강 문제에 관해 알아보고 그와 관련해서 제대로 물어봐야 한다. 좋은 사육자(혹은 좋은 유기견 보호소)는 강아지의 사회화가 얼마나 중요한지 잘 알고 있다. 따라서 강아지들이 일반 가정에서 잘 적응하도록 다양한 소리와 활동에 미리 길들일 것이다. 그러므로 사회화에 관해서도 반드시 문의해야 한다.

추가적인 사회화 훈련의 필요성

영국 시각장애인 안내견 협회 The Guide Dogs For The Blind Association에서는 훌륭하게 사회성이 발달한 강아지들이 집중적인 사회화 훈련을 추가적으로 받았을 때의 효과를 살펴보았다. 연구에는 래브라도 레트리버, 골든 레트리버, 교배종인 래브라도 골든 레트리버 등 6마리의 강아지가 참가했다. 생후 6주 이전의 강아지들로, 모두 기본 사회화 프로그램에 참여했다. 그리고 그중 절반만 추가적인 프로그램에 참여했다. 사람들과 보낸 시간이 차이를 만드는 것이 아니라는 것을 확실히

하기 위해, 기본 프로그램만을 받는 강아지들은 새로운 프로그램이 진행되는 동안 누군가와 함께 상호작용할 수 있도록 했다.

추가적인 사회화 프로그램은 첫 주에 강아지 한 마리당 하루 5분, 5~6주 차에는 강아지 한 마리당 하루 15분으로 진행 시간이 늘어났다. 이때 강아지들의 발달 단계를 고려하고, 쉽게 이용 가능한 도구를 사용했다. 강아지 근처에서 휴대전화가 울리게 하고, 손가락과 수건으로 강아지를 쓰다듬고, 고무장갑을 낀 손으로 강아지의 귀와 이빨을 검사하는 것 등이 포함되었다. 기본 프로그램은 강아지들이 함께 어울려 진행했다면, 추가적인 프로그램에서는 강아지들이 무리에서 벗어나 스스로 이러한 것들을 경험하도록 했다. 이 방법은 강아지들이 분리 불안에 더 유연하게 대응하는 데 도움이 되었을 것이다.

연구 결과는 놀라웠다. 프로그램을 진행하고 6주가 지난 뒤부터 기본 프로그램에만 참여한 강아지들과 추가적인 프로그램에 참여한 강아지들 사이에 큰 차이가 나타났다. 하지만 가장 중요한 차이는 생후 8개월이 된 그 강아지들을 안내견으로 데리고 있던 시각장애인들이 작성한 설문지에서 드러났다. 당시 추가적인 사회화 프로그램에 참여했던 강아지들은 일반적으로 겁을 덜 먹었고, 집중력이 좋았다. 분리 불안 문제도 적었고, 신체 접촉에 덜 민감한 반응을 보였다. 이는 안내견의 도움을 받아야 하는 시각장애인들에게 매우 중요할 뿐 아니라, 모든 견주들에게도 득이 된다. 이 연구를 통해 생후 초반 몇 주 동안의 집중적인 사회화 훈련이 강아지가 성견으로 자라는 동안 큰 영향을 미치고 차이를 만들어 낸다는 것이 밝혀졌다.

가정집에서 보내는 몇 주간의 사회화 기간은 강아지가 긍정적 경험을 많이 하도록 해야 하는 결정적인 시간이다. 당신의 강아지도 낯을 가린다면 특별히 관심을 기울여서 강아지들이 당황하지 않도록 해야 한다. 놀이나 음식을 활용해 낯선 상황이 긍정적 경험으로 기억되도록 하는 것도 좋다(3장에서 자세한 방법을 다룰 것이다). 강아지에게 선택권을 주면서 상호작용을 격려하되 강아지들이 원치 않는다면 강압적으로 해선 안 된다. 강아지가 낯을 가린다고 하더라도, 그들에게 선택권을 주면 준비가 되었을 때 스스로 당신에게 다가올 것이다. 그것이야말로 다양한 경험들이 강아지에게 긍정적으로 작용할 때가 되었음을 의미한다.

여러 동물보호 단체와 동물학대방지협회에서 강아지를 입양할 때 알아 두어야 할 사항들을 잘 정리해서 안내하고 있다. 강아지를 입양하기 전에는 그러한 단체에서 온라인으로 제공하는 내용을 확인하는 것이 좋다. 영국의 왕립동물학대방지협회와 같은 곳에서는 강아지를 분양받을 때 사용할 수 있는 계약서를 제공한다. 계약서에는 강아지에게 이상이 보일 때 어떻게 조치해야 할지가 명시되어 있다. 양심적인 사육자나 보호소는 이상이 보이는 강아지를 다시 데려갈 것이다. 시간을 들여 조사해야 당신에게 적합한 강아지를 찾고, 강아지가 행복하게 삶을 시작하도록 도울 수 있을 것이다.

보호소에서 개를 입양할 때 꼭 명심해야 하는 것

우리가 처음 고스트를 입양했을 때, 몇몇 지인들이 보호소에서 개를 데려왔다는 사실을 알고 부정적인 반응을 보였다. 고스트는 아주 아름다운 자태를 뽐내고 행동마저 올바른 개인데도 말이다. 한 사람은 심지어 고스트가 분명 날 물게 될 거라고 경고하기도 했다(결론부터 말하자면, 녀석은 절대 사람을 물지 않았다!). 그러나 그들의 생각은 잘못되었다. 보호소에서 입양한 개도 좋은 반려견이 될 수 있다.

연구 결과에 따르면, 사람들이 보호소의 개를 입양하는 동기 중 하나는 생명을 살리기 위해서라고 한다. 한 마리의 개를 집으로 데려옴으로써 생명을 살리기도 하지만, 보호소에 자리 하나를 비워 줌으로써 누군가에게 버려져 위험에 처한 또 다른 생명을 살릴 수도 있기 때문이다.

나는 개를 입양하려는 사람들에게 조언을 해 달라고 샘 게인즈 박사에게 부탁했다. 그녀는 왕립동물학대방지협회에서 제작한 입양 전 안내 책자에 관해 설명했다. 그 책자에는 기본 원칙 정하기 그리고 온 가족이 일관되게 행동하기의 중요성을 비롯해 개를 입양한 후 처음 몇 주간 해야 할 일들이 나와 있다. 그뿐만 아니라 사람들이 입양하는 개에 관해 전달받은 정보에 관심을 기울여야 한다고도 조언한다.

게인즈 박사는 "개에 관해 기존에 알고 있던 것들이나 개의 생김새, 어떤 품종인지 등을 일단 무시해야 합니다. 대신 당신이 이제 막

입양한 그 개에 관한 것들을 알아가야 하죠."라고 말했다. 이에 덧붙여 입양할 때 전달받은 정보를 중요하게 다뤄야 한다고 다음과 같이 강조했다. "예를 들어 '음, 이 개는 래브라도니까 다정한 성격에 공을 가지고 노는 것을 좋아하겠지. 그리고 가족들이랑 함께 지내기에 더 없이 안전할 거야.'라고 예상하는 것은 의미가 없습니다. '이 개는 이러한 성격을 가지고 있고, 이런 것들을 좋아한다.'와 같은 정보들이 더 중요합니다. 기존의 짐작에 의존하지 말고, '개의 특성이 이러이러하니 어떤 점을 충족시켜야 할까?'라든지 '이 견종의 특성이 이러이러하니 어떤 점을 맞춰 주면 좋을까?' 등을 생각해 보시기 바랍니다."

현실적으로 생각하기

2015년, 보호소에서 개를 입양한 뒤 4개월이 지난 견주들을 대상으로 한 연구에서 96퍼센트의 응답자가 개들이 새로운 집에 잘 혹은 아주 잘 적응했다고 대답했다. 71퍼센트는 입양한 개가 자신들이 기대한 반려견과 일치한다고 답했다. 또한 72퍼센트의 응답자가 반려견이 고쳤으면 하는 문제 행동(가장 흔한 행동은 무언가를 망가뜨리거나, 공포심을 드러내거나, 심하게 짖어대거나, 리드 줄을 끌어당기는 것이다)을 보였다고 대답했다. 하지만 응답자의 4분의 3이 다시 반려견을 선택한다고 해도 보호소에서 입양할 것이라고 말했다.

《응용 동물 행동과학Applied Animal Behaviour Science》에 실린 연구 결과에 따르면, 보호소에서 개를 입양한 사람 중 65퍼센트는 개의 행동에 매우 만족한다고 대답했다. 후회한다고 대답한 응답자는 4퍼센트 미만에 그쳤다. 사람들의 만족도는 5점 만점에 평균 4.8점을 기록했다. 이 연구에서는 보호소에서 입양한 개 중 53퍼센트가 문제 행동을 보였다고 보고했다. 주로 리드 줄을 당기거나 가구를 씹고 긁거나, 대소변을 제대로 가리지 못하는 등의 문제였다. 이 결과는 사람들이 보호소에서 입양한 개가 새로운 집에 잘 적응하도록 훈련해야 할 필요성을 느끼고 있으며, 대부분의 문제 행동이 그리 심각한 것이 아님을 보여 준다.

반려견을 입양할 때 여러 사항을 고려하는 것처럼, 당신이 개를 위해 무엇을 할 수 있을지도 신중하게 생각해야 한다. 개들은 다양한 이유로 보호소에 들어오게 된다. 이전 견주가 아프거나 사망했을 수도 있고, 개를 키우기 힘든 주거 환경에서 살았을 수도 있다. 하지만 보호소에서 입양하려는 개가 문제 행동을 보인다는 정보를 받았다면, 당신이 그 개를 기르기에 적합한 사람인지를 고려해 봐야 한다.

펜실베이니아 대학교 수의학과의 수의 행동학자 카를로 시라쿠사Carlo Siracusa 박사는 동물병원에 찾아오는 고객들을 만나면서 문제 행동을 보이는 개들을 연구했다. 박사는 다음과 같이 조언했다. "개가 너무 불안해 보이거나 문제 행동을 보인 기록이 있다면, 많은 경우 제대로 된 훈련을 받지 못해서 그런 게 아니라 개의 성격이 원래 그런 겁니다. 당신이 그런 개를 감당할 자신이 없거나 원하던 개가 아니라면 그 개를 입양하지 않는 게 좋을 것입니다. 사람들은 반려견과 지내 본 경험이 많거나, 공격성을 드러내고 심한 분리 불안을 겪는 개를 길러 본 적이 있다며 자신감을 보이기도 합니다. 그렇다면 괜찮습니다. 하지만 개 훈련사를 구하면 모든 문제가 마법처럼 해결될 거라는 착각을 해서는 안 됩니다."

따라서 모든 개는 새로운 집에 적응하기 위해서 어느 정도의 훈련이 필요하다. 다음 장에서는 개들이 어떻게 학습하는지에 대해 알아볼 것이다.

반려견을 위해 실천하기

- 당신에게 반려견을 돌볼 시간과 경제력, 그리고 적합한 주거 환경이 준비되어 있는지 생각해 보자. 반려견과 함께 운동하고, 놀아 주고, 털 손질을 해 줄 시간이 있는가? 오랫동안 집을 비워야 할 때, 주기적으로 개 산책을 시켜 주거나 돌봐 줄 사람이 있는가? 개가 필요로 하는 게 무엇인지 배울 의향이 있는가? 개 돌보기를 경험하기 위해 지인의 개를 잠깐이라도 돌봐 줄 의향이 있는가?

- 관심 있는 견종의 신체 건강 정보나 행동 특성을 조사해 보자. 해당 견종에 필요한 유전자 검사를 해 보거나 그에 관해 물어보도록 하자. 건강상 문제가 생길 가능성이 있는 견종이라면, 신중하게 사육자를 선택하고, 보험을 들고, 동물병원에 드는 비용도 대비해야 한다. 아니면 차라리 다른 견종을 선택하길 권한다. 특정 견종의 유전적 문제를 방지하기 위해 믹스견을 선택했더라도 해당 견종들이 같은 문제를 갖고 있지는 않은지 확인하자(예를 들면, 서로 다른 단두종의 교배로 태어난 강아지는 결국 단두종의 건강 문제를 가지게 된다).

- 선택할 수 있는 견종이 매우 다양하다는 점을 기억하자. 만일 특정 견종의 선천적인 건강 문제로 인해 고민하게 된다면, 무엇 때문에 그 견종에 매력을 느끼는지 생각해 보자. 조그맣고 귀여워서라면, 다른 작고 귀여운 견종을 찾아볼 수도 있다. 운동을 많이 시키지 않아도 되어서라면, 덩치와 상관없이 운동을 많이 하지 않아도 되는 견종을 알아보자(이런 경우 보호소에서 지내던 노견이 적합할 수도 있다). 수년 내 출산

계획이 있다면, 다정한 견종을 택하는 것이 좋다. 당신이 선택한 개가 사회성 발달에 민감했던 시기에 어린아이들과 좋은 경험을 했는지 자세히 알아봐야 한다(8장을 참고하자).

- 개를 선택하기 전 수의사나 전문 개 훈련사와의 상담을 통해 어떤 개가 당신에게 적합한지 알아보자.

- 강아지를 집으로 데려오기 전, 반드시 강아지와 어미 개가 지내는 곳에 방문해서 어미 개와 주변 환경을 확인하자. (일부 동물 복지 단체에서 제공하는) 강아지 분양 계약서를 활용하는 방법도 고려해 보자.

- 사육자(혹은 위탁 가정)가 강아지의 사회성 발달을 위해 어떤 노력을 기울였는지 확인하자. 강아지의 사회화에 가장 중요한 시기는 생후 3주부터 12~14주까지다. 강아지를 집으로 데려오더라도 그 기간에는 계속해서 사회성 발달을 위한 교육을 하는 데 집중하자. 전문가가 진행하는 강아지 수업에 참여하는 것도 좋은 방법이다(3장 참조).

- 강아지에게 선택권을 주고 격려하되, 낯을 가리는 강아지에게 압박을 가하지 않아야 한다. 사회화라는 것은 당신의 강아지가 행복하고 긍정적 경험을 할 기회를 주는 것이다.

- 보호소에서 개를 데려오는 것이 좋은 선택이 될 수 있음을 기억하자. 어떤 가족에게는 강아지보다 성견이 훨씬 더 잘 맞을 수 있다.

3장

반려견의 학습법과 행동심리

　반려견으로 강아지를 입양했건 성견을 입양했건 상관없이, 우선 규칙을 정한 다음 반려견이 잘 따르도록 훈련을 시켜야 한다. 안타깝게도 많은 이들이 여전히 개들이 늑대 무리의 속성을 지니고 있다고 잘못 알고 있다. 개들이 항상 우위를 차지하려 하고, 주인과 경쟁해서 무리의 대장이 되려고 한다고 말이다. 이러한 생각은 인간과 개의 관계가 적대적이라는 인식으로 이어질 수 있어 매우 우려스럽다. 개들은 인간에게 가장 친한 친구가 되어야 할 존재다. 이제부터 개들이 어떻게 학습하는지 그 원리를 알아보도록 하자.

동물의 학습에 관하여

　우리가 가르치려고 하든 그렇지 않든, 개들은 늘 배우고 있다. 삶 자체가 학습의 과정이지만, 전형적 행위 패턴$^{modal\text{-}action\ patterns}$이라고 불리는 타고난 종특이성행동이 나타나기도 한다(이전에는 고정 행위 패턴$^{fixed\text{-}action\ patterns}$이라고 불렸으나 융통성 있는 적용을 위해 명칭이 바뀌었다). 유전적 특징을 바탕으로 하는 전형적 행위 패턴은 같은 견종에서 일관되게 발견되나 학습을 통해 고칠 수 있다. 일례로, 개들이 사냥하는 순서의 일부 양상은 타고나는 경우가 있는데, 오랜 시간 사냥 훈련을 하면 타고난 면도 변한다. 다른 행동들은 환경이나 인간과의 상호작용을 통해 배운다. 개들이 학습하는 방법에는 비연합 학습non-associative learning과 연합 학습associative learning이 있다.

비연합 학습: 습관화와 민감화

비연합 학습은 일회성 학습으로 개가 어떤 경험을 단 한 번 함으로써 무언가를 배우게 되는 경우를 말한다. 사람들이 어떤 음식을 먹고 식중독에 걸리거나 특정 술을 너무 많이 마신 뒤 고생한 기억 때문에 그 술을 피하게 되는 것처럼, 개들도 그러한 한 번의 경험을 통해 학습하게 된다. 이러한 비연합 학습에는 습관화와 민감화가 있다.

습관화는 개들이 어떤 것에 반복적으로 노출되고 익숙해지면서 두려움이 없을 때, 즉 더 이상 주의를 기울이지 않게 되는 경우를 말한다. 냉장고나 식기세척기 소음에 익숙해지는 것처럼 말이다. 그렇게 되면 식기세척기 소리에 깜짝 놀라는 것과 같은 본능적 행동 반응을 하지 않게 된다. 식기세척기 소리가 들려도 아무 일도 일어나지 않는다는 사실을 학습한 것이다. 때로는 그 상황에 다시 주의를 기울이기도 한다. 이를 탈 습관화라고 한다. 그러나 탈 습관화가 일어난다고 해도 금세 별일 아니라는 것을 알아차리고 예전처럼 신경 쓰지 않게 된다.

습관화와 상반되는 개념이 민감화sensitization로, (식기세척기 소리에 깜짝 놀라는 것 같은) 본능적 행동 반응이 점차 심해지는 것을 말한다. 식기세척기가 위험한 것이라면 민감하게 반응해서 위험을 피할 수 있으니 개에게 합리적인 반응일 것이다. 그러나 실상 식기세척기는 위험하지 않으니 식기세척기 소리가 들릴 때마다 깜짝 놀란다면 불필요한 스트레스를 받게 된다. 때로 사람들은 시간이 지나면 반려견이 어떤 상황이든 익숙해질거라고 생각한다. 그렇게 방치된 반려견은 의도치 않게 어떤 특정 상황에 민감화되기도 한다(어린이들과 함께 지내는 반려견이 민감화되기도 하는 사례를 8장에서 자세히 다루도록 하겠다).

사실 개가 어떤 자극에 습관화될지 혹은 민감화될지를 미리 짐작하기는 쉽지 않다.

사회적 학습은 다른 개들과 사람들과의 상호작용 속에서 뭔가를 배우는 것이다. 자극 증대stimulus enhancement는 다른 개가 뭔가를 조작하는 것을 보고 주의를 기울일 때 일어난다. 위치 증대local enhancement는 다른 개의 존재로 인해 자극을 받거나 그 위치에 주의를 기울이는 것을 말한다.

사회적 촉진Social facilitation은 다른 개가 달리는 것을 보고 함께 달리려고 하는 현상을 말한다. 개가 다른 개의 행동을 모방하는 능력은 연구를 통해 밝혀졌다. 특히 특정 음식을 선호하거나, 빙 돌아서 지나가거나, 음식을 얻기 위해 장치를 조작하는 데서 두드러지게 나타난다. 어미 개가 마약 탐지를 하는 모습을 지켜본 강아지들은 그렇지 않은 강아지들보다 마약을 더 잘 찾아내는 경향이 있었다. 이것이 관찰 학습의 결과인지는 명확하지 않다. 이러한 개의 학습법을 활용한 '하는 대로 따라 하기' 훈련법은 개의 신체 구조가 허락하는 한에서 사람의 행동을 따라 하게 하는 방식이다.

연합 학습: 고전적 조건형성과 조작적 조건형성

개들은 상황과 연결지어 학습한다. 가령 차를 타고 가다가 차가 특정 방향으로 틀면 동물병원에 가는 줄 아는 식이다. 이를 고전적 조건형성classical conditioning이라고 부른다. 이 방식은 개들의 행동보다는 감정에 영향을 미친다. 가령 낯선 사람을 겁내는 반려견에게 낯선 사람이 올 때마다 맛있는 간식을 주면 시간이 지나면서 그 낯선 사람을 좋아하게 한다.

개들은 또한 결과를 통해서도 학습한다. 개가 당신에게 뛰어올라 얼굴을 핥는 경우, 앉으라고 명령했을 때 개가 앉으면 피넛 버터 쿠키를 준다고 가정해 보자. 이 방식은 굉장히 단순하다(하지만 당신이 원치 않는 방식으로 개의 행동을 강화시킬 수도 있다). 이를 조작적 조건형성operant conditioning이라고 부른다. 개들에게 어떻게 행동해야 할지를 가르칠 때, 우리는 행동을 보상하거나 처벌하기 위해 조작적 조건형성 방식을 활용한다.

개가 특정 행동을 통해 기대하는 결과가 더 이상 일어나지 않는다는 것을 학습하면 소거^{extinction}가 발생한다. 반려견이 창문을 향해 짖어댈 때마다 매번 당신이 그것을 무시한다고 가정해 보자. 개는 계속해서 짖다가도 그 행동을 강화하는 다른 무언가가 없으면 결국 짖기를 멈추게 될 것이다. 하지만 짖기를 멈추기 전에 '소거 격발$^{extinction\ burst}$'이라는 상태를 거치는 경우가 많다. 개가 더 심하게 짖어대면서 그 행동으로 인한 어떤 효과를 기대하는 것이다. 이 시점에서 사람들은 보통 이대로 무시하고 뒀다간 해결되지 않을 것 같아 우려한다. 그 결과 개가 짖는 행동에 반응하게 되고, 의도치 않게 개가 짖는 행동에 보상하게 됨으로써 소거하려는 시도에 지장을 입게 된다.

한편, 개들은 다양한 이유로 짖어대고 다른 무언가가 그것을 강화한다면 무시하는 것이 통하지 않는다. 그뿐만 아니라 우리가 원하는 개의 행동이지만, 강화를 제거함으로써 의도치 않게 소거하기도 한다. 가령 개의 이름을 부르면 오도록 가르치기 위해 간식을 활용하다가, 그 보상을 없애는 경우가 있다. 개는 한동안 이름을 부르면 간식을 기대하며 당신에게 가겠지만, 더 이상 보상이 없다는 것을 이내 깨닫게 될 것이다. 만일 이름을 불러도 다른 무언가가 더욱 동기부여를 한다면, 당신에게 가는 대신 그곳으로 가게 될 것이다.

고전적 조건형성이 겁 많은 개들의 훈련에 활용되는 데 비해, 조작적 조건형성은 모든 개 훈련의 기초가 된다. 이제부터는 두 가지의 조건형성을 더욱 자세히 살펴보도록 하자.

고전적 조건형성: 파블로프의 학습법

파블로프의 개 이야기를 모르는 사람은 거의 없을 것이다. 러시아의 생리학자 이반 파블로프 Ivan Pavlov는 타액 분비처럼 자연적인 반사작용과 (종 울리는 소리와 같이) 전혀 상관없는 것을 연관 지을 수 있다는 사실을 알아냈다. 개들은 음식을 보거나 냄새를 맡으면 자동으로 타액이 분비된다. 때로는 입 밖으로 침을 질질 흘리기도 한다. 고전적 조건형성에서 음식은 '무조건 자극 unconditioned stimulus, US', 타액 분비 현상은 무조건 반응 unconditioned response, UR이라고 부른다. 이 두 가지는 자연스럽고 조건 없는 관계다. 파블로프는 음식을 주기 전 종을 치면, 개가 종소리만 들어도 침을 흘린다는 사실을 알아냈다. 이 경우, 종을 치는 행위를 '조건 자극 conditioned stimulus, CS', 그리고 개가 타액을 분비하는 현상을 '조건 반응 conditioned response, CR'이라고 부른다. 조건이라는 단어를 사용하는 이유는 학습되어야 반응이 나타나기 때문이다. 개가 종소리가 들린 후 음식이 나온다는 것을 학습했기에 자연스레 침을 흘리는 것이다.

고전적 조건형성은 주로 역조건형성 counter-conditioning을 활용한 둔감화^{desensitization}로 개들이 두려움을 극복하도록 하는 데 도움을 준다. 둔감화란 개가 즐겁게 받아들일 만큼 적은 수준의 자극을 준 뒤, 점차 익숙해지도록 만드는 것이다(그 반대는 민감화다). 역조건형성에서는 자극을 줄 때마다 (닭고기나 치즈와 같이) 개가 좋아하는 것을 제시한다. 그러면 개는 해당 자극 이후 좋은 일이 생긴다는 사실을 학습한다. 단, 둔감화와 역조건형성에서는 (자극을 인지하게 하는 것 외에는) 개에게 어떤 행동을 요구하지 않는다. 여기서 변화시키려고 하는 것은 개의 행동이 아니라 개의 정서이기 때문이다.

둔감화와 역조건형성

- 개가 좋아할 만한 수준에서 '조건 자극'이 일어난다. 예를 들면, 폭죽 터지는 소리가 녹음된 것을 아주 작게 들려준다거나 낯선 사람이 꽤 먼 거리에 서 있는다.
- 개는 '조건 자극'을 인지하는 순간 좋아하는 음식을 받는다.
- 시간이 지나며 개는 '조건 자극'을 좋아하게 되는데, 이것이 조건 반응이다.

실생활에서 이를 적용하는 가장 좋은 방법은 장 도날드슨의 '오픈 바/클로즈드 바$^{Open\ Bar/Closed\ Bar}$ 기술' 이다. 개가 자극을 인지하는 순간, 바로 닭고기나 치즈(혹은 개가 좋아하는 다른 간식거리)를 주면서 "바가 열렸습니다."라고 한다. 그렇게 간식을 계속 주다가 자극이 사라지거나 멈추면, "바가 닫혔습니다."라고 하면서 간식 주기를 멈춘다. 이 기술은 개가 해당 자극과 간식의 명확한 연결성을 예상하게 해 준다. 다만 이 기술은 개가 해당 자극에 크게 스트레스를 받지 않는 수준에서 적용해야 한다. 만일 예기치 않게 자극의 '한계점을 넘으면' 즉시 (자극을 주는 소리의 볼륨을 낮추거나 낯선 사람과의 거리를 더 넓히는 등) 자극을 줄이고 계속 간식을 준다.

조작적 조건형성: 스키너의 학습법

나는 개에게 잠시 앉아서 기다리게 하는 훈련을 시키는 걸 가장 좋아한다. 특히 개가 방방 뛰거나 시끄럽게 짖어댈 때, 이 방법을 사용하면 개와 상호작용하기가 훨씬 수월해진다. 이 방법은 훈련 초반 짧은 시간에 개에게 많은 보상을 줄 수 있다. 어떤 개들은 내가 눈앞에서 닭고기 한 조각을 흔들어 대면 단 1초도 가만히 앉아 있지 못한다. 또 어떤 개들은 내가 조금만 움직이면 방방 뛰면서 따라오고 싶어 못 견딘다. 가만히 앉아 있는 행동이 강화되면 더 오래 앉아 있을 수 있게 되고, 내가 시키지 않아도 앉게 된다. 이는 미국의 심리학자 에드워드 손다이크 Edward Thorndike가 '효과의 법칙 law of effect'이라고 부른 초기 동물 행동 법칙과도 일맥상통한다. 어떤 행동으로 인한 즐거운 결과는 그 행동을 반복하게 하고, 즐겁지 않은 결과는 그 행동을 덜 하게 한다는 내용이다.

스키너는 손다이크의 법칙에 조금 더 상세하게 접근해 널리 잘 알려진 조작적 조건형성 이론을 확립했다. 그는 개 훈련사들이 네 가지 필수 요소로 여기는 것을 상세하게 연구했다. 그것은 정적 강화positive reinforcement, 부적 강화negative reinforcement, 정적 처벌positive punishment, 그리고 부적 처벌negative punishment이다.

'정적 강화'는 특정 행동의 빈도를 높이기 위해 그 행동을 했을 때 뭔가를 제공하는 것을 의미한다. 여기서 '강화'는 행동을 지속하고 더 자주 하게 되는 것을 뜻한다. 그리고 '정적positive'은 무엇이 추가되거나 제공되는 것을 의미한다. 가령 당신이 개에게 앉으라고 명령했을 때 개가 앉았다면, 당신은 개에게 간식을 줄 것이다(뭔가가 제공되었다). 개는 다음번에 명령을 들으면 앉을 확률이 높아진다(특정 행동이 강화되었다). 정적 강화의 '정적'과 부적 강화의 '부적'은 각각 긍정과 부정을 평가하는 의미가 아니라 무언가를 '추가' 하거나 '제거'했다는 의미로 사용된다.

정적 처벌과 부적 처벌에 쓰인 '처벌'은 특정 행동 경향이 다시 발생할 가능성을 '감소시킨다는 의미'이다. 즉 정적 처벌은 개가 특정 행동을 했을 때 그 빈도를 줄이기 위해 뭔가를 추가하거나 제공하는 것이다. 예를 들어, 당신이 집안에 들어가자마자 개가 당신에게 마구 뛰어올랐다. 그때 바닥에 무릎을 꿇고 앉은 뒤 개의 두 앞발을 붙잡고 한쪽 무릎을 개의 가슴에 갖다 대었다고 하자. 다음번에 당신이 들어왔을 때 개가 마구 뛰지 않았다면, 당신은 개의 뛰는 행동을 정적 처벌한 것이다. 당신이 어떤 행동을 추가함으로써(가슴에 무릎을 갖다 대서 불편한 느낌을 줌) 뛰는 행동의 빈도를 줄인 것이다. 여기서 강조하고 싶은 점은 개를 훈련할 때 이러한 방식을 옹호하지는 않는다는 사실이다. 그 이유는 곧 다루게 될 것이다. 그리고 이 방법이 효과가 없을 수도 있다(가령 개가 그것을 게임으로 받아들여 계속 더 뛸 수도 있다). 일상에서 우리가 말하는 처벌은 정적 처벌을 의미한다.

부적 강화는 뭔가를 제거함으로써 특정 행동 경향이 다시 발생할 가능성을 높이는 것이다. 일례로 개를 앉히기 위해 손으로 개의 엉덩이를 누르다가 어느 시점에 손을 떼는 것이다. 이제 개가 더 자주 앉게 되었다고 추정하면, 개의 엉덩이에 가하는 압력을 제거함으로써 앉는 행동이 강화된 것이다. 부적 처벌은 특정 행동의 빈도를 줄이기 위해 뭔가를 제거하는 것이다. 예를 들어, 개가 당신을 보고 마구 날뛸 때, 당신이 등을 돌리거나 아예 30초간 방에서 나가 버리는 것이다. 그러면 개에게 주던 관심을 제거함으로써 개가 날뛰는 행동 빈도를 줄인 것이 된다(하지만 앞서 언급한 소거 격발을 주의하자!).

다음의 표에서는 강화와 처벌의 사례들을 보여 준다. 여기시 주목해야 할 점은 행동의 결과가 추후 행동에 변화를 가져와야 한다는 것이다. 가령 당신이 정적 강화의 의미로 개를 쓰다듬었는데 그것이 개의 행동 변화에 아무런 영향을 미치지 않는다면, 쓰다듬기가 강화의 역할을 하지 않은 것이다.

조작적 조건형성의 사례:
정적 강화(R+)와 부적 처벌(P-)을 활용한 보상 기반 훈련

선행조건	행동	행동의 결과	결론
"앉아."라고 명령한다.	개가 앉는다.	정적 강화(R+): 뭔가 좋은 일이 생긴다(닭고기, 치즈, 간식을 먹거나 간단한 터그 놀이를 하거나 쓰다듬기를 받는다).	행동을 더 자주 한다.
주인이 집에 들어간다.	개가 주인을 향해 뛰어오른다.	부적 처벌(P-): 뭔가 좋은 것을 뺏긴다 (닭 고기, 치즈 등의 간식을 먹다가 뺏기거나 놀이가 끝나거나 함께 있던 사람이 방에서 나간다).	행동을 덜 한다.
주인이 개에게 인사한다.	개가 주인을 향해 뛰어오른다.	정적 처벌(P+): 뭔가 나쁜 일이 생긴다 (리드 줄을 당기거나 엉덩이를 누른다).	행동을 덜 한다.
리드 줄을 당기며 '앉아'라고 말하고 개의 엉덩이를 누른다.	개가 앉는다.	부적 강화(R-): 뭔가 나쁜 것이 사라지거나 멈춘다(리드 줄과 엉덩이에 가해지던 압력이 사라진다).	행동을 더 자주 한다.

행동의 결과만이 다음 행동에 변화를 가져오는 것은 아니다. 선행조건을 바꾸어서 개의 행동에 영향을 미칠 수도 있다. 훈련사들은 이를 선행조건 조정이라고 부른다. 예를 들어, 개가 변기 물에 입을 대는 문제 행동을 한다고 하자. 여기서 선행조건은 변기 뚜껑이 열려 있어 개의 접근이 가능한 상황이다. 이때 합리적인 선행조건 조정은 변기 뚜껑이 늘 닫혀 있어서 개가 변기에 얼굴을 집어넣지 못하도록 하는 것이다. 물론, 개가 변기에 가지 않고도 깨끗한 물을 충분히 먹을 수 있도록 신경써야 한다!

훈련 방식과 행동의 연관성

보상 기반 훈련에서는 정적 강화나 부적 처벌 방식을 적용하거나, (쓰레기통을 뒤지지 못하도록 뚜껑을 꼭 닫아 놓고, 리드 줄을 당기는 개에게 당김 방지용 하네스를 채우는 등) 인간적인 관리 전략을 적용한다. 평소 운동을 시키거나 다른 욕구를 충분히 충족시켜 주는 것도 문제 행동을 해결하는 방법의 일환이다(9장과 10장을 참조).

《국제 수의학 행동 저널》에 실린 보고서에 따르면 88퍼센트의 견주가 집에서 개를 훈련시킨다. 그러나 보상 기반 훈련 방식보다는 개에게 두려움이나 공포심을 주는 방식에 의존한다. 사람들은 그저 살짝 때리면서 행동을 바로잡았다고 말한다. 하지만 초크체인, 핀치칼라*, 전기 목줄을 사용하거나 리드 줄 당기기, 넘어뜨려 제압하기 등은 개에게 겁을 주고 고통을 느끼게 해서 말을 듣게 하는 방식이다. 이 방법들은 모두 적대적인 방법이다.

한 설문 조사에서는 견주들을 대상으로 개 훈련 방식과 반려견 명령법 수업 참가 내용을 조사했다. 견주들은 주의를 끌기 위한 행동(뛰어오르기, 앞발질, 주인 핥기)과 겁을 먹는 행동(친숙하거나 낯선 사람들을 피하거나 숨기), 공격성을 드러내는 행동 등 서른여섯 가지 문제 행동 리스트를 확인했다. 그리고 그중 자신의 반려견이 보이는 문제 행동에 표시했다. 응답 결과, 78퍼센트의 개가 사람들을 보면 뛰어올랐고, 75퍼센트가 앞발질을 하며 관심을 받고 싶어 했으며, 74퍼센트가 손님이 오면 흥분했다. 사실 이 행동들은 (적어도 개의 입장에서 보면) 친근함을 표시하는 사회적인 행동이다! 응답자들이 가장 문제시하는 세 가지 행동은 가족에게 공격성을 드러내고, 집에서 대소변을 가리지 못하고, 견주가 집에 없을 때 가구나 물건들을 물어뜯고 망가뜨리는 것이었다. 정적 강화 방식만으로 훈련하는 경우엔 반려견이 두려움이나 공격성, 그리고 주의 끌기와 연관된 문제 행동을 덜 보이는 것으로 나타났다. 흥미로운 사실은 정적 강화와 정적 처벌을 모두 활용해 훈련한 경우, 개가 두려움이나 공격성, 그리고 주의 끌기와 같은 문제 행동을 보일 확률이 더 높았다는 것이다(소위 말해 '균

---

* 당겼을 때 안쪽의 뭉툭한 갈고리가 목을 자극해 행동을 제어하는 목적으로 사용된다.

형 잡힌' 개 훈련법을 적용했는데 말이다).

《응용 동물 행동과학》에서 발표한 오스트리아 빈의 한 연구에서는 개의 덩치에 따라 훈련 결과에 차이가 있는지 알아보았다. 오스트리아 빈에서는 반려견을 시에 등록해야 한다. 연구원들은 무작위로 등록 견주들에게 설문지를 보냈다. 연구에서는 20킬로그램까지의 개를 소형견, 그 이상의 개를 대형견으로 분류해서 평가했다. 80퍼센트의 견주가 개 훈련에 처벌 방식을 적용했다. 주로 리드 줄 압박, 꾸짖기, 그리고 개의 주둥이를 쥐는 식이었다. 90퍼센트의 견주는 보상도 자주 활용했다. 소형견과 대형견 모두 견주가 처벌을 더 많이 적용할수록 공격성을 드러내거나 흥분하는 빈도가 높게 나타났다. 이러한 경향은 소형견에게 더 많이 나타났다. 그와 반대로, 개들은 견주가 보상을 더 많이 활용할수록 순종적인 것으로 평가되었다. 즉, 견주의 보상 횟수가 많아질수록, 개들의 공격성이 줄고 흥분하는 빈도가 낮아졌다. 또 주목할 점은 소형견 견주들의 훈련 방식이 대형견 견주에 비해 일관되지 않다는 사실이다. 소형견의 견주들은 훈련의 중요성을 간과하거나 대형견의 견주들보다 개와 함께 활동하는 빈도도 낮았다. 반려견을 순종적인 개로 기르는 데에는 일관성이 중요한 역할을 하는 것으로 밝혀졌다. 견주가 훈련에 소홀할수록 개들은 덜 순종적이었다.

서로를 응시하는 것은 인간과 개의 관계에서 매우 중요한 부분이다.

 같은 학술지에 실린 또 다른 연구에서는, 53명의 견주에게 어떻게 개를 훈련시켰는지에 관해 물었다. 그리고 개에게 '앉아', '엎드려', '기다려'를 명령하는 모습을 비디오로 촬영했다. 견주에게 간식 한 봉지와 공 하나를 주어 개들이 원하면 사용하도록 하고, 5분간 새로운 과제를 훈련하도록 했다. 두 개의 숟가락 중 견주가 지목하는 숟가락을 만지는 과제였다. 이 연구의 참여자들은 과거 모두 보상과 처벌을 함께 사용해 훈련했었다. 보상보다 처벌의 빈도가 잦아지면 개들은 활기를 잃고 상호작용을 덜 하는 양상을 보였다. 보상의 빈도가 높은 견주의 개들은 더 빨리 새로운 과제를 습득했다. 견주가 인내심이 강하고 보상을 많이 할수록 개들이 더 잘 훈련된 것이다. 이러한 결과의 핵심 요인은 동기부여일 것이다.
 또 다른 연구는 두 곳의 개 훈련 학교에서 개들을 관찰했다. 한 곳에서는 훈련에 정적 강화를 적용했고, 다른 한 곳에서는 부적 강화를 적용했다. 부적 강화를 적용한 훈련에 참여한 개들은 자세를 낮춰 (몸을 바닥 가까이하고) 스트레스 신호를 더 많이 드러냈다. 정적 강화를 적용한 훈련에 참여한 개들은 더 자주 견주를 바라보았다. 무언가를 명령하기 위해서는 주의를 끌어야 하기 때문에 당신을 바라보게 하는 것은 매우 중요하다. 정적 강화는 개의 복지뿐만 아니라 인간과 개의 유대감 형성에도 더 좋다.

한 설문 조사에서는 적대적인 훈련 방식이 개의 공격적 반응을 이끌어 낼 수 있다고 밝혔다. 25퍼센트의 응답자가 개의 몸을 눌러 제압하거나, 입마개를 씌우거나, 강제로 입에서 뭔가를 빼앗거나, 턱 아래 살을 잡았을 때 개의 공격적인 반응이 관찰되었다고 응답했다. 핀치칼라나 초크체인의 사용은 11퍼센트의 개에게서 공격적인 반응을 유발했다. 전기 충격 목줄 사용도 7퍼센트의 개에게서 공격적 반응을 이끌었다. 개를 향해 으르렁거리거나 노려보거나 "안 돼."라고 소리치는 등의 덜 적대적인 기술도 때로는 개의 공격성을 자극했다 (어떤 견주들은 개를 향해 실제로 으르렁거렸다고 응답했다).

《국제 수의학 행동 저널》은 개 훈련 방식에 관한 열일곱 편의 논문을 검토했다. 그 결과, 보상 기반 훈련 방식이 개의 복지 차원에서 좋을 뿐 아니라 더 효과적인 것으로 나타났다. 모든 연구에서 훈련, 두려움, 불안, 스트레스 신호가 서로 관련 있음이 밝혀졌다. 그러나 인과 관계를 증명하지는 못했다. 하지만 현재의 연구들 덕분에 미국 동물 행동 수의학회와 펫 프로페셔널 길드Pet Professional Guild 같은 단체에서는 개 훈련에 적대적이고 혐오적인 방식을 사용하지 못하도록 경고하게 되었다.

전기 충격 목줄의 위험성

많은 개 훈련사가 전기 충격 목줄 없이도 좋은 훈련 결과를 낸다. 그러나 어떤 훈련사들은 여전히 이를 사용하고 있다. 전기 충격 목줄의 원리는 개들이 피하고 싶은 불편함을 느끼게 해 훈련하는 것이다. 어떤 이들은 전기 충격 목줄이 최후의 방법이라고 말하기도 한다. 과학적으로 근거가 없는 데도 말이다.

《플로스원》에 실린 연구에서는 전문적인 개 훈련사가 충격 목줄을 제조사의 안내에 따라 제대로 사용한다고 하더라도, 동물 복지의 측면에서는 위험 요소가 있다고 밝혔다. 연구자들은 전기 목줄을 사용해 가축을 돌보는 개(양치기견)를 소환하는 훈련을 해 보았다. 연구에는 세 그룹의 개들이 참가했다. 첫 번째 그룹은 전기 목줄 제조사 협회Electronic Collar Manufacturers Association에서 추천한 훈련사가 전기 목줄을 활용해 훈련했다. 두 번째 그룹은 같은 훈련사가 정적 강화를 적용해 훈련했다. 마지막 그룹은 정적 강화 전문 훈련사가 정적 강화를 적용해 훈련했다. 모든 개가 활성화되거나 비활성화된 전기 충격 목줄을 차고 있었다. 관찰자들은 비디오를 보고 평가하였는데, 어떤 개가 어떤 그룹에 속했는지 알 수 없었다(실험 조건을 모르는 상태로 평가한 것이다). 전기 충격이 활성화된 목줄을 찬 개들은 스트레스 호르몬인 코르티솔 분비에는 차이가 없었다. 그러나 (꼬리를 내린다거나 하품을 하는 등) 스트레스의 징후를 더 자주 드러냈다. 연구 결과 전기 충격 목줄의 사용은 정적 강화보다 더 나은 훈련 결과로 이어지지 않았다.

개가 특정 구역에서 벗어나는 걸 막기 위해 전기 목줄을 사용하는 것은 어떨까? 전기 울타리는 특정 구역을 구분 짓는 선을 따라 센서를 땅에 묻음으로써 만들어진다. 그리고 훈련을 위해 그 위에 눈에 띄는 표시를 해 둔다. 만일 개가 그 센서 위를 지나면, 충격 목줄이 작동한다.

미국 수의학협회에서 오하이오의 견주를 대상으로 조사한 내용에 따르면, 전기 울타리를 설치한 견주 중 개가 탈출했다고 대답한 응답자는 44퍼센트였다. 일반적인 담장을 설치한 견주들 중 개가 탈출했다고 답한 응답자는 23퍼센트에 그쳤다. 안타깝게도, 만일 개가 (지나가던 고양이를 쫓아가느라) 전기 울타리를 벗어나면, 한번 느낀 충격 때문에 다시 돌아오길 꺼릴 수 있다. 더군다나, 이 전기 울타리는 야생 동물이나 다른 개들 혹은 낯선 사람들을 막아 주지 못하기 때문에, 잠재적으로 마당에 있는 개는 더 큰 위험에 노출된다. 또 다른 위험은 개가 전기 울타리를 지날 때 느끼는 충격을 지나가는 사람이나 개와 연관시킨다는 점이다. 그 결과 마당 앞을 지나가는 낯선 사람이나 개들에게 불필요한 두려움이나 공격성을 드러내기도 했다.

전기 충격 목줄에 관한 연구 내용을 살펴보면 사용을 금지해야 한다는 쪽이 더 설득력 있다. 또한 보상 기반 훈련 방식이 더 나은 결과를 가져왔다. (전기 울타리를 비롯한) 전기 충격 목줄의 사용은 웨일스, 오스트리아, 덴마크, 스웨덴, 스위스 등의 국가에서 금지하고 있다(영국에서는 개와 고양이용 전기 울타리의 사용은 허가하고, 다른 충격 목줄의 사용은 금지하고 있다).

보상 기반 훈련의 이점들

　나는 반려견에게 하네스를 채우고 빼는 데만 한 시간을 쓴 적이 있다. 녀석은 어리고 귀여운 시베리안 허스키였는데, 산책할 때마다 리드 줄이 익숙하지 않아서인지 미친 듯이 끌어당기고 가만히 있지 않았다. 하네스를 채우려고 시도하자 녀석은 정신없이 날뛰며 내 손을 핥았다. 결국 나는 하네스를 보여 주며 닭고기 한 조각을 주고 가만히 있도록 했다. 그런 다음 녀석이 하네스에 머리를 넣고 닭고기를 먹도록 했다. 그다음에는 자유의지로 머리를 넣도록 유도하며 연습을 시켰다. 녀석이 간식에 사족을 못 쓴 덕에 훈련은 신속하게 진행되었다. 다행히 녀석은 정말 영리했으며, 산책을 그 무엇보다도 좋아했다. 일단 하네스를 채우고 잠깐 볼일을 보게 한 다음 함께 밖으로 나가자 녀석은 신이 나서 어쩔 줄을 몰랐다. 산책 후 실내로 돌아와 내 손을 핥지 않고도 순조롭게 하네스를 채우고 빼는 연습을 반복했다. 물론 나는 날뛰는 개에게 하네스를 채우기 위해 승강이를 벌이는 일에 익숙하지만, 다른 사람이 녀석에게 하네스를 채울 때도 얌전히 있어 주길 바랐다. 시베리안 허스키는 원래 활동량이 많으므로 이런 정적 강화 훈련을 한 후에 산책을 더 많이 하는 것이 바람직하다.

전문가의 조언

"반려견이 경험하는 모든 것에 대한 책임은 결국 우리에게 있습니다. 먹는 것부터 시작해서 배설 환경, 운동, 좋은 경험과 무서운 경험까지 모두 말입니다. 우리 인간에게 개의 복지의 모든 측면이 달린 만큼 책임감을 가져야 합니다. 개가 힘없는 동물이라는 것을 인식하게 되면 우리 마음에서는 다정함과 배려가 자연스레 따라오게 됩니다. 개들도 나름대로 주어진 기회에서 선택합니다. 자신이 사랑하는 사람이나 동물 곁에서 따뜻하게 잘 먹고 안전하게 지낼 선택을 하는 것이죠. 그 기회를 제공하는 쪽은 바로 우리 인간들이어야 합니다.

그렇기에 강압적이지 않은 행동 개선 방식이 옳다고 할 수 있습니다. 개의 행동을 변화시키고 싶다면, 선택할 기회와 시간을 제공하면서 당신이 원하는 행동을 강화하도록 해야 합니다. 개가 옳지 못한 선택을 하면 다시 시도하면 되는 것이지 벌을 줄 필요는 없습니다. 처벌은 스트레스를 유발하고 신뢰를 무너뜨려 더 나은 선택을 할 수 없게 만들죠. 우리 또한 선택합니다. 다정함과 관대한 태도로 훈련하는 방식을 선택하는 것이 우리가 해야 할 중요한 일입니다."

— 레이즈너 수의학 행동과 상담 서비스 Reisner Veterinary Behavior and Consulting Services
수의학 박사, 일라나 레이즈너 Ilana Reisner

훈련은 개의 복지 차원에서도 좋다. 개들은 훈련을 통해 사람의 손길, 놀이 시간, 음식을 얻으려면 어떻게 행동해야 하는지 알아가기 때문이다. 어떻게 행동해야 할지 모르는 상황이라면 개들은 일단 앉는다. 이는 과거에 보상받았던 것을 떠올리며 취하는 행동이다. 한 연구에 따르면, 수의 행동학자에게 잘 훈련받은 개들은 안락사를 당할 확률이 낮았고 오래도록 반려인과 함께 지냈다. 그뿐 아니라, 보상 기반 훈련은 개에게 풍요로운 경험을 제공하는 재밌는 활동이기도 하다. 훈련이 제대로 이뤄질 경우, 간식이나 놀이를 보상으로 사용한 방식은 마약이나 다른 물질을 탐지하는 방법을 가르치거나 프리스타일 루틴을 연습하는 데도 효과적이었다. 리코라는 이름의 보더콜리는 훈련을 통해 200개의 단어를 배우고 이해했다. 또 다른 보더콜리 체이서는 1,000개의 단어를 인지하기도 했다.

전문가의 조언

"좋은 행동이건 나쁜 행동이건, 개들의 행동은 그 행동의 결과가 무엇인지에 따라 변합니다. 바로 그것이 동기부여인 것이죠. 이를 모든 견주가 이해하게 된다면, 이 세상은 개들이 살기에 더 나은 곳이 될 것입니다. 개들은 '무리의 우두머리'가 되고 싶지 않습니다. 견주가 반려견의 기를 눌러야 한다거나, 개가 주인의 머리 꼭대기에 올라앉고자 한다는 생각은 오래되고 옳지 않은 인식입니다. 지난 15년간 개과학이 깊이 있고 다양하게 연구된 덕에 개에 대한 인식은 상당히 개선되었습니다. 이제 우리는 개가 우두머리가 되고자 하지 않는다는 것과 그저 자신에게 유리한 방식으로 행동한다는 사실을 알고 있습니다. 좋은 결과를 가져다주는 행동은 반복될 것이고, 그렇지 않은 행동은 중단될 것입니다. 우리 인간도 마찬가지이고, 세상의 모든 생물은 그런 원리에 따라 행동합니다! 정적 강화 훈련이 가장 효과적인 이유입니다. 개들(그리고 다른 동물들)은 특정 행동으로 원하는 것을 얻으면, 빠르게 학습하고 그 행동을 반복하죠. 최근 과학 연구에서는 행동을 변화시키기 위해 신체적으로 처벌하는 것이 개의 복지와 인간과의 유대감 측면에서 부정적 영향을 미칠 수 있으며, 행동 개선에도 효과가 없다는 사실이 밝혀졌습니다. 안타깝게도, 동물 행동과 학습, 훈련에 관한 비교적 최신 연구 결과와 동물에 대한 새로운 인식은 견주들에게 잘 알려지지 않았습니다. 그리고 과거부터 지속된 잘못된 인식이 여전히 팽배합니다. 개에게 더 나은 세상을 만들기 위해서는 새로운 연구 결과와 지식을 접한 우리가 이러한 내용을 널리 퍼뜨려야 합니다."

— 반려동물 교육기관 '펫츠 비헤이빙 배들리Pets Behaving Badly'의 대표이자 동물 행동학자, 케이트 모너먼트Kate Mornement

강아지 수업

좋은 강아지 수업은 강아지의 사회성 발달에 도움이 된다. 한 연구에서는 강아지 수업에 참여하면 강아지가 집 혹은 밖에서 낯선 사람들을 보고 공격성을 드러낼 확률이 낮아진다는 사실을 밝혀냈다 (성견 훈련 수업에 참여한 개들은 공격성을 더 많이 드러내는 것으로 밝혀졌다. 아마 이미 문제 행동을 보이는 개들이었거나, 수업의 방식이 잘못되어서 그랬을 것이다). 6주간 진행되는 보상 기반 강아지 수업에서는 강아지들이 여러 사람과 다른 강아지를 만나며 사회성을 기른다. 그리고 이러한 경험을 일반적인 것으로 인식하게 된다. 강아지 수업은 생후 7~8주에 시작하면 좋다. 수업 시작 최소 1주일 전에는 예방 접종을 해야 한다.

동물 행동 교정 서비스, 랜드마크 비헤이버Landmark Behaviour의 동물 행동 상담사이자 궬프 대학교의 재닛 커틀러Janet Cutler 박사는 처음 강아지를 기르기 시작한 견주들에게 반려견의 사회성 발달을 위해 무엇을 하는지 질문했다. 강아지 수업에 참여하는지 물었고, 그렇다고 대답한 49퍼센트에게는 그곳에서 어떤 수업을 듣는지 물었다. 커틀러 박사는 다음과 같이 말했다. "강아지 수업에 참여하는 견주들은 처벌 기반 훈련을 덜 하는 것으로 나타났습니다. 특히 강아지에게 소리를 지르거나 개를 뒤로 눕혀 강제로 누르고 있는 행동을 하지 않았습니다. 그리고 이러한 견주들이 기르는 강아지들은 시끄러운 소리가 들릴 때 혹은 훈련을 위해 개장에 들어갈 때 두려워하는 반응을 덜 보였습니다." 수업과 반려견 행동에 상호 연관성이 있긴 하지만, 강아지 수업을 듣기로 선택한 사람들은 선택하지 않은 사람들과 원래 다른 부류의 사람들일 가능성도 있다.

아직까지는 어느 정도의 사회화가 충분한지에 관해 정확히 밝혀지지 않았다. 커틀러 박사의 연구는 2주라는 기간 중 열 명의 새로운 사람들과 다섯 마리의 새로운 개들이 만나는 것은 '충분하지 않다'라는 결론을 냈다. 그녀는 "2주간 이 강아지 수업을 들은 사람들은 자신의 반려견을 더 많은 사람과 강아지들에게 노출했습니다."라고 말했다. 하지만 연구 대상이었던 강아지 중 약 3분의 1은 충분한 사회화가 되지 않았다. 박사는 경험의 질이 중요하다는 점에 주목했다. 강아지들을 낯선 사람과 강아지들에게 억지로 노출하는 것은 사회화가 아니다. 이는 사회성 발달에 득이 되기보다는 잠재적인 해가 될 수 있다.

커틀러 박사는 강아지 수업 중에서도 강아지들이 (폭죽 소리 같은) 시끄러운 소리에 적응하도록 해 주는 곳이 많이 없다고 한다. 하지만 이런 경험은 성견이 되었을 때도 소음에 심하게 놀라지 않도록 하는 데 도움이 된다. 그뿐만 아니라 사람의 손길에 익숙해지도록 교육하는 강아지 수업도 많이 없다는 점을 지적했다. 사람들의 손길에 거리낌이 없으면 동물병원에 가는 것도 수월해진다. 그녀는 이렇게 결론지었다. "모든 견주가 강아지 수업에 참여하길 권합니다. 조금이라도 좋은 경험을 할 수 있다면 말이죠. 저는 행동 상담사이자 견주로서, 지역에서 운영하는 강아지 수업에 등록했습니다. 제가 수업을 직접 운영할 수는 없으니까요. 그래서 사회성 발달에 대한 지식이 있어도 강아지를 데리고 함께 배우러 갑니다. 정말 가치 있는 일이라고 생각합니다."

좋은 강아지 수업이라면 낯을 가리는 강아지들은 잠시도 가만히 있지 못하는 강아지들과 분리해 견주 옆에 안전하게 머물게 할 것이다. 이는 모든 강아지가 좋은 경험을 하도록 해 준다. 모든 강아지가 놀이 시간을 긍정적으로 느끼는 것이 중요하다. 확신이 없다면 훈련사와 합의해서 강아지를 분리해 보는 것이 좋다. 강아지가 다시 놀이로 돌아간다면 그건 괜찮다는 신호다. 만일 놀이로 돌아가지 않는다면, 다른 강아지와는 계속 떼어놓도록 하자. 좋은 훈련사는 강아지가 다른 강아지들에게 괴롭힘을 당하지 않도록 막아 놓거나 필요한 경우 훈련용 켄넬을 사용할 것이다.

좋은 훈련사를 선택하는 법

훈련 수업은 강아지만을 위한 것이 아니다. 성견들도 훈련 수업에 참여해 명령법 교육을 받거나 손님맞이, 동물병원에 적응하기 등 특별 교육을 받을 수 있다. 문제 행동을 보이는 개라면 아마 개별적인 훈련이 더 적절할 것이다.

개 훈련사를 선택할 때는 훈련사가 간식 등의 보상을 사용하는지 확인하자. 간식을 제공하는 훈련 방식은 때에 맞춰 행동을 강화하기에 가장 유용한 방법이다. 보통 이런 보상을 사용하는 훈련사들은 신체적 처벌(핀치칼라, 전기 충격 목줄, 신체 제압 등)을 활용하지 않는 경향이 있다. 한편, 어떤 문제 행동은 수의사나 수의 행동학자를 찾아가서 고쳐야 하는 경우도 있다(수의사와 상담한 뒤 전문 훈련사의 도움을 받는 것도 좋다). 지역에서 전문 개 훈련사를 찾을 수 없다면 온라인이나 전화상으로 상담을 제공하는 훈련사를 찾아보도록 하자.

> **전문가의 조언**
>
> "만일 당신의 반려견이 공격적이거나 겁이 많고, 온갖 살림을 망가뜨리거나 당신을 쩔쩔매게 하고, 미친 듯이 날뛰고, 당신의 말을 못 들은 척한다고 해도… 제가 장담할 수 있는 사실은 분명 나아질 것이라는 점입니다. 반려견은 달라질 수 있고, 당신과의 관계도 개선될 수 있습니다. 당신이 개 훈련에 전념한다면, 예민하고 공격적인 개 수업이건 전문 훈련사와의 일대일 훈련이건 분명 도움되는 부분이 있을 것입니다. 그렇게 견주와 반려견 모두 새로운 기술을 배우고, 환경에 조금 변화를 주고, 주머니에 약간의 간식거리만 준비한다면, 엄청난 변화가 일어날 것입니다. 그러니 반려견을 다루기 너무 힘들고 지금껏 시도하던 방식이 통하지 않는다 해도, 좌절하지 말고 서둘러 개 훈련사를 찾길 바랍니다. 분명 나아질 것입니다."
>
> — 개 훈련사 아카데미 Academy for Dog Trainers 소속 전문 개 훈련사,
> 크리스티 벤슨 Kristi Benson

반려견을 위해 실천하기

- 정적 강화를 적용해서 훈련을 해야 처벌 기반 방식이 불러올 수 있는 위험이 없고 더 효과적이다. 개 훈련 방법과 그것이 동물 복지에 어떤 영향을 미치는지 과학적으로 연구한 내용을 더 알아보고자 한다면, 개 훈련 과학과 관련된 자료를 찾아보길 바란다.

- 이론을 실전으로 옮기기 위해서는 문제 행동을 반려견의 관점에서 바라보는 것이 중요하다. 만일 반려견이 당신이 싫어하는 행동을 한다면, 그 문제 행동을 강화하는 원인을 제거하거나 당신이 원하는 행동에 더 좋은 강화를 제공할 수 있다. 그 상황을 개선할 수 있는 보상 기반 방식을 생각해 보자. 반려견이 두려워하는 모습을 보인다면, 13장을 참조하자.

- 개 훈련 수업이나 개인 훈련사를 알아보고 있다면, 그들이 사용하는 방식이 어떤 것인지 물어보자. 그 방식이 옳다고 판단될 때 시작해야 한다.

- 전문 개 훈련사라면 전문 기관에 소속되어 있으며, 현재 진행 중인 전문 프로그램에 참여하고 있어야 한다. 그리고 개를 훈련할 때 먹을 것을 활용해야 한다. 공신력 있는 기관에서 발급한 반려동물 행동교정사 자격증 등의 소지 여부도 확인하자.

- 정적 강화와 사회화를 강조하는 강아지 수업에 참여하되, 놀이 시간에 낯을 많이 가리는 강아지는 활발한 강아지와 분리하자. 그리고 강아지를 강요하기보다 격려하면서 다른 이들과 상호작용하도록 돕는 것이 좋다.

- 매일 일정 시간을 따로 떼어 훈련에 할애하자. 한 번에 길게 오래 하는 것보다는 잠깐씩 여러 번 반복하는 방식이 낫다. 또한 문제 행동 개선을 위한 훈련을 진행 중일 때는 가족 모두가 훈련 과정을 인지하고 있어야 훈련 효과를 볼 수 있다.

- 반려견이 성견이라도 함께 수업에 참여해 보자. 성견을 위한 수업에서는 기본 복종 훈련부터 재주 부리기나 후각 탐지 활동 같은 다양한 활동을 제공한다. 더 자세한 내용은 10장을 참조하자.

4장

반려견 훈련 기술

언젠가 나는 저먼 셰퍼드를 산책시키는 한 남자를 본 적이 있다. 멀리서도 나는 그 개가 초조한 상태라는 걸 알 수 있었다. 바닥 가까이 자세를 낮추고 어정쩡하게 걷는 모습을 보니 대체 어떤 목줄을 차고 있는 것인지 궁금했다. 신호 대기 중이던 나는 그 개를 유심히 보았다. 개의 목 위쪽에는 핀치칼라가 바짝 조여진 상태였다. 핀치칼라 대신에 당김 방지용 하네스 같은 것을 사용할 수도 있었을 텐데 말이다. 그 견주가 왜 굳이 핀치칼라를 채웠는지 의문이었다.

사람들이 주로 어디에서 훈련 정보를 얻는지는 잘 알려져 있다. 《국제 수의학 행동 저널》에 실린 한 조사에 따르면, 응답자 중 55퍼센트가 '직접 구한' 정보를 바탕으로 개를 훈련시키는 것으로 나타났다. 그중 42퍼센트는 인터넷, 텔레비전 혹은 책에서 정보를 얻었고, 13퍼센트는 '본능에 따라' 훈련을 시켰다. 《응용 동물 행동과학》에서 발표한 또 다른 연구 결과에서도 특정 훈련 기술에 관한 정보를 '직접' 알아본다는 응답자의 비율이 가장 높았다.

안타깝게도 《사회와 동물 Society and Animals》에 실린 논문에 따르면,

사람들이 개 훈련에 관한 책을 찾아보는 경우라도 그 내용이 반드시 최신 과학을 바탕으로 한 것은 아니라는 사실이 밝혀졌다. 그 연구에서는 최근 가장 인기 있는 개 훈련 책 다섯 권을 선정하여 검토했다. 책들이 다루고 있는 주제는 주로 견주가 알아야 할 내용이었다. 다행히 일부 책에서는 굉장히 유용한 정보를 제공하고 있었다. 특히 빅토리아 스틸웰Victoria Stilwell의 《나 아니면 반려견It's Me Or the Dog》과 카렌 프라이어Karen Pryor의 《개를 쏘지 마세요Don't Shoot the Dog》가 아주 좋은 평가를 받았다. 하지만 검토 결과 인기가 많은 책도 일관되지 못하고 과학적으로 오류가 있거나 명확하지 않은 정보를 제공하고 있었다. 부정적인 결과로 이어질 위험이 있는데도 처벌 기반의 훈련법을 권유하거나 개를 의인화하여 견주와의 경쟁 구도를 만드는 식이었다.

이 논문의 제1 저자이자 뉴질랜드 와이카토 대학교에서 조교수로 학생들을 가르치는 클레어 브라운Clare Browne 박사는 주로 위기종 동물 탐지견을 연구한다. 그는 이메일 인터뷰에서 다음과 같이 말했다. "좋은 개 훈련 책이라면 독자들이 잘 이해하고 적용할 수 있는 내용을 다루면서도 과학적 근거를 바탕으로 해야 합니다. 이번에 개 훈련 서적을 검토해 본 결과 (대형 온라인 서점에서 높은 판매 순위를 자랑하는) 인기 있는 책 중에도 이러한 기준에 못 미치는 경우가 있었습니다. 독자들이 이런 책을 읽고 적용하게 되는 것은 훈련의 효율 면에서나 동물 복지 차원에서 우려스럽습니다." 반려견의 문제 행동을 고쳐 보려고 하는 견주들이 이런 옳지 못한 조언을 얻고 있다는 것이 안타까운 현실이다.

밀고 나가기, 되돌아가기, 계속하기 규칙

나는 보저가 가볍게 뛰어올라 내 팔을 통과하도록 하는 훈련을 시도하던 중 까다로운 상황에 봉착했다. 그래서 우선 훈련을 단계별로 나누었다. 초반에는 내 팔을 바닥에서 10센티미터 떨어뜨리고 먹을 것을 보여 주며 보저가 팔을 통과하도록 유인했다. 이내 이조차도 너무 어렵다는 것을 깨달은 나는 팔을 아예 바닥에 대고 손가락 끝을 벽에 댄 다음 다시 시도했다. 나로서는 이 자세를 잡기가 정말 불편했지만, 보저는 드디어 기분 좋게 내 팔을 넘어 간식에 접근했다. 곧장 나는 간식을 치웠고, 녀석이 (꼬리로 내 얼굴을 스치며) 끝까지 팔을 넘어갔을 때 뒷주머니에서 간식을 꺼내 보상해 주었다.

내가 팔을 점점 높이 들자 훈련은 까다로워지기 시작했다. 팔을 5센티미터 정도 들어 올리는 것은 보저가 자연스럽게 넘어가는 데 크게 방해가 되지 않아 괜찮았다. 팔을 조금 더 높게 들어 녀석의 가슴 아래 높이에 이르자, 보저는 무작정 내 팔을 밀고 지나가는 전략을 세운 듯했다. 나는 녀석이 팔을 밀어내지 못하도록 힘을 주며 "아니야!"라고 말했다. 두 번째, 세 번째 시도에서도 이런 상황이 반복되었다. 보저는 내 팔을 밀어내고 지나가려고 더욱 힘을 쓸 뿐이었다. 나는 계속 "아니야."라고만 말했다. 보저는 내가 이렇게 말하면 간식을 받지 못한다는 사실을 안다. 이번에는 팔을 이전 단계로 낮추었다. 저명한 개 훈련사 장 도날드슨이 고안한 '밀고 나가기, 되돌아가기, 계속하기$^{push,\ drop,\ stick}$' 규칙을 적용한 것이다. 이 규칙은 다섯 번의 시도 중 네다섯 번을 성공했다면 다음 단계로 넘어가고, 세 번을 성공했다면 같은 단계를 반복하고, 다섯 번 중 한두 번만 성공했다면 이전 단계로 돌아가는 것이다. 이 훈련법은 개가 얼마나 잘 따라오느냐에 따라 이전 단계로 돌아가거나 다음 단계로 넘어갈 수 있다. 반려견이 칭찬을 받으며 잘 따라 하게 하는 데 중점을 둔 방식이므로 주의를 집중시키는 데도 효과적이다.

나와 보저는 밀고 나가기, 되돌아가기, 계속하기를 몇 번 반복하다가 팔을 약간씩 높여도 효과가 있다는 것을 알아챘다. 보저는 훈련 내내 온전히 집중했다. 녀석이 잘하지 못했을 때도 재빨리 다음 기회를 주었기 때문에 즐거워했다. 마침내 보저가 약간 뛰어올라 내 팔을 넘어갔을 때, 나는 정말 기뻤다. 녀석도 보상의 정도가 올라가자 기쁜 모습이었다.

이 사례는 개 훈련에 있어서 중요한 모든 것을 말해 준다. (작은 피넛 버터 쿠키처럼) 개가 좋아하는 보상 활용하기, 훈련 단계별로 점진적인 계획 세우기, 음식 미끼를 빨리 치우기 (하지만 매번 먹을 것으로 보상해 주기), ("아니야."라고 말함으로써) 잘못할 때마다 알려 주고 다음번 시도로 재빨리 넘어가기, 보상을 줄 때는 타이밍을 잘 맞추기 등이 그것이다. 그리고 당연히 개에게 선택권이 있어야 한다. 개가 피곤해하거나 훈련을 그만하고 싶어 한다면 중단해도 괜찮다. 훈련은 다음 날에도 할 수 있다.

개에게 동기부여가 되는 것들

훈련의 기본 콘셉트(당신의 명령에 잘 따르면 먹을 것이나 터그 놀이 등 개가 좋아하는 무언가로 보상하는 것)만 보면 좋고 간단하다. 하지만 구체적으로 들어가면 어려워진다. 그리고 개를 훈련하기 위해서는 무엇이 그 개에게 동기부여가 되는지 아는 게 중요하다. 에리카 포이어바허Erica Feuerbacher 박사와 클라이브 윈Clive Wynne 교수가 《행동의 실험적 분석Journal of the Experimental Analysis of Behavior》에 발표한 논문에서는 다섯 가지 실험의 결과를 소개한다. 네 가지는 개를 대상으로, 한 가지는 사람 손에서 자란 늑대를 대상으로 한 연구였다. 실험 대상이었던 개의 종류는 두 그룹으로 나뉘었다. 한 그룹은 반려인과 함께 집에서 생활하는 개였고, 다른 한 그룹은 보호소에서 생활하는 개였다. 사람의 손길이 덜 닿는 환경에 있는 보호소의 개들이 사회적 상호작용을 보상으로 여길 것이라고 예상할 수 있다. 하지만 상호작용에서 유대 관계가 중요하다면, 반려인과 유대감을 형성한 개들이 반응을 더 잘할 거라고 예상할 수도 있을 것이다.

실험에 참여한 동물들은 사람의 손에 주둥이를 갖다 대는 간단한 과제를 부여받았다. 먹을 것을 주는 조건에서는 개와 늑대 모두 손에 주둥이를 갖다 댔을 때 작은 간식 한 조각을 받았다. 상호작용을 해 주는 조건에서는 4초간 반대쪽 손으로 쓰다듬어 주고 견주나 훈련사들이 말로 칭찬도 해 주었다(한 늑대는 신체적 접촉에 예민하게 반응해 말로만 칭찬해 주었다). 두 가지 보상 방법의 걸리는 시간은 같았다. 모든 그룹의 동물들(보호소 개, 집에서 지내는 개, 늑대)은 먹을 걸 보상으로 주는 조건일 때 더 자주 반응했으며, 반응 시간도 빨랐다. 개별적인 차이는 있었지만, 사람과의 상호작용을 보상으로 주는 조건에서는 반응하는 횟수가 더 적었다.

같은 연구자들이 《행동 과정$^{Behavioural\ Processes}$》에 발표한 논문에서는 개들이 먹을 것과 쓰다듬어 주는 손길 중 어느 쪽을 더 선호하는지 조사했다. 우선, 한 방에 있는 두 사람이 개들이 다가오면 주변에 머무는 동안 먹을 것이나 쓰다듬기로 보상해 주었다(한 사람은 먹을 것을 주고 다른 한 사람은 쓰다듬어 주었다). 연구자들은 반려견 돌봄센터와 대학교의 연구실로 실험 환경을 바꾸었다. 그리고 쓰다듬어 주는 사람을 반려인에서 낯선 사람으로 바꾸어 실험의 전제 조건에도 변화를 주었다(개가 반려인과 먹을 것으로 향하는 것을 사전에 제한하기도 하고, 허용하기도 했다). 보호소의 개들을 대상으로 한 실험도 했다. 실험을 진행하면서 먹을 것을 제공하는 방식도 계속 주는 것에서 15초마다 혹은 1분마다 주다가, 아예 안 주다가, 다시 계속 주는 방식 등으로 다양하게 변화를 주었다. 그 결과 개들은 쓰다듬어 주는 사람의 손길보다 먹을 것을 더 선호했다. 먹을 것이 조금씩 제공될 때는 사람의 손길을 선택하기도 했다. 하지만 먹을 것을 계속 주기 시작하면 다시 그쪽을 선택했다. 친숙한 환경에서 낯선 사람이 쓰다듬어 주는 경우는 먹을 것이 거의 제공되지 않더라도 먹을 것이 있는 쪽을 택했다.

하지만 보호소 개들을 대상으로 한 실험의 결과에는 약간 차이가 있었다. 포이어바허 박사는 다음과 같이 설명했다. "개들이 거의 먹을 것을 선택할 것 같아서, 음식을 더 이상 제공하지 않으면 사람의 손길을 향해 가는지 확인해 보았습니다. 보호소 개들의 경우, 먹을 것이 약간만 줄어들어도 쓰다듬어 주는 사람에게 갔습니다. 심지어 어떤 개들은 처음부터 먹을 것보다 사람의 손길을 택하기도 했습니다. 정말 놀라운 실험 결과였죠."

반면, 반려인의 집에서 지내던 개들은 먹을 것을 훨씬 더 중요시했다. 아주 낯선 환경에서 실험할 때만 결과가 달라졌다. 박사는 다음과 같이 설명했다. "집에서 지내는 개들은 먹을 것 대신 사람의 손길을 바로 선택하는 경우가 거의 없었습니다. 만일 먹을 것이 떨어진 상황에서도 먹을 것을 주던 사람 곁에 머물며 기다렸죠. 이 개들이 보호소 개들과 비슷하게 행동하는 경우는 낯선 환경에서 쓰다듬어 주는 사람이 자신들의 견주인 상황뿐이었습니다. 그래서 우리는 개가 견주의 손길을 간절히 찾을 만한 환경에서 실험하게 되었습니다."

또 다른 연구에서 포이어바허 박사와 원 교수는 개들이 쓰다듬어 주는 것과 말로 하는 칭찬 중 어느 쪽을 더 선호하는지 실험했다. 이들은 보호소 개와 주인이 있는 개 백열네 마리가 말로 칭찬해 주는 사람과 쓰다듬어 주는 사람 중 선택하도록 했다. 5분 뒤에는 사람들의 역할을 바꾸기도 했다. 그 결과, 개들은 계속해서 쓰다듬어 주는 사람 곁에 있고자 했다. 심지어 쓰다듬어 주는 사람이 낯선 사람인 경우, 주인이 있는 개들도 쓰다듬어 주는 사람 곁에 머물렀다. 이어진 연구에서는 개들이 칭찬해 주는 사람과 아무런 상호작용을 하지 않는 사람 중 선택하는 실험을 했다. 종합적으로 결론을 내리자면, 개들이 쓰다듬어 주는 걸 좋아한다 하더라도 가장 효과적인 보상은 역시 먹을 것이었다. 다른 연구자들도 같은 결론을 내렸다.

《수의학 과학 저널Journal of Veterinary Medical Science》에서 발표한 연구에서는 먹을 것을 향한 개의 관심도가 훈련을 받는 데 어느 정도 영향을 미치는지 실험했다. 연구자들은 개장에 갇혀 사는 서른네 마리의 개를 세 그룹으로 나누어 실험했다. 사료를 주면 다 먹지 않고 남기는 그룹, 한 그릇을 비우는 데 시간이 오래 걸리는 그룹, 그리고 사료 한 그릇을 재빨리 먹어 치우는 그룹이었다. 35분 동안 5초에 한 번 개들에게 앉으라고 명령하면서 앉을 때마다 간식을 보상으로 주었다. 그다음 35분 동안은 개가 명령에 따라 잘 앉으면 간식을 사용하는 대신 조련사가 "잘했어."라고 칭찬하며 쓰다듬어 주었다.

사료를 재빨리 먹어 치우는 그룹의 개들은 앉는 행동을 강화하는데 간식이 효과적이었다. 조련사가 보상을 칭찬이나 쓰다듬기로 바꾸면 반응이 급격히 감소했다. 사료를 느리게 먹는 그룹의 개들은 간식뿐만 아니라 칭찬이나 쓰다듬기에도 비슷하게 잘 반응했다. 사료를 남기는 그룹의 개들은 어떤 보상에도 특별히 관심이 없었고 동기가 부여되지 않았다. 하지만 전체적으로 봤을 때, 모든 개는 사람의 칭찬이나 손길보다는 먹을 것에 더 잘 반응했다. 즉 개마다 차이는 있겠지만, 개들에게는 대체로 먹을 것이 동기를 부여한다고 할 수 있다.

열다섯 마리의 개를 대상으로 한 또 다른 연구에서는 먹을 것, ("착하지!"와 같은) 칭찬, 그리고 쓰다듬기, 이 세 가지를 따로 분리했다. 이전 연구에서 쓰다듬기와 칭찬을 같이 제공한 방식과 차이를 둔 것이다. 처음에는 앉아서 기다리기와 같은 기본 훈련부터 시작했다. 그런 다음 강화 방식을 세 가지로 구분했다. 간식, 칭찬, 쓰다듬기 등을 보상으로 주면서 기본 훈련을 시작했다. 물론 모든 개가 "이리 와."라는 명령을 익히기 위해 몇 번의 시도를 거쳤다. 하지만 간식을 활용한 그룹의 개들이 칭찬이나 쓰다듬기를 활용한 그룹보다 훨씬 더 빨리 반응했다. 앉아서 기다리기와 같은 기본 훈련에서 간식을 활용한 그룹이 나머지 그룹보다 빨리 습득한 것이다. 논문의 저자는 훈련 과정 초기에 어떤 보상을 택하는지가 가장 중요하다고 말했다. 그리고, 원하는 행동을 정적 강화하는 데 먹을 것으로 보상하는 게 가장 효과적인 방법이라고 밝혔다.

그렇다면 어떤 종류의 먹을 것을 줘야 할까? 좋은 개 훈련사라면 맛있고 좋은 간식을 활용하라고 권할 것이다. 물론 어떤 개들은 사료 알갱이만 줘도 반응하겠지만, 대부분은 그렇지 않을 것이다. 특히, 주인이 불렀을 때 오는 훈련처럼 아주 중요한 행동을 교육할 때는 가장 질 좋은 간식을 활용해야 한다. 최근 연구자들은 열아홉 마리의 반려견을 대상으로 먹을 것의 질과 양에 따라 달리는 속도에 차이를 보이는지 연구했다. 한 연구 결과에 따르면, 보상으로 건식 간식을 줄 때보다 소시지를 줄 때 더 빠르게 달리는 것으로 나타났다. 하지만 건식 간식을 다섯 개 줄 때와 한 개 줄 때 달리는 속도에는 차이가 없었다. 이는 간식의 양은 별로 중요하지 않다는 점을 시사했다(소시지를 많이 줄 때와 조금 줄 때 차이가 발생하는지는 확인되지 않았다). 《사이언티픽 리포트 Scientific Reports》에서 발표한 또 다른 연구에서는 행동 강화를 위해 같은 종류의 간식이 효과적인지 다양한 간식이 효과적인지도 실험했다. 그 결과 어떤 개들은 다양한 간식, 어떤 개들은 한 가지 간식을 선호했다. 또 어떤 개들은 간식의 종류에는 개의치 않았다. 하지만 실험을 지속할수록 다양한 간식을 선호하는 개의 비율이 높아졌다.

무엇이 반려견에게 동기를 부여하는지 찾아보고 반려견의 관심을 끌기 위해 다양한 방법을 시도해 보는 것은 당신의 몫이다.

전문가의 조언

"개에게 더 나은 세상을 만드는 한 가지 방법은 개 훈련에 기준을 정하는 것이라고 믿는다. 개 훈련 산업은 제대로 된 규제가 마련되어 있지 않은 상태이다. 누구나 훈련 과정을 고안하고 '훈련 전문가'라는 간판을 내걸어 사람들에게 조언한다. 이렇듯 규제와 책임이 따르지 않는 환경에서는 효과적이지 않은 잘못된 정보나 심지어 폭력적인 정보를 바탕으로 훈련이 이뤄지기도 한다. 잘못된 훈련과 조언 방식, 심지어 견주의 기대 때문에 고통받는 개들을 종종 봐 왔다. 견주들은 반려견을 각종 도구로 다치게 하거나 겁을 주기 싫을 것이고, 훈련업계에 있는 이들은 좋은 의도로 개에게 도움을 주고자 했을 것이라 믿는다. 하지만 체계적인 규제가 이뤄지지 않다 보니 훈련사들조차도 제대로 된 정보가 없고 잘못된 방식으로 일을 한다. 개에게 더 나은 세상을 만들고자 한다면, 우리 모두 과학에 근거한 훈련 방식과 이론을 추구해야 한다. 그리고 견주에게 올바른 지식을 제공하고, 인간적인 방식으로 개를 훈련할 훈련사를 찾아야 한다. 개들을 우리의 삶으로 데리고 왔다면, 녀석들에게 더 나은 삶을 제공하는 것은 우리 몫이다. 우리는 개들이 공포감이나 불안감을 느끼는 걸 알더라도 무슨 생각을 하는지는 확실히 알 수 없다. 그러므로 개들을 돌보거나 훈련할 때는 공감하려는 노력이 필요하다."

– 브리티시컬럼비아주 동물학대방지협회, 동물 복지 담당자,
킴 몬티스 Kim Monteith

훈련할 때 클리커를 사용해야 할까?

클리커는 작은 리모컨 같은 것으로, 버튼을 눌러 짧고 선명한 클릭 소리를 내는 도구다. 이는 보상 기반 훈련에서 이차 강화 secondary reinforcement 로 사용된다. 음식이나 쓰다듬기(일차 정적 강화)처럼 개가 본능적으로 좋아하는 것이 곧 주어진다는 사실을 알려 주는 역할을 한다. 다시 말해, 고전적 조건형성 관계로 보면 클리커 소리가 들리

면 간식이 나오는 것을 인지한다는 의미다. 클리커(혹은 '좋아'라는 단어)는 개가 보상받는 행동을 하는 정확한 순간을 알려 준다. 많은 개 훈련사들이 클리커를 사용하고 있다. 그렇다면 이를 사용하면 더 효과적으로 훈련이 이루어질까?

한 연구에서는 쉰 마리 반려견을 세 그룹으로 나누어 새로운 과제를 부여했다. 빵이 담긴 플라스틱 상자 손잡이를 코나 주둥이로 들어 올리는 과제였다. 훈련에서 첫 번째 그룹은 클리커를 사용했고, 두 번째 그룹은 '잘한다'라는 단어를 사용했으며, 마지막 그룹은 이차 강화 없이 보상만 주었다. 개가 완수해야 하는 행동을 아주 비슷하게 수행했을 때도 보상을 주는 조형법^{shaping}을 활용했다. 훈련사들은 개들에게 첫 과제를 가르친 다음 비슷한 과제를 주어 테스트했다. 아주 다른 과제도 주어 지금 배우고 있는 규칙의 원리를 제대로 이해했는지 확인하는 과정도 거쳤다. 실험에 참여한 거의 모든 개가 간단한 과제와 복잡한 과제 모두를 완수했다. 연구자들은 클리커를 사용한 그룹에서 더 나은 결과가 나올 것으로 예상했다. 하지만 열 번 중 여덟 번을 성공하는 데 걸린 시간과 시도 횟수를 비교한 결과, 클리커를 사용한 그룹이나 사용하지 않은 그룹에 차이는 없었다.

다른 연구자들은 동일 학술지를 통해 추후 발표한 논문에서도 클리커의 효과를 관찰했다. 이번에는 훈련사가 참가를 원하는 사람들의 집으로 직접 가서 반려견들에게 6주 동안 재주를 부리는 법을 가르쳤다. 이번에도 클리커를 사용했을 때 개의 충동성과 문제 해결 능력 혹은 견주와의 관계 측면에서 특별한 장단점이 나타나지 않았다. 클리커를 사용한 그룹이나 그렇지 않은 그룹 모두 훈련을 재밌게 했고, 똑같이 어려운 점을 겪기도 했다. 특정 재주를 가르칠 때는 먹을 것만 보상으로 사용했을 때보다 클리커와 먹을 것을 함께 사용했을 때 특히 결과가 좋았다. 바로 어떤 물건에 코를 갖다 대는 훈련이었다. 이 연구에서 견주들은 훈련에 클리커를 사용하는 데 거부감을 나타내지 않았다.

이 논문의 제1 저자 리나 펭(Lynna Feng) 박사는 자신의 연구와 클리커 훈련에 대해서 다음과 같이 말했다. "우선, 반려견에게 올바른 행동을 가르치고 싶은데 클리커 사용이 당신이나 반려견에게 너무 어렵다고 느껴진다면, 굳이 클리커를 사용하지 말고 먹을 것만 잘 활용하기 바랍니다. 둘째, 훈련사들의 예상과는 달리 클리커를 처음 사용하는 사람도 어려워하지 않았고 반려견과 즐겁게 훈련했습니다. 마지막으로, 견주들이 훈련에 클리커를 활용하면 아주 복잡한 재주를 가르칠 때도 덜 힘들게 느꼈다는 사실을 우리가 처음으로 밝혀냈습니다."

위 연구 결과들을 통해 볼 때, 클리커는 정확한 타이밍이 필수적인 훈련에 가장 적합하다고 할 수 있다. 연구자들은 개 훈련사마다 '클리커 훈련'을 다르게 규정한다는 사실 역시 밝혀냈다. 누군가는 그저 보상 기반 훈련의 일환으로 생각하지만, 다른 누군가는 조금 더 한정적인 의미를 부여하기도 한다. 더 나은 훈련 방식에 관한 연구가 앞으로 더 활발히 이뤄져야 할 것이다.

훈련 기술: 타이밍의 중요성

초기 단계에서는 협응^{coordination}이 중요하다. 개의 코가 닿아야 할 정확한 부분에 미끼를 두고, 개가 다른 행동으로 넘어가기 전에 빨리 간식을 먹게 하는 것이다. 나는 가끔 개가 경험하는 시간과 내가 경험하는 시간이 다르다고 느낀다. 나는 개들이 빛의 속도로 뛰어오르고, 앉고, 킁킁대고, 다시 뛰는 데 비하면 아주 느리고 굼뜬 편이다.

개에게 (조작적 조건형성으로) 특정 행동을 가르치면, 개들은 그 행동에는 어떤 결과가 따른다는 사실을 학습한다. 이 연결고리를 명확히 하기 위해서는 그 결과가 빠르게 적용되어야 한다(사람들이 클리커 같은 이차 강화물을 활용하는 이유이기도 하다). 클레어 브라운 박사는 훈련에서 타이밍의 중요성과 영향에 관해 살펴보았다. 그는 개 훈련 수업에 참여한 사람들을 비디오로 찍어 1,810개의 명령을 분석했다. 분석 결과, 그중 44퍼센트의 명령에 개들이 반응하지 않았다. 브라운 박사는 개들이 반응한 경우, 견주가 얼마나 빠르게 칭찬을 해 주고 강화하는지도 살폈다. 당연히 몇몇 견주들은 아주 재빠르게 칭찬을 하고 간식으로 바로 보상했다. 하지만 일부 견주는 보상이 늦었다. 가장 느린 경우는 6초 이상이 걸렸다. 6초면 개에게는 정말로 긴 시간이다!

브라운은 세 그룹의 개들에게 삐 소리가 나면 기기에서 먹을 것이 나온다는 의미임을 가르쳤다. 그런 다음 두 상자 중 하나에 머리를 넣는 새로운 과제를 가르쳤다. 각 상자 입구마다 적외선 광이 비추고 있다가 개가 주둥이를 들이미는 순간 컴퓨터에서 삐 소리가 나며 기기에서 먹을 것이 보상으로 나오는 방식이었다. 첫 번째 그룹의 개들은 과제를 수행하면 즉각 삐 소리와 함께 간식을 받았다. 이를 '즉각 강화immediate reinforcement'라고 한다. 두 번째 그룹의 개들은 과제를 수행하면 1초 뒤에 삐 소리와 함께 간식을 받았다. 이는 '지연 강화delayed reinforcement'라고 한다. 세 번째 그룹의 개들은 즉각 삐 소리를 들은 뒤 1초 뒤에 간식을 받았다. 이는 '부분 지연 강화partially delayed reinforcement'에 해당한다.

브라운 박사는 연구 결과에 관해 다음과 같이 설명했다. "즉각 강화를 적용했을 때는 60퍼센트의 개가 과제를 학습했습니다. 반면 지연 강화를 적용한 그룹은 25퍼센트만이 과제를 학습했습니다. 즉 두 그룹의 학습 결과에 차이가 발생한 것이죠." 그녀는 세 번째 그룹의 경우 결과를 예상할 수 없었다고 말했다. "즉각 삐 소리를 듣고 1초 후 간식을 받은 세 번째 그룹은 40퍼센트가 과제를 학습했습니다. 첫 번째 그룹과 두 번째 그룹의 중간쯤이라고 할 수 있습니다. 당신은 아마 이 그룹의 개들도 즉각적으로 삐 소리를 들었으니 이보다 나은 결과를 예상했을 것입니다. 과제를 제대로 수행했을 때 즉시 삐 소리를 들었으니 조건적 강화물로 기능했어야 하니까요. 하지만 개들에게 가장 핵심적인 보상은 삐 소리가 아닌 간식이 나오는 기기가 작동할 때 약하게 들리는 '찰칵' 소리였을 것입니다."

위 연구 결과는 개가 제대로 행동했을 때 그것을 표시하고 보상하는 타이밍의 중요성을 잘 보여 준다. 브라운 박사는 이 원리를 실제 훈련에 어떻게 적용하면 좋을지에 관심을 두고 연구했다. 그는 다음과 같이 말했다. "저는 다른 연구 결과들을 통해 개들이 우리가 나타내는 의사소통 신호에 매우 민감하다는 사실을 알았습니다. 따라서 사람들의 신체 언어를 유심히 살폈습니다. 그 결과 사람들이 개에게 의도적인 피드백을 주기 전에 이미 무의식적으로 특정 신체 움직임을 통해 신호를 보내고 있다는 사실을 알게 되었습니다. 말하자면 "착하지."라고 말하기 전에 이미 간식 주머니에 손을 가져가고 있는 식이었죠."

이 이론을 검증하기 위해 브라운 박사는 견주들이 개들에게 간단한 과제를 가르치는 상황을 관찰했다. "견주들이 의도한 피드백을 주기 전 측정 가능한 신체적 움직임이 있었을까요? 그렇습니다. 대부분 의도치 않은 움직임을 보였습니다. 사실 75퍼센트 정도의 비율로 사람들은 정해진 보상을 하기 전 눈에 띌 만큼 명확한 신호를 보냈습니다. 예를 들면 간식 주머니 방향으로 몸을 움직이는 것입니다. 그것이야말로 타이밍의 차이를 가져온 실제 요인이 아닌가 생각합니다."

그는 일관적이어야 한다는 조언도 잊지 않았다(예를 들어, 간식 주머니를 항상 같은 곳에 두어 당신의 신체 움직임도 같아야 한다는 것이다). 물론, 전문 훈련사들은 그런 무의식적인 '행동'을 하지 않기 위해 훈련 중에도 애를 쓴다. 하지만 핵심은 신속한 강화다. 박사는 다음과 같이 덧붙였다. "훈련 중에는 다른 것에 신경쓰지 않고 개에게 집중해야 합니다. 그래야 개가 당신이 원하는 반응을 했을 때 최대한 빨리 피드백을 줄 수 있습니다."

훈련 기술: 훈련 후 활동과 동기부여

훈련 후에 개가 무엇을 하는지도 행동의 차이를 만들어 낸다. 《생리학과 행동Physiology & Behavior》에 실린 한 연구에서는 두 판지 위에 각각 다른 물건을 올려 두고 실험을 진행했다. 연구자들은 래브라도 레트리버에게 두 물건을 구분하도록 가르쳤다. 그리고 하나의 물건을 선택해 한쪽 앞발을 판지 위에 올리도록 훈련했다. 만일 개가 과제를 정확히 수행하면, 연구자는 클리커를 누른 뒤 소시지 한 조각을 주었다. 개가 잘못 선택하면, 연구자는 평소 목소리로 "틀렸어."라고 말했다. 개가 과제 수행에서 80퍼센트를 성공하면 훈련 시간이 종료되었다.

그런 다음 개들 중 절반은 10분 정도 산책하러 나가 공 가져오기나 터그 놀이를 하며 논 뒤에 다시 실험실로 들어갔다. 나머지 절반은 연구원들이 견주와 이야기를 나누는 동안 편안하게 쉬었다. 하지만 그동안에 연구원들은 개가 잠들지 못하도록 계속해서 이름을 불렀다.

다음 날, 모든 개에게 같은 과제를 다시 수행하도록 했다. 그 결과는 어땠을까? 하루 전 밖에 나가서 10분간 산책과 놀이를 한 그룹의 개들이 훨씬 빨리 물건 두 개를 구분했다. 평균적으로 스물여섯 번의 시도 끝에 물건을 구분하는 데 성공했다. 휴식만 취한 개들은 마흔세 번을 시도한 뒤 과제 수행에 성공했다. 이러한 결과의 원인이 놀이 시간에 분비된 호르몬인지 놀이 시간에 포함된 운동인지는 명확히 밝혀지지는 않았지만, 훈련 후 활동의 효과는 확실히 알 수 있었다.

2016년, 장 도날드슨의 저서 《문화의 충돌 The Culture Clash》의 출간 20주년을 기념한 인터뷰에서 그녀에게 개를 훈련할 때 가장 흔하게 저지르는 실수에 관해 물었다. 그녀는 뭐라고 대답했을까? "사람들은 개에게 동기부여를 충분히 하지 않아요. 쉽게 말하면, 닭고기를 주면서 훈련하면 되는데, 그러지 않는다는 것이죠." 그녀는 아주 조그맣고 귀여운 브라이언이라는 반려견을 데리고 있었다. 나는 반려견을 훈련할 때는 어떤 식으로 동기부여를 하는지 물었다. "녀석이 진짜 좋아하는 간식이 있어요. 로블 Rawbble이라고 하는 동결 건조 제품이에요. 닭가슴살도 좋아해서 깍두기처럼 작게 잘라 줘도 아주 좋아하죠. 치즈도 좋아하는 편이고요. 때때로 장난감을 줘도 반응하기도 하는데 먹을 것을 줄 때만큼 관심을 보이진 않아서 보통 먹을 것을 주면서 훈련한답니다."

먹을 것을 활용하면 반려견이 하기 싫어하는 것을 하도록 유도하는 데도 도움이 된다. 동물병원에 갈 때도 먹을 것이 효과적일 수 있다. 꼭 먹을 것이 아니더라도 반려견에게 동기부여를 해 주는 것은 중요하다.

반려견을 위해 실천하기

- 당신의 반려견에게 동기를 부여하는 것이 무엇인지 알아보자. 먹을 것은 모든 개가 좋아하고, 빠르게 줄 수 있으므로 거의 모든 훈련에서 최고의 강화물이 된다. 먹을 것을 훈련에 활용하려면 미리 주기 쉽게 준비한 뒤 바로바로 보상으로 줄 수 있도록 해야 한다(예를 들어 집에서는 통에 넣어 둔 쿠키를 사용하고, 산책용 간식 주머니는 따로 마련해야 한다).

- 여러 가지 종류의 간식으로 실험해 보자. 다양한 간식을 제공하는 것은 좋은 방법이다.

- 중요하거나 어려운 과제를 줄 때는 최고의 보상을 주도록 하자. 주의가 산만할 때 당신에게 오게 하려면 아주 좋은 보상을 주어야 할 것이다.

- 타이밍을 맞추기 위해 연습할 때 (클리커 같은) 이차 강화물을 (닭고기 같은) 일차 강화물과 함께 활용해도 좋다. 중요한 것은 빠른 보상이다.

- 놀이와 쓰다듬기도 보상의 일환으로 활용하되, 칭찬만 해 주는 것은 별로 효과가 없다는 사실을 기억하자.

5장

반려견 건강 관리

지난해 여름, 우리는 보저의 정기 건강 검진을 위해 미리 동물병원에 도착한 뒤 잠시 병원 앞을 산책했다. 보저는 이미 병원에 다녀간 다른 개들의 냄새를 맡느라 신이 난 듯 보였다. 진찰 시간 동안 수의사 선생님은 언제나처럼 보저에게 다정했고 검사를 시작하기 전 반갑게 인사하고 쓰다듬어 주는 걸 잊지 않았다. 보저는 누가 쓰다듬어 주면 좋아했다. 수의사가 가슴에 청진기를 대도 가만히 있었고, 귀와 이빨을 검사할 때도 잘 훈련받은 개처럼 얌전히 있었다. 보저가 얌전히 협조할 때마다 나는 미리 잘게 잘라서 챙겨온 닭고기 조각을 하나씩 주었다.

그뿐만 아니라 녀석이 잠재적으로 스트레스를 받을 만한 순간마다 잘 참아 내면 간식을 하나씩 주었다. 사실 보저는 예방 주사를 맞을 때도 간식에 정신이 팔려 바늘을 찌르는지도 눈치채지 못한 듯했다. 병원을 나오는 길에 접수대 직원이 보저에게 간식을 하나 줘도 되는지 물었다. 그걸 알아챈 보저는 굉장히 신이 나 보였다. 예전에 녀석을 동물병원에 데려왔을 때와는 너무나도 달라졌다. 처음 동물병원에 왔던 보저는 으르렁대고, 물고, 들어가는 순간부터 나오는 순간까지 화가 나 있었다. 동물병원 방문이 즐거워지기까지는 큰 노력이 필요했다!

동물병원에서 보이는 스트레스 징후

개의 관점에서 보면, 동물병원에서의 경험은 일상과 너무나도 다르고 낯설다. 병원 안에는 소독약뿐 아니라 다른 동물들의 냄새가 진동하고 전등도 너무 새하얗고 밝다. 그뿐만 아니라 바닥도 차고 미끄럽고 낯선 사람도 많다. 검사실에 들어가면, 수의사는 개가 움직이지 못하도록 꽉 붙잡는다. 몸 여기저기를 찔러보기도 하고 청진기 같은 낯선 도구를 몸에 갖다 대기도 한다. 개가 왜 그렇게 스트레스를 받는지 견주도 충분히 이해할 만한 환경이다.

미국에서 실시한 설문 조사에 따르면, 85퍼센트의 개가 지난해 동물병원에 방문했고, 25퍼센트의 견주는 반려견의 정기 건강 검진이 불필요하다고 느꼈다. 많은 이들이 개가 아파 보일 때 인터넷을 찾아본다고 응답했다. 그 결과 동물병원에 직접 찾아가는 것은 미루는 것으로 밝혀졌다. 어떤 경우는 결국 개의 질병이 더 심각해져 치료하는 데 큰돈을 써야 하는 상황까지 이르렀다. 사람들은 동물병원에 갈 때마다 드는 비용이 부담스럽다고 대답하면서도 38퍼센트는

"반려견이 동물병원에 가는 걸 너무 싫어한다."라고 대답했다. 26퍼센트는 "(견주 입장에서) 동물병원에 갈 생각만 해도 스트레스다."라고 대답했다.

대부분의 견주는 개들이 동물병원에 가기 싫어한다는 사실을 알고 있지만, 이에 관한 스트레스 징후를 정확히 알지 못했다. 《동물복지》에 발표된 연구에서 수의사이자 연구원인 키아라 마리티[Chiara Mariti] 박사는 각 견주와 반려견이 동물병원 대기실에서 진찰을 받으러 들어가기 전 3분 동안 앉아 있는 모습을 관찰했다. 그런 다음 견주에게 반려견이 기다리는 동안 스트레스를 받았는지에 관해 질문했다. 수의 행동학자도 대기실 비디오를 관찰한 뒤 평가했다.

견주와 수의 행동학자 모두 29퍼센트의 개가 스트레스를 매우 많이 받은 것으로 평가했다. 하지만 어떤 개가 스트레스를 많이 받았는지는 의견이 일치하지 않았다. 견주들은 반려견이 어딘가에 숨으려고 하거나 대기실에서 나가려고 하는 등 명확하게 보이는 스트레스의 징후를 보고 판단했다. 수의 행동학자는 개가 몸을 떨거나, 꼬리를 내리거나, 귀를 젖히거나, 차례가 왔을 때 진찰실로 들어가길 거부하는 행동 등을 보고 스트레스 정도를 판단했다. 물론 수의 행동학자들은 전문적으로 공부를 했고 경험도 많으니 일반인들보다 더 많은 징후를 알아챌 수 있을 것이다. 하지만 개의 신체 언어를 읽어 내는 능력은 누구에게나 유용하다. 이 연구에서 가장 흔하게 나타난 개의 스트레스 징후는 코를 핥고, 헐떡거리고, 귀를 뒤로 젖히고, 울음소리를 내고, 혀로 털을 핥고, 하품하는 행동이었다. 당신의 반려견이 위의 행동을 보인다면 스트레스를 받는 건 아닌지 잘 살펴야 한다.

어떤 개들은 동물병원에 도착하기도 전에 동물병원에 간다는 사실을 잘 안다(특히 다른 목적지 없이 동물병원에 가려고 차에 타면 개들은 눈치를 챈다). 마리티 박사의 조사 결과, 40퍼센트의 견주가 반려견이 차에 타는 순간 동물병원에 간다는 사실을 안다고 대답했다. 75퍼센트가 넘는 견주는 반려견이 대기실에 들어가기도 전에 스트레스의 징후를 보인다고 답했다. 실제로 6퍼센트의 개가 동물병원에서 갑자기 누군가를 물었고, 11퍼센트는 으르렁거리거나 물건을 낚아채는 등 위협적인 모습을 보였다. 모든 반려견이 살아가는 동안 정기적으로 동물병원에 가야 한다는 점을 고려했을 때, 이는 심각한 문제다. 더 큰 문제는 절반의 응답자가 집에서 치료할 수 있다고 생각하는 것이다. 그중 72퍼센트는 반려견을 집에서 치료하기 위해 야단을 쳤다고 답했다. 마리티 박사는 개를 야단치기보다는 개가 스트레스를 받는 이유를 잘 살피고 최대한 다정하게 대하려고 노력하고, 가능하면 행동 전문가의 도움을 받아 해결하라고 권했다. 그리고 반려견이 동물병원 방문과 의료진의 손길에 익숙해지도록 해야 한다고 조언했다.

물론 반려견이 강아지일 때 훈련하는 게 가장 좋다. 하지만 집에서 치료하기 위해 씨름해야 한다면, 때로는 조금 느긋하게, 먹을 것을 주면서 하는 게 도움이 된다. 수의사 보조원의 방문 예약을 신청

해 도움을 받아도 좋다. 아니면 전문 개 훈련사나 행동학자의 도움을 받아 치료를 겁내지 않도록 훈련하는 것도 한 방법이다.

동물병원에서 스트레스 줄이기

놀라면 겁을 내는 게 감정의 정상적인 반응이고, 위협을 피하게 하는 데도 도움이 된다. 하지만 불안은 뭔가 안 좋은 일(혹은 나쁘다고 인식하는 일)이 일어날 거라고 예상하기 때문에 나타나는 반응이다. 동물 복지 측면에서 불안의 일상화는 굉장히 좋지 않다. 개를 속박해 움직이지 못하게 하는 등의 강압적이고 가혹한 방식은 공포감을 심화하고 추후의 병원 검사까지도 어렵게 만들 수 있다. 미국 동물병원협회American Animal Hospital Association에서는 스트레스를 덜 주며 동물을 다루는 기술을 사용하도록 권한다. 좋은 소식은 점점 더 많은 수의사가 반려동물의 스트레스를 최소화하는 방식으로 동물들을 다루고 있다는 사실이다.

소피아 잉Sophia Yin 박사는 동물병원에서 개와 고양이의 건강 상태를 검사할 때 스트레스를 덜 주는 방식을 활용하는 데 선구적인 수의사였다. 최근에는 《두려움에서 벗어나기》 저자 마티 베커 박사가 수의사와 수의사 보조원을 대상으로 한 피어프리 자격증 프로그램을 만들었다. 동물병원 진료실에서 개와 고양이에게 겁을 주는 것들

(흰색 의사 가운, 눈부신 전등과 차갑고 미끄러운 검사대)을 없애고, 동물들이 좋아하는 환경으로 만드는 것을 목표로 한다. 이 프로그램은 대상 범위를 더 확장해서 수의사, 개 훈련사, 그 외 여러 전문가들을 교육하고 있다. 견주들을 위한 웹사이트도 운영하고 있다.

베커 박사는 2009년에 열린 한 콘퍼런스에서 수의 행동학자인 카렌 오버롤$^{Karen\ Overall}$ 박사의 발표를 듣고 깨달음을 얻었다고 한다. 카렌 박사는 1950년대와 1960년대 어린이들의 보건 의료 시스템 경험을 동물병원 경험과 비교했다. 베커 박사는 다음과 같이 설명했다. "그녀는 두려움이 사회적 개체가 경험할 수 있는 최악의 감정이라는 것, 그리고 뇌에 영구적인 해를 입힐 수 있다는 점을 얘기했습니다. 수의 전문가들은 무엇을 하거나 하지 않음으로써 반려동물들에게 심각한 정신적 피해를 반복적으로 입히고 있습니다. 이러한 행동은 반려동물의 신체적 반응도 유발합니다. 그러나 수의사의 능력에 따라 무엇을 하거나 하지 않는 행동은 치료제가 될 수도 있습니다." 반려동물의 정서적 안녕을 돌본다는 점에서 피어프리는 수의학 분야의 혁신이다. 피어프리 소속의 동물병원에서는 반려동물들이 편안함을 느끼는 치료법을 사용한다(그리고 각 반려동물의 다음 방문을 대비해 개별 동물이 선호하는 특성에 주목한다). 그들은 병원의 전등을 교체해 동물들이 형광등 소리에 긴장하지 않도록 했다(동물의 청각은 형광등 소리에도 예민하게 반응한다). 그리고 동물들을 검사대에 올려놓고 진료를 보는 대신 요가 매트를 깔아 바닥에서 진료를 본다.

베커 박사는 다음과 같이 말했다. "반려동물들이 다양한 감정을 지닌 존재라는 사실을 인정해야 합니다. 그에 따라 우리는 반려동물들의 신체 건강뿐 아니라 정서적 안녕도 돌볼 의무가 있습니다."

스트레스를 최소화하는 기술은 어떤 차이를 가져올까? 연구자들은 여덟 마리의 개가 두 번에 걸쳐 동물병원에 방문하는 실험을 했다. 한 번은 기존의 동물병원 방식을 그대로 사용했고, 다른 한 번은 스트레스를 최소화하는 기술을 사용했다. 첫 방문 7주 뒤에 두 번째 방문이 있었다. 두 번 모두 입마개를 사용하기도, 빼기도 했다. 청진기로 기본 검사를 하고, 혈액을 채취하고, 체내 관을 삽입하는 흉내를 냈다. 조건의 차이라면 스트레스를 줄인 환경에서는 검사 전후 5분씩 검사실을 탐색할 수 있게 했다. 검사 시간에도 자유롭게 돌아다니게 해 주었다. 수의사도 개에게 최소한의 스트레스를 주기 위해 노력했다. 간식도 먹을 수 있도록 했다. 그 결과 스트레스를 줄인 환경에서 개는 공포심과 불안감의 전형적 징후인 핥기, 꼬리 내리기, 고래 눈 뜨기 등의 행동을 확연하게 덜 보였다. 이 실험은 스트레스를 최대한 줄여줄 수 있는 환경에서의 진료가 개의 동물병원 방문을 용이하게 하는 데 효과적이라는 점을 보여 주었다.

보저가 동물병원에 익숙해진 데도 대기실에 5분간 앉아 있을 때 간식을 먹게 해 준 것이 큰 도움이 되었다. 그렇게 한 다음 진료실에 들어갔다. 간식을 먹어도 되는지 수의사에게 미리 허락을 받았으며, 되도록 조용한 시간대에 방문했다. 이렇게 하니 보저가 겁먹을 일이 전혀 일어나지 않았다. 녀석은 그저 가만히 앉아서 간식을 먹다가 많은 관심을 받고 돌아온 것뿐이다. 일단 동물병원 대기실에 머무는 게 익숙해지자 우리는 고스트가 병원에 갈 때마다 보저를 데리고 다녔다. 안타깝게도 고스트는 동물병원에 자주 가야 했다. 하지만 덕분에 보저는 병원에 익숙해졌다. 고스트가 진료를 받으러 갈 때마다 보저도 따라갔고 진료실에 들어가 가만히 앉아 있었다. 물론 두 녀석 모두 닭고기, 칠면조 조각, 심지어 치즈도 실컷 먹었다.

한 보고서에 따르면 동물병원에서 개들이 (그리고 고양이들이) 조금 더 편안함을 느끼도록 먹을 것을 활용하는 데는 장단점이 공존한다. 반려견 수술 경험이 있다면, 수술 전날 밤 여덟 시부터 금식을 시키라는 사항을 전달받은 적이 있을 것이다. 수술을 위해 마취할 경우, 위·식도 반사작용 때문에 위의 음식물이 기도로 역류하거나 (세균성 감염증인) 흡인성 폐렴에 걸릴 위험이 있기 때문이다. 하지만 동물병원 진료에서 마취할 일은 거의 없으므로 수의사들은 진료 중 먹을 것을 활용하는 것의 이점을 잘 활용해야 한다.

먹을 것을 주면 개는 스트레스를 덜 받게 되고 견주나 수의사가 개에게 물릴 위험도 낮아진다. 병원에 온 동물이 스트레스를 많이 받지 않으면 진정제를 투여할 필요성도 줄어든다. 어떤 이들은 단지 너무 스트레스를 많이 받는다는 이유로 반려견을 동물병원에 데려가지 않기도 하는데, 먹을 것을 사용해 스트레스를 덜 받게 하는 방법으로 이런 문제를 해결할 수 있다. 수의사들 또한 먹을 것을 활용한 역조건형성으로 개가 심하게 겁먹지 않도록 할 수 있다. 이 방법은 많은 견주가 폭죽 소리 등을 겁내는 반려견에게 많이 적용하는 방식이다(3장과 13장 참조).

동물병원에서 스트레스를 덜 주는 환경을 조성했을 때 생기는 또 다른 이점은, 수의사가 개의 건강 문제나 문제 행동을 더 자세히 관찰해 정확한 진단을 내릴 수 있다는 점이다. 그 결과 견주는 수의사와 그 의료팀을 더 신뢰하게 되고, 병원에서 받은 진단과 진료 계획을 잘 따르게 된다. 최종적으로는 반려견의 더 나은 건강 상태와 행복에 긍정적으로 작용한다.

견주들도 동물병원에서 반려견이 덜 불안해하고 편안함을 느끼도록 도울 수 있다. 연구자들은 개들이 동물병원에 두 차례 방문하게 했다. 한 번은 진료실에 들어갔을 때 견주가 반려견과 3미터 떨어진 거리에서 아무 참견도 안 하고 조용히 앉아 있도록 했다. 다른 한 번은 견주가 검사대 옆에 서서 반려견을 안심시키도록 했다. 이때 견주는 반려견을 오랫동안 쓰다듬어 주고 안심시키는 말을 하기도 했다.

두 경우 모두 개들은 진찰을 시작하자 스트레스의 징후(입술을 핥고 심박수가 높아지는 등)를 많이 드러냈다. 하지만 전반적으로 주인이 쓰다듬어 주고 말로 달랜 경우 스트레스의 징후를 덜 보였다. 심박수가 조금 느려지고, (자외선으로 안구 표면을 측정한 결과) 체온의 변화가 나타났다. 검사대에서 뛰어 내려오려는 시도도 덜했다. 하지만 연구자들은 견주들이 때로 반려견의 주둥이를 잡거나 목줄을 붙드는 등 개가 싫어하는 행동도 했다고 밝혔다. 이런 행동들이 의도했던 바와는 반대의 효과를 내기도 했다.

체계적인 의료 관리의 중요성

반려견과 강한 유대 관계가 형성된 견주들은 (반려견을 아주 애틋하게 생각하거나, 함께하는 활동을 통해 많은 시간을 보내기도 하지만) 동물병원에도 더 자주 데려간다. 유대 관계가 약한 견주들이 평균 일 년에 1.5회 동물병원을 방문하는 데 비해 유대감이 강한 견주들은 평균 2.1회 방문하는 것으로 조사되었다. 그런 견주는 (백신 접종이나 구충제 복용 같은) 예방 차원의 건강 관리에도 신경을 쓰고, 수의사의 말도 더 잘 따르는 편이다. 이는 견주가 반려견의 생명을 살리기 위해서 쓸 수 있는 돈과도 연결된다. 2008년에 시행된 반려견과의 유대감 조사에서, 강한 유대 관계를 형성한 견주들은 반려견을 위해 2,428달러를 쓸 수 있다고 대답한 데 반해 유대 관계가 약한 견주들은 평균 820달러를 쓸 수 있다고 답했다. 사실 이 조사에 응한 견주들 중 20퍼센트는 '얼마가 들건' 필요한 만큼 쓰겠다고 대답했다.

미국 동물병원협회[AAHA]에서는 모든 개가 적어도 일 년에 한 번은 동물병원에 갈 것을 권장한다. 그러나 노견들은 동물병원에 더 자주 가야 한다(강아지들도 예방 접종 일정에 맞춰 더 자주 가야 한다). 개가 스트레스를 받는 게 싫어 동물병원에 자주 안 가는 견주들도 많다. 그러나 어떤 사람들은 동물병원 진료의 중요성을 모르거나, 비용에 대한 걱정 때문에 동물병원에 가는 것을 꺼리기도 한다. 비용과 진료 수준은 병원마다 꽤 차이가 있다. 캐나다 브리티시컬럼비아주 메이플 리지에 있는 듀드니 동물병원 Dewdney Animal Hospital의 아드리안 월튼 Adrian Walton 박사는 반려동물이 병원에서 받는 진료나 치료의 질에 따라 비용에 차이가 나는 것은 당연하다고 말했다. 또한 그는 요즘 동물병원에서는 기본적으로 같은 품질의 약을 사용한다고 말했다. 비용이 비싸면 품질에 차이가 있다는 의미일 것이다. 그는 "만일 동물병원마다 왜 비용에 차이가 있는지 궁금하다면, 뭐가 다른 것인지 수의사한테 물어봐야 합니다. 수의사는 그 차이를 설명할 수 있어야 합니다."라고 덧붙였다.

수의학 박사 조 벨쇼우 Zoe Belshaw와 노팅엄 대학교의 동료 연구원들은 연간 동물병원 진료 예약에 대한 견주들과 수의사들의 서로 다른 관점을 밝혀냈다. 견주들은 동물병원 진료에서 무엇을 검사하는 것인지 사전 정보(처음 반려견을 길러 보는 견주에겐 매우 중요한 정보다)가 충분하지 않다고 느꼈다. 이전에 여러 차례 정기 검진 경험이 있는 견주들은 매번 검진하는 게 조금씩 다르다고 대답했다. 견주들은 체크리스트가 있다면 미리 어떤 검진을 하는지 예상할 수 있고, 필요한 부분을 모두 검사한 건지 알 수 있어 좋을 것 같다고 대답했다. 대부분의 수의사는 강아지의 첫 검진 때는 체크리스트가 있다고 답했다. 그러나 성견의 정기 예방 접종 시기에 맞춘 진료 때는 따로 체크리스트가 없다고 말했다. 한편, 견주들은 예방 접종을 위해 병원에 방문할 때 접종 자체를 가장 중요한 사항이라고 생각했다. 반면, 수의사들은 접종은 정기 진료의 일부일 뿐이고, 견주에게 반려견 건강에 관한 더 많은 정보를 제공해야 한다고 생각했다.

처음 반려견을 길러 보는 견주는 예방 접종을 위해 병원에 가면, 수의사들이 진료를 보면서 개의 건강 상태를 봐 줄 것으로 생각했다. 반대로 경험이 많은 견주들은 자신들이 알지 못하는 반려견의 문제를 수의사가 먼저 발견해 줄 것이라고 생각하지 않았다. 하지만 수의사들은 자신들이 종종 견주가 모르는 문제(주로 피부에 생긴 멍이나 비만, 충치, 관절염 등)를 찾아낸다고 말했다. 벨쇼우 박사는 이렇게 말했다. "견주들이 반려견의 문제를 미리 알아채지 못한 게 끔찍한 잘못은 아닙니다. 하지만 알아채기가 힘들기에 아무런 이상이 없어 보인다 해도 정기적으로 동물병원에 가서 건강 검진을 받도록 해야 합니다. 우리는 날마다 동물들을 진료하기 때문에, 견주들처럼 항상 그 동물을 돌보진 않아도 그들이 놓친 부분을 발견할 수 있을 겁니다." 견주들은 반려견 몸에 멍든 것을 모를 수도 있고, 허리둘레가 점점 늘어가는 걸 대수롭지 않게 여길 수 있다. 입안을 자세히 들여다보지 못하거나 통증의 신호를 알아채지 못할 수도 있다. 그들은 수의사가 진료를 통해 이상한 점을 발견하면 말해 줄 것이라고 믿고 있었다.

이 연구에서 일부 수의사들은 견주를 교육하는 것이 진료의 중요한 부분이라고 생각했다. 한편, 그렇지 않다고 생각하는 수의사들도 있었다. 그들은 견주가 수의사의 조언에 별 관심이 없다고 생각하거나, 진료 시간이 충분하지 않다고 생각했다. 그리고 수의사들이 선뜻 얘기하고 싶어 하지 않는 두 가지 주제가 있었다. 바로 개의 식단과 문제 행동이었다. 수의사들은 짧은 진료 시간을 탓하거나 정확한 지식이 부족하다는 핑계를 대기도 했다. 만약 견주들이 관심이 있다면 먼저 질문을 할 것이라고 믿었다.

벨쇼우 박사의 연구는 견주들이 놓칠 수 있는 부분을 찾는 데 있어 수의사 진료의 중요성을 보여 준다. 그녀는 견주들이 수의사의 의견만 기다리기보다는 논의하고 싶은 주제가 있으면 먼저 질문할 것을 권했다. 반려견에 관해 어떤 걱정이 생기면 정기 검진일까지 기다리지 말고 동물병원에 예약해야 한다. 정기 검진의 진료 시간이 촉박하다면 특정 문제에 대한 진료 예약을 따로 잡는 것이 좋다.

이 연구를 통해 견주와 수의사의 관계가 중요하다는 점이 또 다른 주제로 대두되었다. 벨쇼우 박사는 신뢰할 만한 좋은 수의사를 찾았다면 한곳에 꾸준히 진료를 다니라고 조언한다. 신뢰를 하지 못하겠다면 당신과 반려견에게 딱 맞는 주변에 다른 동물병원의 수의사를 찾아보는 것이 좋다.

벨쇼우 박사는 다음과 같이 조언했다. "한 병원에 다니기 시작했다면, 수의사와 합을 맞춰 반려견을 잘 돌봐야 합니다. 새로운 교육도 받기 바랍니다. 당신이 이미 다른 개를 길러 봤다고 하더라도, 새로운 지식이 계속해서 밝혀지고 있습니다. 예전에 기른 개가 열다섯 살까지 살았다면, 강아지에 관해 당신이 아는 지식은 이미 15년도 넘은 오래된 것이죠. 그리고 개과학은 정말 빠르게 급변하는 분야입니다. 그러니 동물병원에서 강아지 돌보기 수업에 참여할 기회나 질병을 예방하는 방법 혹은 노견을 돌보는 법 등에 관한 수업을 들을 기회가 있다면 이미 다 아는 내용일 거라고 속단하지 않길 바랍니다. 그리고 수의사가 당신이 몰랐던 문제를 찾아내더라도 당황할 필요가 없습니다. 뭔가를 발견했다는 것은 긍정적인 신호이지, 당신이 반려견을 제대로 돌보지 못했다는 뜻이 아닙니다. 수의사에게 조언을 구하고 더 많은 것을 알려 달라고 하세요. 수의사들은 당신에게 그런 도움을 주기 위해 있는 사람들입니다."

중성화 수술과 성 호르몬의 관계

개의 교배를 막으려면 암컷의 난소를 제거하거나 수컷을 거세해서 중성화할 수 있다. 핀란드 같은 국가에서는 선택적인 중성화 수술이 매우 드물다. 그러나 반려견 중성화 비율이 83퍼센트에 이르는 미국과 같은 일부 국가에서는 아주 일반적인 수술이다. 미국, 캐나다, 영국에 있는 대부분 동물 보호소에서는 오갈 데 없는 개가 더 이상 태어나는 것을 막기 위해 일단 개를 데려오기 전에 중성화 수술을 시킨다.

이 수술이 개의 건강에 도움이 되는지에 관해서는 더욱 활발한 연구가 이뤄지고 있다. 일부 연구에서는 이 수술이 개의 수명을 늘려 준다고 밝혔지만, 다른 연구에서는 다른 결과가 나왔다. 중성화 수술은 특정 질병(개에게 흔하게 발견되는 악성 종양인 유선 종양)에 걸릴 위험을 낮추지만, 다른 질병(악성 뼈암의 일종인 골육종, 과체중과 비만) 위험을 높이기도 했다. 특정 견종은 이런 질병에 걸릴 위험이 다른 견종들보다 훨씬 높다. 따라서 의료 측면에서 봤을 때 어떤 결정이 좋은지 알기 어렵다. 미국과 영국에서 실시한 대규모 연구에 따르면, 수컷은 중성화 수술을 받지 않았을 때 수명이 조금 더 길었다. 암컷은 난소 제거 수술을 받았을 때 수명이 훨씬 더 길었다.

암컷의 난소 제거술이나 수컷의 중성화 수술은 공격적인 성향을 줄이기 위한 하나의 방법으로 제시되기도 한다. 열한 개 견종을 대상으로 한 어느 연구에서는 개의 중성화 수술 여부에 따라 훈련 정도에 차이가 있는지 조사했다. 견주들은 별 차이가 없다고 밝혔다(셰틀랜드 쉽독과 로트와일러는 중성화 수술 이후 훈련이 더 잘되는 것으로 평가 받았다). 하지만 10세 이전에 중성화 수술을 받은 6,000마리의 수컷 개를 대상으로 연구한 결과, 중성화 수술을 늦게 해서 성호르몬에 더 오래 노출될수록 주로 공포심과 공격성의 지표가 되는 스물다섯 개 행동 중 스물세 개 행동을 덜 하는 것으로 나타났다(더 많이 한 두 가지 행동은 영역 표시와 울부짖기였다). 이러한 연구 결과는 수컷 개의 행동 발달에 성호르몬이 중요한 역할을 한다는 점과 사춘기 이전의 중성화 수술은 예상치 못한 문제 행동을 유발할 수도 있다는 점을 암시했다. 중성화 수술로 원치 않는 개들이 태어나는 것을 어느 정도 방지할 수는 있지만, 수술로 인한 비용 편익은 개별 견주가 신중하게 고려하고 결정해야 할 복잡한 문제다.

털 손질과 접촉 민감성

개들이 원하든 원하지 않든 동물병원에 정기적으로 가야 하는 것처럼, 털 손질도 주기적으로 해야 한다. 개마다 털의 특성이 다양해 각기 다른 방식으로 털 손질을 받아야 한다. 보저의 털은 길고 매끄러워도 비에 젖으면 말려 올라가서 헝클어진 모습이 되었다. 머리는 꼭 소가 핥아 놓은 것 같았다. 고스트는 회색 늑대처럼 굵고 부드러운 회색 털을 가졌는데, 여름 내내 털갈이를 했다. 겨울이 되면 어깨부터 등을 따라 난 보호 털과 함께 더 굵은 털이 자라났다. 보저는 늘 진흙을 묻히고 들어왔다. 꼬리의 털에는 잔가지들도 들러붙어 있었다. 반려견의 털이 어떤 특징을 지니고 있든, 우리는 손으로 털을 쓰다듬는 느낌을 좋아한다. 그리고 털 손질을 해 주려면 털을 만질 수밖에 없다.

연구자들은 털 손질을 할 때 개의 반응을 알아보기 위해 매우 다른 두 그룹의 개들을 대상으로 실험했다. 한 그룹의 개들은 사람의 손길에 매우 익숙한 훈련 안내견이고, 다른 그룹의 개들은 사육장에서 길러져 사람의 손길을 거의 느껴 본 적 없는 그레이하운드였다. 연구원들은 신체의 네 군데(꼬리, 양쪽 허리, 가슴, 갈비뼈)를 선택해 부위별로 8분씩 고무 빗으로 빗어 주었다. 두 그룹 모두 빗으로 빗는 동안 심박수가 줄었고, 부위별로 신체 반응의 차이는 없었다(즉 개들은 어떤 부위를 빗어도 가만히 있었다).

물론, 이 실험만으로 모든 개가 쓰다듬어 주는 걸 좋아한다고 말할 수는 없다. 사실 보통 사람들은 개를 쓰다듬을 때 머리 위에 손을 얹어 쓰다듬는데, 대부분의 개는 그걸 싫어한다. 일반적으로 개들은 가슴 옆쪽이나 턱 아래를 쓰다듬는 걸 더 좋아한다. 또한 쓰다듬어 주는 사람이 친근한 사람이냐 낯선 사람이냐에 따라 반응에 차이가 있다. 그래서 늘 개의 신체 반응에 주의를 기울이고 개가 원치 않는 손길은 피하도록 선택권을 줘야 한다.

같은 맥락에서, 모든 개가 털 손질을 좋아하는 것은 아니다. 어떤 개들은 아주 싫어한다. 또한 발처럼 특정 부위를 건들거나 손톱을 다듬는 걸 싫어하기도 한다. 안 좋은 기억 때문에 싫어할 수도 있지만, 많은 개가 강아지 때부터 그걸 좋아해야 한다는 걸 배운 적이 없어서 그렇기도 하다. 강아지 시기에 안내견들처럼 추가적인 사회화 교육을 받은 개들은 사람의 손길에 덜 민감하게 반응한다. 그렇기에 강아지 시기에 다양한 환경에 노출되어 신체 접촉을 하는 것이 좋다. 그리고 동물병원 첫 방문이 좋은 경험이 되도록 신경 쓰는 것이 중요하다.

개들이 목욕, 털 손질, 발톱 손질, 그리고 병원에서 진료를 받을 때 누가 몸에 손대는 것에 예민하게 반응하고 두려워하는 것을 접촉 민감성이 높다고 말한다. 한 연구에서는 그런 접촉 민감성이 강아지 시절을 애견 샵에서 보낸 개들에게서 더 높게 나타난다고 밝혔다. 또한, 이러한 현상은 키와 몸집이 큰 개들보다는 작은 개들에게서 더 흔히 나타난다. 하지만 어떤 경우에는 개에게 관절염이 있거나 다른 통증을 느껴서 접촉 민감성이 높을 수 있으니 주의해야 한다.

견주가 직접 털 손질이나 발톱 관리를 해 주지 못할 때는 수의사에게 도움을 요청해서라도 할 필요가 있다. 반려견 삶의 질을 고려해서 웬만하면 털이 엉겨 붙고 발톱이 살을 파고들기 전에 조치하도록 하자. 진정제 투여가 필요할 수도 있으니, 이 부분은 수의사와 잘 논의해야 한다. 일단 털을 다듬거나 빗고 발톱 손질도 잘 마쳤다면 반려견이 다음에도 이 과정을 즐겁게 맞이할 수 있도록 하는 훈련을 하는 게 좋다. 이때 수의사나 개 훈련사, 행동학자 등 전문가의 도움을 적극적으로 받도록 하자.

치아 관리

반려견 건강 관리에서 가장 중요하지만 논의가 부족한 부분이 바로 치아 건강이다. 치아 관리가 중요한 이유는 치아의 문제가 (사람의 경우와 마찬가지로) 다른 문제로까지 이어질 수 있기 때문이다. 한 규모 있는 연구에서는 치아의 심각한 문제가 이후 심혈관 문제로 이어질 수 있다는 것을 밝혀냈다. 또 다른 연구에서는 치아 문제와 만성 신장 질환과의 연관성도 밝혔다.

미국 동물병원협회에서 제공하는 지침을 보면 수의사들이 견주에게 집에서 할 수 있는 치아 관리 방법을 교육해야 한다고 나온다. 관리 방법에는 애견용 치약이나 가글, 덴탈 껌, 치아 관리용 사료, 물에 녹여 먹는 첨가제 등을 활용하는 방법도 있지만 가장 좋은 관리 방법은 칫솔질이다. 한 연구에 따르면, 효과적인 치아 관리를 위해서는 최소 일주일에 세 번 칫솔로 양치를 시켜야 한다. 이미 치주 질환을 앓고 있는 개는 매일 양치를 시켜 주는 것이 좋다. 애견용 칫솔이나 유아용 칫솔, 아니면 손가락 칫솔 등을 적셔서 사용하면 된다. 사람이 쓰는 치약에는 개에게 해로운 첨가제가 들어 있을 수도 있으므로 사용해서는 안 된다. 고기 향이 나는 애견용 치약을 사용할 것을 권장한다. 치아 겉면을 잘 닦아 내는 데 신경을 쓰도록 하자.

강아지를 기르고 있다면 치아 관리를 즐거운 경험으로 느끼도록 훈련하는 게 한결 쉽다. 성견은 치아 관리가 익숙하지 않아 견주의 손을 물려고 할 수도 있다. 따라서 전문 훈련사의 도움을 받아 관리하는 것이 좋다. 이런 훈련을 잘해 놓으면, 개는 전혀 스트레스를 받지 않을 것이다. 훈련은 어떤 문제를 해결하기 위해서만 받는 게 아니라 평안하고 건강한 삶을 제공하기 위해 받기도 한다. 건강하고 행복한 삶에는 다른 개와의 우정도 아주 중요한 요소이다. 그 주제에 관해서는 다음 장에서 다루도록 하겠다.

반려견을 위해 실천하기

- 강아지를 기르고 있다면 동물병원에 가는 것과 사람의 손길에 익숙해지는 훈련을 하자. 병원에서 검사를 받을 때나 털과 발톱을 손질할 때, 그리고 치아 관리를 할 때 스트레스를 받지 않게 하려면 강아지 때부터 훈련을 해야 한다.

- 반려견이 이미 동물병원에 가는 것을 겁내는 상태라면, 동물병원에 대기자가 없는 조용한 시간에 가 보자. 개가 좋아하는 간식이나 장난감을 가지고 가서 5~10분 정도 머무르다 나오는 것도 좋다. 전문 개 훈련사나 행동학자의 도움을 받아도 된다.

- 스트레스를 덜 주는 기술을 사용하는 수의사를 찾아가자. 그 수의사를 신뢰할 수 있다면 주기적으로 진료를 받으며 꾸준한 관계를 만들도록 하자.

- 반려견이 덜 긴장하고 진료를 긍정적으로 받아들이게 하려면 미리 수의사에게 허락을 받은 뒤 반려견이 검사할 때 옆에 서서 쓰다듬어 주고 칭찬을 해 주도록 하자.

- 진료 중 수의사가 반려견의 건강상 문제를 찾아내면 너무 당황하지 말자. 그것이 수의사들이 하는 일이다!

- 반려견의 털 손질은 자주 할수록 좋다. 털을 빗거나 발톱을 다듬거나 양치를 시킬 때 반려견이 스트레스를 받지 않도록 빨리 끝내는 것이 가장 좋다. 불안해할 때 강제로 계속하는 건 좋지 않다.

- 성견이라도 반려견이 정기적인 털 손질과 발톱 손질, 그리고 치아 관리를 잘 받을 수 있도록 훈련하자. 빗이나 손톱깎이, 칫솔 등 손질에 사용되는 것뿐만 아니라, (앞발을 꼭 잡는 것처럼) 손질받을 때 꼭 필요한 신체 접촉도 좋아하게 만들어야 한다. 필요하다면 전문 개 훈련사의 도움을 받자.

6장

반려견의 사회성

    어릴 적 보저는 한 저먼 셰퍼드와 아주 친하게 지냈다. 둘은 몸집도 비슷하고 놀이 스타일도 잘 맞았다. 함께 구르고, 으르렁대고, 서로 털을 물며 누군가가 둘을 떼어 놓을 때까지 신나게 놀았다. 그러다 다시 둘이 붙어 놀 기회가 생기면 또 으르렁댔다. 서로의 목 주변을 앙 물고 엉켜 굴러다녀서 두 마리의 개를 구분하기가 힘들 정도였다. 이렇게 서로의 놀이 파트너가 되어 으르렁대며 공처럼 굴러다니는 것은 놀이의 필수 요소 중 하나이다.

    두 마리의 개가 점점 더 자라면서 함께 놀이하는 시간은 줄었지만, 더 많이 붙어 다녔다. 개들에게 이런 변화는 아주 자연스러운 것이다. 생후 3년이 지나면 전반적으로 놀이의 빈도가 줄고 친구도 가려서 사귄다. 개들은 사회적 동물이기 때문에 사회화 영역을 확장한다. 인간뿐만 아니라 인간의 집에 사는 다른 동물과도 친구가 된다(강아지 때부터 함께 자랐다면 친구가 되는 게 더 쉽다). 그리고 다른 개들이랑만 노는 게 아니라 장난감으로 혼자 놀기도 하고, 우리 인간과도 놀이를 한다. 하지만 우리가 보기에 개들끼리 놀이하는 모습은 싸우는 것처럼 보일 수 있다. 그것이 놀이인지, 놀이가 아닌지 어떻게 구분할 수 있을까?

놀이는 어떤 모습일까?

마크 베코프 박사는 "개들이 놀이를 할 때는 대체로 안전하다."라고 말했다. 그는 동물 행동학 분야에서 세계적으로 존경받는 명예교수로서 놀이에 관해서만 집중적으로 연구했다. 박사는 동물들이 놀이할 때는 서로 협력할 뿐 아니라 실수로 아프게 하더라도, 놀이 상대가 더 어릴 때는 용서한다는 점에 주목했다. 그리고 동물들이 공정하게 놀이하는 이유는 그렇지 않으면 놀이 상대를 잃을 수 있기 때문이라고 말했다.

자유롭게 놀이를 할 때, 개들은 서로 입을 대고 무는 듯한 모습을 자주 보인다. 이때는 털만 물기 때문에 상처가 나지 않는다. 개들은 스스로 무는 힘과 몸을 들이받는 힘을 조절한다. 가령 덩치가 큰 성견이 어린 동물과 놀이할 때는 힘을 빼고 살살하는 모습을 보인다. 놀이의 또 다른 특징은 역할 바꾸기이다. 개들은 먼저 쫓아가거나 쫓기며 잡기 놀이를 한다. 레슬링을 할 때도 한번은 아래로, 또 한번은 위에 올라가는 등 번갈아 가며 역할을 맡는다. 나이가 더 많은 개는 바닥에 등을 대고 아래쪽에서 구르는 역할을 어린 개보다 더 자주 맡음으로써 놀이의 균형을 맞춘다. 스스로 핸디캡을 주고 역할 바꾸기를 하면 사회적이고 상호 대등한 놀이가 된다. 연령과 몸집 크기, 그리고 놀이 능력에 상관없이 함께 즐길 수 있다. 그뿐만 아니라 한 번은 바닥에서 시끌벅적 구르다가 곧바로 술래잡기하듯 뛰어다니는 등 놀이 활동도 자주 바뀐다.

개를 오래도록 지켜봐 온 사람이라면 놀이의 세 가지 신호를 쉽게 알아차릴 것이다. 첫 번째는 '놀이 얼굴'로, 개가 사랑스럽고 행복한 표정으로 입을 헤 벌리고 있어 진짜 싸우려는 모습과는 거리가 멀다. 두 번째는 놀라울 정도로 과장되게 방방 뛰면서 걷는 걸음걸이다. 그리고 마지막으로 플레이 바우 자세라고 불리는 '놀이 인사'가 있다. 이는 두 앞다리는 숙이고 뒷다리는 세워 엉덩이를 들고 있는 자세를 말한다.

놀이 인사를 하는 이유

놀이 인사는 아주 재밌는 신호지만 개들이 왜 그런 자세를 취하는지는 명확하게 밝혀지지 않았다. 기존에는 놀이 인사가 "이건 놀이일 뿐이지, 진짜가 아니야!"라고 말하는 신호라고 알려져 있었다. 그 신호를 보내는 이유는 개들이 놀이하며 보이는 많은 행동(쫓아가기, 으르렁대기, 물기, 할퀴기)이 공격적으로 보일 수 있기 때문이다. 하지만 놀이 인사가 단순히 '이건 놀이일 뿐이야!'를 의미한다면, 개가 그런 신호를 보내고 나서 '공격적인' 행동으로 오해할 만한 행동을 더 많이 해야 정상이다. 하지만 《행동 과정》에 실린 연구에서 성견들이 놀이 인사를 하기 전과 후에 보인 행동들을 관찰한 결과, 그렇지 않은 것으로 밝혀졌다. 대신 놀이 인사를 하는 개나 받는 개 모두 놀이 인사를 하기 전에는 얌전했다. 놀이 인사 후에 두 마리의 개는 쫓고 쫓기는 놀이나 자리를 박차고 일어나 달리는 놀이를 다시 시작했다. 다시 말해, 놀이 인사는 잠깐 놀이를 멈췄다가 다시 시작한다는 신호의 역할을 한 것이다.

놀이 인사를 하는 모습

개뿐만 아니라 늑대, 여우 등 다른 견과의 동물들도 놀이 인사를 한다. 한 실험에서는 연구자들이 개와 어린 늑대의 놀이 인사를 관찰했다. 연구에 참여한 개와 늑대들은 비슷한 환경에서 자랐다. 새끼 늑대들은 사람이 관리하는 제한된 공간에서 자랐고, 강아지들은 헝가리의 한 동물 보호소에서 태어나고 자라서 두 무리 모두 사람 손에 길러졌다. 연구자들은 개 두 마리가 놀이하는 모습과 늑대 두 마리가 놀이하는 모습을 녹화해 분석했다. 이때 놀이하는 개 두 마리와 늑대 두 마리 중 각 한 마리는 강아지와 새끼 늑대였다. 연구자들은 개와 늑대가 한바탕 놀면서 놀이 인사를 할 때마다 관찰하여, 놀이 인사가 보내는 신호의 의미를 분석했다.

원래 놀이 인사는 시각적 의사소통 신호를 보내는 방법이라고 알려져 있었다(인사를 하는 개는 인사를 받는 개가 보는 데서만 그런 행동을 한다). 이 연구를 비롯해《동물 인지$^{Animal\ Cognition}$》에서 발표한 연구에서도 그러한 사실을 확인했다. 어린 늑대들이 놀다가 놀이 인사를 하는 경우는 인사를 하는 쪽과 받는 쪽이 시선을 마주쳤을 때였다. 강아지들의 놀이를 관찰했을 때, 한 번을 제외하고는 상대 강아지가 볼 때만 놀이 인사를 했다. 한번 상대 개가 쳐다보지 않자, 놀이 인사를 하려는 강아지는 놀이 파트너의 주의를 끌려고 짖어댔다. 앞서 성견을 대상으로 한 실험에서도 언급했듯 놀이 인사가 '이건 놀이일 뿐이야!'를 의미한다면, 개가 그런 신호를 보내기 전후에 '공격적인' 행동으로 오해할 만한 행동을 더 많이 해야 맞다. 하지만 어린 늑대와 강아지들을 대상으로 한 실험에서도 놀이 인사를 한 강아지들은 인사 전후에 더 '공격적인' 모습을 드러내지 않았다. 그런데 성견들과는 달리, 놀이 시간에 놀이 인사를 받은 쪽의 강아지들은 놀이 인사를 받은 뒤 조금 더 공격적인 모습을 보였다. 이는 가설과 반대되는 결과였다.

베코프 박사는 이전 연구에서 놀이 인사가 (개가 상대를 물고 나서 머리를 흔드는 행동인) '물고 흔들기'와 연관이 있다고 밝혔다. 하지만 이 연구를 진행한 과학자들은 놀이 인사 바로 직전이나 직후에 물고 흔들기는 없었다는 것을 알아냈다. 이는 놀라운 결과지만, 어린 강아지들을 대상으로 연구했기에 차이가 발생한 것으로 보인다. 실제로 이 연구에서도 비디오를 분석해 보면 강아지들과 어린 늑대들이 몇 번 물고 할퀴는 모습이 관찰되었다.

놀이 인사를 하는 쪽이 상대 개로부터 달아나거나 쫓아가겠다는 신호를 보내는 것일 수도 있다고 하는 연구도 있다. 《플로스원》에서 발표한 성견을 대상으로 한 연구에서는 놀이 인사가 놀이에서 상대를 공격하겠다는 신호로서 작용한 적은 없지만, 도망치겠다는 의미를 가진 적은 있었던 것으로 밝혀졌다. 강아지들의 놀이 시간을 관찰한 결과 놀이 인사를 받는 쪽이 오히려 놀이에서 공격을 맡고, 인사를 한 쪽이 도망을 갔다. 어린 늑대들의 놀이 시간에는 이런 점이 관찰되지 않았다. 하지만 어린 늑대든 강아지든 놀이 인사를 하고 도망가는 경우가 많아, 놀이 인사가 도망치겠다는 신호를 보내는 것으로 보였다. 하지만 어린 늑대는 강아지의 경우와 달리 놀이 인사를 하기 직전에 잠시 가만히 있는 순간이 관찰되지 않아 어린 늑대에게 놀이 인사가 무엇을 의미하는지 명확히 밝혀지지 않았다. 강아지들의 경우, 놀이 인사가 무작위로 일어나거나 단순히 '이건 놀이일 뿐이야!'를 의미하지 않았다. 대신 그 행동은 놀이가 계속 이어지게 했다. 잠깐 쉬다가 다시 도망가고, 다른 개가 쫓아오도록 만드는 역할을 했다.

> **전문가의 조언**
>
> "반려견이 개답게 행동하도록 그냥 두어야 합니다. 개들도 각자 개성을 가진 존재임을 인식합시다. 개들이 집에 있든 밖으로 나가든 후각을 비롯한 모든 감각으로 세상을 탐색하게 둡시다. 친구들과도 마음껏 놀고 만족할 때까지 온 집 안 구석구석을 돌아다니게 해 줍시다. 개를 있는 모습 그대로 받아들이기 위해서는 그들이 어떻게 보고, 듣고, 느끼고, 맛보고, 냄새를 맡는지 이해해야 합니다. 우리 인간의 삶에 개가 있다는 건 참으로 감사한 일입니다. 개들도 자신들의 삶에 인간이 있다는 사실에 감사할 수 있도록 우리가 노력해야 합니다. 장기적인 관점으로 볼 때, 모든 것은 더 나아질 것입니다."
>
> – 콜로라도 대학교 명예 교수이자 《개와 사람의 행복한 동행을 위한 한 뼘 더 깊은 지식》 저자, 마크 베코프 박사

놀이에도 기술이 필요하다

사회적 동물인 개들은 확실히 놀이를 즐긴다. 한 논문에서 개들이 놀이를 즐기는 여러가지 이유를 밝혔다. 우선 첫 번째로, 놀이는 개들에게 신체를 조절하는 법을 가르쳐 준다. 놀이를 하면서 개들은 싸우고, 올라타고, 쫓고, 잡고, 넘어뜨리는데, 이 모든 것은 발달 과정에서 배워야 하는 운동 기능과 연관된다. 강아지들은 한배 새끼들과 놀면서 상대를 너무 세게 물지 않는 물기 억제력을 배운다. 다른

강아지와 놀다가 너무 세게 물면 놀이가 중단된다는 사실을 인식하고, 다음부터는 세게 물지 않게 되는 것이다.

두 번째로, 놀이는 사회적 응집력을 발달시키기 위한 진화의 결과이다. 진화적 관점에서 보면 다른 개들과 놀이를 통해서 쌓은 사회적 유대가 싸움을 덜 유발하고, 생존 가능성을 높인다. 성공적인 번식에도 더 유리하다. 적절히 사회화가 잘된 개들은 다른 개들뿐만 아니라 아는 사람들과 같이 노는 것을 즐거워한다. 장난감을 가지고 사람과 놀이하는 것은 상호작용을 하기 위함이다. 놀이를 통해 개와 인간의 관계를 개선할 수도 있다.

세 번째로, 놀이는 개들에게 예상치 못한 상황에 대응하는 법을 가르쳐 준다. 놀이를 할 때 뇌에서 일어나는 호르몬 수치의 변화는 개들이 스트레스를 받는 상황에 대처하는 데 도움을 준다. 때로 감정적 과민 반응이나 통제력 상실은 심각한 결과를 초래할 수 있지만, 놀이에서는 안전하다. 놀이는 그 자체가 즐겁고 편안하거나 흥미롭기 때문에 갑작스러운 상황에 대처하는 법을 배우기에 좋다. 놀이에서 습득한 (일부러 핸디캡을 적용하는 것을 비롯한) 움직임을 통해, 동물들은 넘어져도 다시 일어나는 법을 배우기도 한다.

논문에 따르면 위의 세 가지 이유에는 증거가 있다. 그리고 놀이의 단계는 각각의 이유로 중요하다. 놀이 시간의 시작과 마지막은 사회적 응집력의 측면에서 중요하다. 놀이 시간의 주요 부분은 운동 능력과 예상치 못한 상황에 대처하는 능력을 길러 준다.

그러나 놀이가 동물 복지 차원에서 항상 좋은 것만은 아니다. 같은 논문에서는 놀이가 때로는 나쁜 복지의 징후가 될 수 있다는 사실도 밝혔다. 예를 들어, 스트레스를 피하기 위한 회피 행동으로서 놀이할 때, 사람에게 관심을 받지 못하는 열악한 환경에서 혼자 장난감을 가지고 놀이할 때, 사람이 혼을 내거나 때리는 것을 피하려고 놀이할 때가 그렇다. 만약 두 마리의 개가 체격적으로 큰 차이가 나거나, 한 마리의 개가 다른 개를 괴롭히는 경우에는 놀이를 하는 것이 개에게 해로울 수 있다. 한 연구 결과에 따르면 사람들(이 연구에서는 경찰)이 터그 놀이와 명령 및 훈련을 혼합한 놀이를 하면 즉흥적이고 애정 어린 터그 놀이를 할 때와 비교해 개에게 스트레스를 많이 주는 것으로 나타났다. 그러므로 놀이가 도움이 될지 안 될지를 결정하기 전에 전후 상황을 잘 판단하는 것이 중요하다. 개가 사회적 동물이라고 해도 어떤 이유에서건 놀이 기술이 부족할 수도 있다. 이는 개의 복지에 위협이 되는 또 다른 요소이다. 견주는 개들이 서로 싸우는지 놀이를 하는 건지 구분하기 어려울 수 있다. 지켜보며 놀라거나 스트레스를 받기도 한다. 그럴 때 보통 견주들은 반려견이 다른 개와 만나서 노는 것을 제지하거나 만남을 중단한다. 정말 다른 개와 함께 놀기 원하는 개에게는 안타까운 상황이라고 할 수 있다.

놀이 기술을 발달시키기에 중요하고 민감한 시기가 언제인지에 관한 연구가 더 진행되어야겠지만, 강아지 학습에 있어 한배 새끼들과 놀이하는 기간은 매우 중요하다. 일단 강아지를 집으로 데리고 왔다면, 강아지 수업에 참여해 강아지의 사회성을 발달시킬 기회를 마련하도록 노력하자.

강아지 전용 공원

반려견에게 리드 줄 채우기가 의무화된 지역에서는 리드 줄 없이 입장 가능한 강아지 전용 공원이 개들이 뛰놀면서 운동하고 사회성을 발달시키기에 필수적인 곳이다. 《응용 동물 행동과학》에서 실시한 한 연구에서는 강아지 전용 공원에서 개들이 스트레스를 느끼는지 관찰했다. 열한 마리의 개들을 대상으로 공원에 들어가기 전에 산책 전과 후 두 번 타액 샘플을 채취했다. 그리고 공원에서 20분 정도 시간을 보낸 후 한 번 더 타액 샘플을 채취했다. 샘플에서는 각성과 흥분 정도를 보여주는 호르몬인 코르티솔을 분석했다. 그 결과 공원 입장에 앞서 산책 전과 후에는 코르티솔 수치에 변화가 없었다. 그러나 공원에서 20분을 보낸 후에는 코르티솔 수치가 증가했다.

연구자들이 쉰다섯 마리의 개들을 관찰한 결과, 공원에 도착한 뒤 처음 20분 동안 40퍼센트의 개들은 견주(혹은 다른 개를 데리고 있는 사람) 곁에 머물렀다. 30퍼센트는 혼자 있었고, 대략 25퍼센트는 다른 개들과 시간을 보냈다. 어린 개일수록 장난을 많이 쳤고, 나이 든 개들도 비교적 활동적이었다. 83퍼센트의 개가 어느 시점에서 놀이 신호를 보였다. 그리고 대부분의 개가 적어도 한 번은 스트레스를 받는 모습을 보였다. 놀이 행동과 마운팅*의 상관관계도 관찰되었다. 이는 마운팅이 개들에게는 놀이의 일부라는 점을 암시했다. 그리고 견주를 대상으로 한 설문 조사에서 사회성이 발달해 다정하다고 평가받은 개들은 실제로 공원에서도 놀이 행동을 더욱 적극적으로 하는 모습을 드러냈다.

코르티솔 수치가 가장 높게 나타난 개들은 강아지 전용 공원에 가 본 경험이 가장 적은 개들이었다. 특히 등을 구부리는 자세를 취하는 모습이 관찰된 개들은 공원에서 스트레스를 많이 받은 것으로 나타났다. 반대로 강아지 전용 공원에 방문한 적이 있는 개들은 스트레스를 받을 때 보이는 행동을 많이 하지 않았다.

《행동 과정》에 실린 연구에서는, 연구자들이 예순아홉 마리의 개를 대상으로 같은 공원에서 처음 400초(거의 7분) 동안 무엇을 하는지 관찰했다. 과학자들은 중립적인 관점에서 개들의 행동을 분석했다. 지배, 순종, 놀이 혹은 공격과 같은 기존 틀로 바라보기보다는 관찰된 행동을 있는 그대로 묘사하려고 했다. 개들은 공원에 입장하고 처음 6분 동안, 시간의 50퍼센트는 혼자 보냈다. 40퍼센트는 적어도 한 마리의 다른 개(그리고 나머지는 사람 혹은 사람과 개)와 보냈다. 이 시간이 지나자 개들은 다른 개들과 함께 보내는 시간은 줄고, 혼

---

* 짝짓기를 시도하는 것처럼 다른 개의 뒤에서 올라타는 것을 말한다.

자 있는 시간이 증가했다. 어린 개와 늙은 개는 중간 연령대의 개들보다 다른 개들과 더 많은 시간을 보내는 경향을 보였다.

실험에 참여한 거의 모든 개가 다른 개에게 다가가 머리나 엉덩이의 냄새를 맡으려고 시도하거나, 그런 시도를 당했다. 개들은 코로 냄새를 맡음으로써 다른 개의 정보를 얻기 때문에 이는 놀라운 현상은 아니다. 처음 공원에 도착한 개들은 다른 개의 항문 생식기 쪽이 아닌 머리 쪽 냄새를 맡으려고 시도했다. 개들이 다른 개의 머리 쪽 냄새를 맡게 되는 이유는 상대 개가 엉덩이를 내빼기 때문이다. 이는 개들이 정보를 먼저 주기보다는 다른 개의 정보를 먼저 얻으려고 시도하는 행동과 연관이 있다.

연구자들이 관찰한 바에 따르면, 한 개가 다른 개를 쫓아갈 때마다 상대 개도 반드시 쫓아 오는 것은 아니었다. 이는 쫓는 행동이 반드시 상호적인 것은 아니라는 점을 암시했다. 하지만 한 개가 다른 개를 쫓기 시작하면, 그 행동은 신체 접촉이나 한바탕 구르기로 이어졌다. 연구자들은 그 과정에서 공격적이라고 평가할 만한 행동을 관찰하지 못했다. 연구 대상이었던 개들뿐 아니라 그 공원에 있었던 다른 개들에게도 나타나지 않았다.

이 결과는 강아지 전용 공원에 자주 방문하는 견주에게 고무적인 내용이다. 이는 개들이 강아지 전용 공원에서 항상 놀이를 하기보다는 혼자만의 시간을 보내는 것이 정상적이라는 것을 보여 준다. 결론적으로, 강아지 전용 공원에서 스트레스를 많이 받는 개들은 안

가는 것이 좋다. 그러나 많은 개가 공원에서의 경험을 즐겼고, 신체적 활동과 사회성 발달의 기회들이 개에게 긍정적인 영향을 미쳤다.

개와 고양이를 함께 기르는 법

어떤 개들은 고양이와 같은 다른 동물들을 자신의 사회적 영역으로 받아들인다. 그러나 이는 안전 차원에서 모든 개에게 적용되는 내용은 아니다. 어떤 개들은 고양이나 다른 작은 동물들을 먹잇감 혹은 물고 흔들어 댈 장난감 정도로 생각하기 때문이다. 하지만 개와 고양이가 의좋게 잘 지내며 심지어 가장 가까운 친구가 되는 예도 있다.

한 연구에서는 개와 고양이를 한 마리씩 (혹은 그 이상) 함께 기르는 사람들에게 개와 고양이가 어떻게 지내는지 질문했다. 연구자들은 그들의 집에 방문해 한 방에서 개와 고양이가 지내는 모습을 관찰하기도 했다. 좋은 소식은 66퍼센트의 경우 개와 고양이가 서로 원만하게 지냈다는 사실이다. 25퍼센트는 개와 고양이가 서로에게 무심한 경우였다. 안타깝게도 10퍼센트는 개와 고양이가 서로 잘 지내지 못했다. 한편, 고양이가 먼저 집에 살고 있었던 경우 결과가 가장 좋았다. 이미 고양이가 사는 집에 온 개는 고양이가 있어도 큰 무리 없이 잘 적응하는 편이었다. 개가 먼저 와서 살고 있고 그다음에 고양이가 들어온 경우는 서로 잘 지내기가 비교적 힘든 것으로 나타났다. 개와 고양이가 처음 만난 연령대 또한 중요한 요소였다. 고양이는 생후 6개월 이전, 개는 생후 1년 이전에 만났을 때 서로 더욱 잘 지내는 것으로 나타났다.

이 연구의 관찰 결과, 고양이들과 개들은 서로 다른 의사소통 방식을 사용하지만 서로의 신호를 이해하는 것으로 보였다. 예를 들어, 개가 꼬리를 흔들면 친근함을 드러내는 표시지만, 고양이가 꼬리를 흔드는 것은 긴장감이나 공격하려는 신호다. 하지만 개와 고양이들은 서로의 신체 언어를 읽어 내는 것으로 보였다. 심지어 개들은 고양이들의 방식으로 인사하기도 했다. 고양이는 서로 코를 킁킁대며 인사하는데, 개들도 고양이에게 같은 방식으로 인사를 했다. 개와 고양이가 더 어릴 때 만날수록 코와 코를 맞대고 인사하는 빈도가 높았다. 이는 다른 종에 일찍 노출될수록 그 종의 의사소통 신호를 잘 배운다는 사실을 시사한다.

또 다른 연구에서도 개와 고양이를 함께 기르는 사람들을 대상으로 설문 조사를 했다. 대부분은 개와 고양이가 그렇게 친밀하지는 않더라도 잘 지낸다고 대답했다(예를 들어, 서로 털 손질을 해 주지는 않았다). 이 연구에서 고양이가 생후 1세가 되기 전 개를 만나면 관계가 더 좋아지는 경향이 있고, 이때 개의 연령은 크게 연관이 없는 것으로 밝혀졌다. 개와 고양이의 관계에서 가장 중요한 요소는 고양이가 개를 얼마나 편하게 생각하는지였다. 고양이가 집에서 생활하게 된 것은 비교적 최근이고, 따라서 다른 동물들과 공간을 공유하는 것에 서투르다. 때로는 개가 고양이에게 굉장히 위협적인 존재일 수도 있다. 고양이는 자신의 침구를 개에게 내어 주는 일이 거의 없는 편이다. 하지만 개가 고양이에게 침구를 내어 주면 둘은 사이가 더 좋아지는 것으로 관찰되었다. 관계에서 고양이의 경험이 중요하므로, 만일 당신의 고양이가 개와 잘 지내지 않는다면 고양이가 개를 편하게 느낄 수 있도록 추가적인 노력이 필요하다.

한 초기 연구에서는 어린 치와와를 어미 고양이와 새끼 고양이 무리와 함께 길렀다. 개가 사회성 발달에 민감한 시기인 생후 25일부터 16주까지의 기간이었다. 이른 시기부터 고양이와 생활한 치와와에게 거울을 보여 줬을 때 거울 속에 보이는 모습을 개로 인식하지 못하는 듯 보였다. 다른 치와와들과 함께 자란 치와와는 거울 속에 비친 모습을 보고 짖기도 하며 반응했다. 이후 고양이들과 길러진 치와와를 2주간 다른 개들과 지내게 했다. 그러자 거울을 보여 줬을 때 자신이 속한 종을 인식한 듯 짖으며 반응했다. 고양이들과 길러진 치와와에게 다른 어린 강아지를 소개하자, 함께 놀기보다는 고양이 친구들 곁에 머물렀다. 이 연구는 사회화에 민감한 시기에 다른 종과 함께 길러지면 다른 종과 잘 지낼 수 있다는 점을 보여 주었다. 즉 당신의 개가 고양이와 잘 지내게 하고 싶다면, 사회화에 민감한 어린 시기에 고양이와 함께 지내도록 하는 것이 도움이 된다.

다른 개와의 교제(필요에 따라 다른 개와 함께하거나 멀리하는 것)는 복지 측면에서 필요한 요소이고, 놀이는 정상적인 행동이다. 즉 개가 원하는 방식으로 다른 개와 어울리고 놀이할 기회를 제공하는 것은 중요하다. 강아지 시절, 사회화에 민감한 시기에 다른 강아지들과 함께 놀이 기회를 경험하게 되면 사회적 기술을 잘 학습할 수 있다. 일부 성견들은 다른 개를 싫어하기도 하는데, 만일 당신의 개가 그렇다면 그 점을 잘 고려해야 한다(이런 개들은 강아지 전용 공원에 데려가지 말길!). 인간과의 반려 관계도 개에게는 아주 중요한 요소이다. 다음 장에서 이 주제에 관해 더 자세히 다룰 것이다.

반려견을 위해 실천하기

- 반려견과 함께 놀이하는 시간을 만들자. 도구를 가지고 놀이하든 개와 직접 놀아 주든, 진정한 놀이는 자발적이고 즐거워야 한다는 점을 기억하자. 놀이할 때 칭찬해 주고 쓰다듬어 주는 것도 중요하다. 놀이하면서 명령을 너무 많이 하면, 그것은 놀이가 아니라 훈련이 된다. 훈련을 즐겁게 하는 것도 좋지만, 순전히 놀이를 목적으로 즐겁게 시간을 보낼 때도 있어야 한다.

- 강아지가 다른 강아지들과 놀며 사회성을 발달시킬 기회를 만들어 줘야 사회적 기술이 잘 발달한 성견으로 성장한다. (애견 숍이나 인터넷 같은) 상업적 기관에서 데려온 강아지라면 안전하게 놀이할 기회를 제공하는 게 무엇보다 중요하다. 한배 새끼들과 즐겁게 놀이하는 환경에서 자라지 못했기 때문이다. 가장 좋은 방법은 놀이 시간을 제공하는 강아지 수업에 참여하는 것이다.

- 반려견이 놀이하고 싶어 하는데 놀이 기술이 부족하다면, 다른 개를 괴롭히거나 방해할 수 있으니 주의하자. 전문 훈련사를 찾아 반려견에게 놀이 기술을 가르치는 것을 권한다. (불렀을 때 바로 오는) 소환 기술은 반려견이 놀이 중에 다른 개를 괴롭힐 때 꼭 필요하다(이 훈련은 정말 확실하게 해 놓는 것이 좋다). 다른 개를 괴롭히는 개는 즉시 놀이 공간에서 분리해 집으로 데려와야 한다. 다음번에 다시 놀이를 시도하는 것이 좋다.

- 개의 사회성이 어느 정도 성숙해지면, 개들은 다른 개들과 함께 놀이하는 시간이 줄어든다. 함께 놀이할 친구를 고를 때도 까다로워진다. 그뿐만 아니라 놀이 기술이 부족한 개들을 잘 인내하지 못한다. 이는 개의 발달 과정에서 자연스러운 과정이니 걱정할 필요는 없다.

- 놀이 대상의 덩치를 유심히 보자. 강아지 전용 공원에서 덩치가 작은 개들은 큰 개들과 따로 분리해 위험한 상황이 벌어지는 것을 미리 방지해야 한다.

- 반려견에게 알맞은 놀이 시간을 계획하자. 반려견이 강아지 전용 공원을 좋아한다면, 그곳으로 가자. 하지만 어떤 개들은 공원에 가면 스트레스를 많이 받기 때문에, 그럴 때 공원은 피하는 것이 좋다.

- 집에 다른 반려동물이 있다면, 모든 반려동물의 필요가 잘 충족되었는지 살피고, 반려동물끼리 서로 경쟁하지 않도록 하자. 안전문을 설치해 반려동물들의 활동 구역을 제한하고, 필요하다면 식사 장소도 분리하도록 하자.

- 개와 고양이를 함께 기르고 싶다면, 먼저 고양이를 집으로 들이자. 그것이 불가능하다면 강아지를 일찍부터 고양이에게 적응할 수 있도록 기회를 마련하자. 개와 고양이는 좋은 친구가 될 수도 있지만, 꼭 그렇지만은 않다는 사실을 기억하자.

7장

반려견과 인간의 유대감

나는 저녁을 먹고 나서 가만히 앉아 뉴스 보는 걸 좋아했다. 하지만 고스트를 집에 들인 뒤 이 습관을 더 좋아하게 된 이유는 따로 있었다. 녀석은 내가 앉은 곳 반대편 구석에 앉아서 나를 가만히 바라보곤 했는데 예전에는 내가 눈을 맞추려고 하면, 녀석은 고개를 휙 돌렸다. 하지만 이제는 아니다. 고스트는 뉴스를 보고 있는 나를 빤히 쳐다보다가, 내가 녀석의 푸른 눈을 바라봐도 계속 내 눈을 응시한다. 녀석은 사랑스러운 미소를 짓듯 입을 헤 벌리고 있다. 마치 나를 사랑하는 것처럼 말이다. 그러면 나는 "사랑해!"라고 말하고, 녀석은 "우!"하고 받아친다.

"사랑해!"

"우!"

고스트는 날 사랑하는 게 분명하다. 보저는 나와 남편 사이를 왔다 갔다 하며 쓰다듬어 달라고 머리를 쿡쿡 들이미는 스타일이다. 녀석은 사랑을 확인받으려는 나름의 방식으로 자신의 사랑을 표현한다.

물론 고스트가 내 말뜻을 이해하는 것은 아니고, 목소리 톤에 반응하는 것일 테다. 내가 뭔가를 말하면, 녀석은 확실히 이해하는 눈치다. "산책하고 싶어?"라고 물으면 "우! 우 우 우우우우!"라고 받아친다. 너무 좋아해서 거의 몸을 가누지 못할 지경이다.

개들의 사회적 능력은 놀랍다. 개들은 사람이 가리키는 지점에 숨겨 둔 음식을 찾을 수 있다. 손가락으로 가리키든, 고개를 까딱해서 표시하든, 그쪽을 가만히 바라보든 그 지점에 어떤 표시를 해 두건 상관없이 목표물을 찾아낸다. 개들에게 먹을 것을 '훔칠' 기회를 제공한 어느 기발한 실험의 결과를 통해(항상 그런 것은 아니지만) 개들이 인간의 관점을 이해한다는 사실 또한 알게 되었다. 개들은 사람들에게 길드는 과정에서 그런 인상적인 기술을 발달시켰을 것이다. 수렴 진화*의 한 사례라고 볼 수 있다. 이에 대한 증거의 일부는 시베리아 은여우 실험에서도 엿볼 수 있다(2장 참조). 이 실험을 통해 길들여진 여우들은 사람의 손가락이나 시선이 가리키는 곳을 개들만큼이나 잘 알아챘다. 이는 길들이기 과정에서 인간과 개들 사이에 특별한 관계가 형성되었음을 시사한다.

그렇다면 개들은 정말 우리를 사랑할까? 우리 인간은 개들에게

---

* 계통적으로 다른 조상에서 유래한 생물 간에 유사한 기능 또는 구조가 진화하는 현상을 말한다.

어떤 의미일까? 이 부분은 주관적인 경험이기 때문에 과학적으로 그 사랑을 측정할 수는 없지만, 이 문제를 대상으로 몇몇 연구가 진행되기도 했다. 과학자들은 어린이 심리학과 신경 과학 연구를 이용해 개들이 반려인에게 애정을 지니고 있는지를 연구했다.

인간을 향한 반려견의 애착

물론 모든 견주가 자신이 반려견에게 얼마나 중요한 존재인지 느끼고 있겠지만, 이 주제에 관한 과학적 관점도 살펴보도록 하자. 심리학에서 애착은 어린이가 양육자에게 갖는 친밀한 유대감을 의미한다. 이는 영국의 심리학자 존 보울비^{John Bowlby}에 의해 처음 정의되었다. 애착은 단순히 다정한 행동을 의미하는 것이 아니다. 애착에는 괴로운 상황일 때 양육자 곁에 있으려는 반응이 포함되기 때문이다. 어린아이들이 보이는 애착에는 네 가지 유형이 있다. ❶생후 7~9개월에는 양육자와 분리되면 괴로워한다. ❷생후 12개월부터는 갑자기 기거나 걷기 시작하다 보니 양육자와 가까이 있으려는 특성을 보인다. ❸아이가 세상을 탐색하기 시작하면서 양육자는 안전 기지가 된다. ❹아이가 괴로운 상황을 마주하면 양육자는 언제든 돌아갈 수 있는 안전한 피난처가 된다.

개들도 반려인에게서 이러한 네 가지 유형의 애착을 똑같이 느낀다. 특히 스트레스를 받는 상황에서는 견주와 가까이 있길 원한다. 견주가 없는 상황에서는 개들도 분리로 인한 불안감을 느낄 수 있다(13장 참조). 그리고 한 실험에서 개를 대상으로 유아 심리학을 적용한 결과, 안전 기지나 안전한 피난처 효과도 증명되었다.

유아와 양육자 사이의 애착 관계를 관찰한 유명한 심리학 실험은 '낯선 상황Strange Situation'이다. 이 실험은 유아가 양육자와 함께 방 안에 있을 때 낯선 사람이 들어오는 상황에서 일어나는 일을 관찰한다. 실험 규칙에 따라, 유아는 낯선 사람과 단둘이 있다가, 양육자가 들어와 달래 주고, 홀로 남게 될 때 다시 낯선 사람이 들어 온다. 안정적인 애착 관계가 형성된 유아라면 양육자가 방에서 나갈 때 울겠지만, 양육자가 다시 돌아와서 달래 주면 금방 진정된다. 이 낯선 상황 실험을 개에게 적용한 초기 시도에서는 복합적인 결과가 도출되었다. 그 이유는 사회성이 발달한 개는 낯선 사람이라도 다정한 사람을 보면 반가워하기 때문이다. 그래서 과학자들은 위협적인 접근을 하는 낯선 사람을 투입하는 실험을 했다. 개들은 견주가 있는 상황과 없는 상황 모두에서 낯선 사람의 위협을 마주했다. 개들을 반으로 나누어 두 상황을 겪는 순서를 다르게 했다(절반은 견주가 있는 상황에서, 나머지는 견주가 없는 상황에서 낯선 사람을 먼저 마주했다). 이 실험은 개들이 견주와 분리될 때 낑낑대거나 짖는 등의 반응을 하는지를 분석한 것이었다.

그 결과 낯선 상황 실험에서는 유아들이 보인 반응과 유사한 점이 보였다. 견주가 있을 때는 '안전 기지' 효과가 나타난 것이다. 낯선 사람의 위협에도 심박수 증가가 크지 않았다. 반응을 보이더라도, 견주가 있을 때 낯선 사람을 처음 본 개들은 이후 견주 없이 낯선 사람을 봐도 스트레스를 덜 받았다(그래도 평소처럼 편안한 상태는 아니었다). 물론 개별 간 차이를 보이긴 했다. 어떤 개들은 낯선 사람이 위협적인 행동을 해도 관심을 보였고, 또 어떤 개들은 으르렁대거나 짖어댔다.

생후 12개월이 된 유아들은 조금 무서운 상황을 마주하면 양육자가 어떻게 반응하는지를 살핀다. 이를 사회적 참조$^{\text{social referencing}}$라고 한다. 개들에게도 이러한 행동을 볼 수 있다. 사회적 참조는 두 부분으로 이뤄진다. 우선, 유아는 약간 두려운 대상을 본 다음 양육자를 쳐다본다. 그다음, 양육자의 반응에 영향을 받아 (다가가거나 피하는) 반응을 보인다. 한 연구에서 과학자들은 선풍기를 설치하고 팬 앞쪽에 녹색 테이프를 매달아 붙였다. 실험에 참여한 견주들은 개에게 리드 줄을 채우고 선풍기가 있는 방에 들어갔다. 방문이 닫히자마자 선풍기가 돌아가기 시작했다. 견주는 리드 줄을 놓아 주고 선풍기를 보고도 아무렇지도 않은 표정을 지었다. 일정 시간이 흐르고 나서 견주들은 긍정 혹은 부정적인 표정을 짓고 선풍기에 대해서도 언급했다. 어떤 개들은 자신감을 가지고 선풍기 가까이 다가갔다. 다가가지 않은 개 중 83퍼센트는 선풍기를 쳐다보고 나서 적어도 한 번 견주를 쳐다보았다. 그때 견주가 부정적인 반응을 보이면, 견주가 긍정적 반응을 보일 때에 비해 선풍기를 더 피하려고 하는 경향이 있었다.

개를 대상으로 한 이 연구와 유아를 대상으로 한 실험에 차이는 견주의 중립적인 초반 태도였다. 다음 실험에서는 개가 쳐다보면 즉시 반응을 보이는 방식으로 다시 실험했다. 견주와 낯선 사람이 같이 있는데, 그중 한 명이 '정보 제공자'가 되어 개에게 반응해 주고, 다른 한 명은 가만히 앉아 책을 읽었다. 견주가 '정보 제공자'인 경우에는 76퍼센트, 낯선 사람이 '정보 제공자'인 경우에는 60퍼센트의 개가 사람의 반응을 살폈다. 정보 제공자가 견주일 경우, 개들은 정보 제공자가 낯선 사람인 경우보다 정보 제공자의 긍정적 반응과 부정적 반응을 더 신뢰하며 반응했다. 또한 낯선 정보 제공자가 부정적인 반응을 보일 경우, 앉아서 책을 읽는 견주를 더 많이 쳐다보는 경향이 있었다. 개들은 견주에게서도 정보를 얻고 싶어 한 것이다.

이러한 두 연구를 통해 개들이 어떤 불확실한 상황을 맞닥뜨리면 사람을 쳐다보고 정보를 구한 뒤, 사람의 반응에 따라 상황을 탐색하거나 피한다는 사실이 밝혀졌다. 또한 낯선 사람의 반응보다는 견주의 반응에 더 큰 영향을 받는다는 사실도 밝혀졌다. 사례별로 약간의 차이가 보이긴 했지만, 결과들은 유아들을 대상으로 한 실험의 결과와 유사점이 많았다.

개들은 항상 낯선 사람보다 견주를 더 좋아할까? 에리카 포이어바허 박사와 클라이브 윈 교수는 10분 동안 개들에게 자유롭게 선택할 기회를 주는 방식으로 이를 실험했다. 견주와 낯선 사람은 앉아 있다가 개가 가까이 다가오면 쓰다듬어 주었다. 실험은 개가 사는 집과,

낯선 대학교 실험실 두 곳에서 진행되었다. 포이어바허 박사는 그 낯선 환경이 개의 관점에서 보면 아마 "동물병원과 비슷한 냄새를 풍기는 유사한 환경일 것"이라고 설명했다. 개들은 실험 시간 중 약 80퍼센트를 한 사람 옆에서 머물렀다. 그게 누구인지는 상황에 따라 달랐다. 친숙한 공간에서 개는 낯선 사람 옆에서 두 배 더 많은 시간을 보냈다. 낯선 공간에서는 견주와 네 배 더 많은 시간을 붙어 있었다. 집에서 실험할 때도 개들은 일단 낯선 사람 옆에 가기 전에 먼저 견주 옆으로 갔다. 한편, 보호소의 개들은 낯선 두 사람과 함께 한 공간에 있게 되자 두 사람 중 한 명에게 더 호감을 보였다. 흥미로운 점은 개들이 비교적 빨리 두 사람 중 한 명을 선택해 호감을 드러냈다는 것이다. 이 연구를 통해 개들이 다른 사람들을 만나는 것을 좋아하지만 견주와는 특별한 유대 관계를 형성하고 있음을 알게 되었다.

포이어바허 박사는 다음과 같이 말했다. "친숙한 상황에서 개들은 일단 견주에게 인사를 건넨 다음, 낯선 사람에게 다가가 함께 시간을 보내기도 합니다. 하지만 낯선 상황에서 개들은 낯선 사람에게 다가가길 꺼리죠. 심지어 어떤 개들은 낯선 사람 곁에 아예 다가가지 않았고, 스트레스를 받는 상황에서는 반려인 곁에만 꼭 붙어서 머물렀습니다."

포이어바허 박사와 원 교수는 개들이 쓰다듬기와 칭찬, 그리고 먹을 것(4장 참조) 중 어떤 것을 선호하는지 실험해 왔다. 나는 그 결과가 개와 인간의 관계에 있어 무엇을 의미하는지 물었다. 박사는

"우리는 견주 효과를 많이 확인했습니다. 견주 효과가 나타나지 않을 때는 쓰다듬기와 말로 칭찬하기를 비교할 때였죠."라고 설명했다. 그리고 한 연구에서는 개들이 견주의 칭찬 대신 낯선 사람이 쓰다듬어 주는 손길을 택했다고 밝혔다. "누군가 쓰다듬어 주는 걸 너무 좋아하다 보니, 개들은 견주가 아닌 낯선 사람의 손길을 택하기도 했습니다. 하지만 다른 연구에서는 견주 효과가 많이 확인되었습니다. 특히 낯선 혹은 새로운 상황에서 개들은 견주와 특별한 상호작용을 했습니다. 그리고 다른 연구에서 견주에게 갈 수 있는 접근성이 개에게 강화물이 되는지도 살펴봤습니다. 저는 사람들에게 개를 키우면 혼자 화장실도 못 간다는 농담을 하곤 했습니다. 반려견들은 견주 곁에 있기 위해서라면 뭐든 할 것입니다. 제 생각에 이 연구 또한 견주와 반려견 관계의 중요성에 주목하는 것 같습니다. 개는 당신 곁에 머물길 원합니다. 그리고 우리의 연구 결과를 보면 당신이 반려견과 상호작용을 하지 않더라도, 개에게는 당신과 같이 있는 것이 중요합니다."

위의 연구 내용은 반려견이 스트레스를 받는 상황에서 견주가 어떻게 도와주어야 할지에 관한 중요한 내용을 시사한다. 포이어바허 박사는 차분하게 쓰다듬어 주고 반려견 곁에 있어 주는 것만으로도 도움이 된다고 조언했다.

개들의 선호도

인간과 반려견 사이의 유대감에 관한 또 다른 연구는 신경 과학을 바탕으로 한다. 그레고리 번스$^{Gregory\ Berns}$ 교수와 에모리 대학교의 연구팀은 MRI 스캐너를 통해 개의 뇌에서 보상 예측$^{anticipation\ of\ a\ reward}$에 반응해 활성화되는 '복측 미상핵* $^{ventral\ caudate}$'을 연구했다. 이는 원숭이와 사람을 대상으로 진행한 적도 있었다. 연구를 진행하기 위해 정적 강화를 사용해 개들이 MRI 스캐너 안으로 스스로 들어가 가만히 있게 했다.

번스 교수의 연구팀은 우선 개가 서로 다른 냄새에 노출되었을 때 미상핵이 활성화되는지 관찰했다. 실험 대상인 열두 마리의 개들은 (주 양육자인) 친숙한 사람, 낯선 사람, 친숙한 개, 낯선 개, 그리고 개 자신의 체취에 노출되었다. 면봉으로 사람의 겨드랑이, 개의 회음부 주변의 체취를 묻혀 냄새를 맡게 했다. 그 결과 친숙한 사람의 냄새에 뇌의 미상핵이 확연하게 반응했다. 친숙한 개를 비롯한 그 외 대상의 냄새에는 크게 활성화되지 않았다. 개들이 주 양육자의 냄새를 인식하고, 이것이 긍정적인 반응을 불러일으킨 것이다. 이 실험 결과를 개의 주관적인 입장에서 해석하긴 힘들지만, 이는 개에게 주 양육자가 얼마나 중요한지를 보여 주는 결과라고 할 수 있다. 사람

---

* 대뇌 반구 속에 있는 길쭉하게 활처럼 휜 회백질 덩어리로, 이곳이 활성화되면 마음이 편안해지고 행복감을 느낀다.

의 경우, 사랑하는 이의 사진을 볼 때 뇌에서 미상핵 부분이 활성화된다. 따라서 단순히 양육자가 먹이를 주는 사람이라서 조건 반응이 나타나는 것이라 볼 수는 없다.

연구팀은 복측 미상핵을 관찰하는 연구의 일환으로 '간식', '개를 칭찬해 주는 조련사', '아무 일도 일어나지 않는 조건' 중 개가 무엇을 선호하는지 확인하는 실험도 진행했다. 개들이 MRI 스캐너 안에서 꼼짝없이 가만히 있어야 했으므로, 연구자들은 물건들(장난감 자동차, 장난감 말, 머리빗)을 사용하여 세 조건을 실험했다. 각 물건을 막대기 끝에 걸고 10초간 개에게 보여 주었다. 그다음 먹을 것을 보여 주거나, 조련사가 나타나거나, 혹은 아무 것도 보여 주지 않았다. 먹을 것을 보여 줄 때와 조련사가 나타나 칭찬을 해 줄 때 미상핵 활성화 정도에는 큰 차이가 없었다. 이는 개들이 두 가지 모두를 보상으로 받아들인다는 점을 암시했다. 하지만 개들 간에 차이는 나타났다. 아홉 마리의 개는 먹을 것과 칭찬에 거의 똑같은 반응을 보였다. 반면 다른 네 마리는 칭찬해 주는 조련사만을 선호했고, 또 다른 네 마리는 먹을 깃민을 선호했다.

이어진 추가 실험에서는 장난감 자동차를 보여 준 다음 조련사가 칭찬해 주는 과정을 없앰으로써 개들의 기대를 무너뜨리는 조건에서 관찰했다. 이 실험에서는 이전의 실험에서 조련사에게 칭찬을 듣고 미상핵이 활성화되었던 개들의 경우에서 확연한 차이가 나타났다. 그 결과 개들은 사람의 칭찬을 매우 좋아한다는 사실이 밝혀졌다. 마지막 실험에서는, 개들이 당황스러워 할 만한 상황을 주고 나서, 먹을 것이 담긴 접시와 쓰다듬고 칭찬을 해 주는 견주 중 하나를 선택해서 달려가도록 했다. 총 스무 번의 시도를 해 본 결과, 대부분의 개가 먹을 것이나 견주를 향해서 달려갔지만 계속해서 다른 선택을 했다. 물론 실험에 참여한 개들은 잘 훈련되었고, 이러한 결과를 완전히 일반화 할 수는 없다. 하지만 연구자들은 그동안의 실험들에서 미상핵이 비슷한 패턴으로 활성화되었기 때문에 이를 통해서 다양한 개들의 선택을 예측할 수 있다고 설명하고 있다.

번스 박사는 이메일을 통해 다음과 같이 설명했다. "중요한 점은, 개들은 사람과 마찬가지로 모두 개별적인 존재이며, 동기부여의 영역이 다양하다는 것입니다. 어떤 개는 음식을, 어떤 개는 칭찬을 선호하지만, 대부분 둘 다 좋아하죠. 당신의 반려견이 무엇을 선호하는지 아는 것이 가장 중요합니다!"

개들이 사람의 정서를 이해할까?

개들도 사람의 정서 표현에 반응한다는 증거가 있다. 한 연구에서는 반려견들이 집에 있을 때 견주나 낯선 사람이 울거나 흥얼거리는 모습을 보고 어떻게 반응하는지 실험했다. 개들은 견주가 콧노래를 부를 때보다 울고 있을 때 훨씬 더 관심을 보였다. 견주가 우는 모습이 개를 슬프게 했다면, 아마 당신은 개가 견주를 위로하기 위해 다가갔다고 생각할 수 있다. 하지만 우는 사람이 누구건 상관없이 개들은 관심을 보이며 다가갔다. 그리고 거의 대부분 마치 우는 사람을 달래 주는 듯한 행동을 보였다. 이 행동만으로 개들에게 공감 능력이 있다고 말할 수는 없지만, 사람의 관점에서 볼 때 마치 우는 이를 달래는 것처럼 보이는 것은 확실하다.

다른 연구에서는 견주가 유리문 뒤에 앉아서 울거나 흥얼거리는 모습을 연출했다. 두 조건 모두에서 개들은 문 뒤의 주인에게 가고자 했지만, 견주가 울고 있을 때 반응이 더욱 빨랐다. 견주가 우는 모습을 보고 문을 열고 다가간 개들은 그저 문 앞에서 서성거리고, 가만히 있지 못하고, 짖어대는 개들에 비해 스트레스 수치가 낮게 측정되었다. 이에 더해, 견주와 애착 지수가 높은 개들이 견주가 울 때 문을 열고 다가가는 확률이 더 높게 나타났다. 이는 개들에게 공감 능력이 있다는 사실을 암시하는 결과였다.

개들은 인간의 정서적 표현이 긍정인지 부정인지를 인식할 뿐 아니라, 소리에서 묻어나는 정서도 인지한다(시각과 청각이 서로 간섭하여 판단해, 교차 양상 정서 인식이라 불린다). 한 연구에서는 개들에게 사람과 개의 행복한 표정을 짓고 있는 사진과 화난 표정을 짓고 있는 사진을 각각 보여 주었다. 연구자들은 사진을 보여 주면서 사진 속 표정과 어울리는 소리, 어울리지 않는 소리, 갈색소음(폭포가 떨어지는 소리처럼 중립적이고 낮은 소리)을 들려주었다. 우선, 실험에 참여한 개들이 개의 사진을 볼 때는 어떤 개가 행복해서 짖는 소리와 공격적으로 짖는 소리를 각각 듣게 했다. 사람의 얼굴이 나온 사진을 볼 때는 개들이 모르는 포르투갈어 문장을 기분 좋은 목소리로도 읽고, 화난 목소리로도 읽어서 들려주었다. 개들은 두 경우 중에 사진의 표정과 들리는 소리가 어울릴 때 더 오랫동안 사진을 쳐다보았다. 그러나 갈색소음을 들을 때는 사진을 보다가도 흥미를 잃었다. 또 개들은 사람 사진보다 개 사진에 더 많은 관심을 보였다.

결과적으로 이 연구는 비영장류도 표정과 소리에서 나타나는 정서 표현을 인지할 수 있고, 서로 연관 지을 수 있다는 사실을 보여 준 최초의 증거가 되었다.

사람과 개의 상호작용 방법

개들은 가령 배를 문질러 달라고 하고 싶으면 나름의 방식으로 사람에게 부탁한다. 인간은 유아기 때부터 원하는 장난감을 손으로 가리키는 방식으로 주의를 끈다. 이 능력은 야생 침팬지, 갇혀 있는 유인원과 큰 까마귀, 그리고 먹이가 어디에 있는지 무리에게 알려야 하는 물고기 떼나 무늬바리(바릿과의 바닷물고기)에게도 발견된 능력이다. 개들이 인간에게 하는 동작들도 이러한 의사소통처럼 중요한 것일까? 《동물 인지》에서 발표한 연구에서는 서른일곱 마리의 개가 견주와 의사소통하는 모습을 비디오로 찍어 242건의 사례를 분석했다. 이 연구는 시민 과학 프로젝트로, 참가자들이 집에서 직접 비디오를 찍어 연구자에게 보냈다.

비디오 분석 결과, 열아홉 가지의 몸짓이 다음과 같은 참조 제스처^{referential gesture}의 다섯 가지 기준을 만족시켰다.

❶ 어떤 움직임이나 행동이 아니라 몸짓이다.
❷ 특정 사물이나 신체 부위를 가리키는 것이다.
❸ 다른 누군가를 목표로 했다.
❹ 다른 누군가에게 반응을 얻었다.
❺ 본질적으로 전 세계 공통적이다.

반응을 기다리거나 원하는 것을 얻기 위해 몸짓을 반복하는 것 혹은 결과를 얻기 위해 다른 몸짓을 시도하는 것 등은 전 세계적으로 보편적이었다.

개들의 몸짓은 크게 다음 네 가지를 의미했다. "긁어 주세요.", "먹을 것/마실 것을 주세요.", "문을 열어 주세요.", 그리고 "장난감/뼈다귀를 가져다주세요."가 그것이다. 사람이나 물건에 코나 얼굴을 대고 누르는 몸짓은 위 네 가지 의미를 모두 갖고 있다. 한편, 어떤 몸짓은 특정 의미를 내포했다. 가령 "긁어 주세요."라고 말하고 싶을 땐 몸으로 구르는 식이었다. 어떤 물건을 보고 나서 눈을 들어 사람을 보고 다시 물건을 바라보는 것은 가장 흔한 몸짓이었다. 이 연구 결과에서 특히 인상 깊은 점은 개가 인간과 의사소통할 때 이 몸짓이 사용된다는 사실이었다.

특히 놀이는 사람과 반려견 사이의 상호작용에서 중요한 부분을 담당했다. 개들은 다른 개와 놀이할 기회가 있어도 사람과 노는 것을 선호한다. 사람과 함께 놀이할 때면 개들은 장난감 같은 걸 가져와 놀이 상대에게 그것을 내미는 경향이 있다. 이는 개와 놀이할 때와 사람과 놀이할 때의 동기가 다름을 시사한다. 터그 놀이, 쫓고 쫓기기, 물건 쫓기, 물건 물어오기 등은 개들 간의 놀이에서보다 개와 사람 간의 놀이에서 더 자주 보인다.

사람들은 개들에게 같이 놀이하자는 의미로 몇 가지 몸짓을 보인다. 한 연구에서는 스물한 명이 집에서 장난감 없이 개들과 놀이를 시작하는 장면을 비디오로 찍었다. 이를 분석한 뒤 스무 마리의 래브라도 레트리버를 대상으로 이 몸짓을 보이며 관찰했다. 그 결과 가장 효과적이었던 신호는 사람이 놀이 인사를 하는 듯한 동작을 취했을 때, 개를 쫓거나 개에게서 도망쳤을 때, 개를 향해 달려들었을 때였다. 가슴을 살짝 두드리거나 개가 점프를 하도록 신호를 보내는 것도 효과적이긴 했지만, 자주 사용되지는 않았다. 개의 목덜미를 잡거나 발을 쿵쿵거리거나 개를 들어 올리는 등의 일부 기술은 놀이를 시작하는 데 전혀 효과가 없었다.

다른 연구에 의하면, 사람들이 반려견과 한바탕 놀아 주면서 긍정적인 정서를 내보이는 것은 전체 시간 중 겨우 60퍼센트 정도에 불과했다. 터그 놀이를 하거나 (공을 던지는 척하고 개의 다리를 만지며) 장난을 치는 경우 사람들은 주로 긍정적인 정서를 보였다. 반면 물건 물어오기를 할 때는 긍정적이지도 않고 부정적이지도 않은 중립적인 정서를 보였다. 사람들은 개와 직접적인 접촉이나 가까이 있는 상황이 더 많을수록, 그리고 사람의 움직임이 더 많을수록 웃는 빈도가 높았다. 한편, 여성 견주가 남성 견주에 비해 반려견과 더 많은 신체 접촉을 했다. 이 연구는 일부 활동만이 개와 인간 모두를 위한 놀이가 된다는 점을 시사했다. 아마도 비디오를 촬영해서 보낸 견주들은 개의 관점에서 좋아할 만한 놀이를 선택해 놀이를 평가했을 것이다.

사람들이 개들에게 말하는 방식은 우리가 유아들에게 말하는 방식과 아주 비슷하다. 유아들에게 말할 때 우리는 높은 톤, 다양한 톤을 사용해 천천히 말함으로써 유아들이 언어를 습득할 수 있도록 돕는다. 그렇다고 해도 개들이 인간의 언어를 말하는 법을 배우지는 못할 것이다. 《왕립학회보 B$^{\text{Proceedings of the Royal Society B}}$》에 실린 논문에서는 사람들이 모든 연령의 개에게 반려견 맞춤형 말투를 사용한다고 밝혔다. 강아지에게 말할 때 높은 톤으로 말하면 강아지들도 이에 반응하는 것처럼 보였다. 연구자들은 평범한 톤과 반려견 맞춤형 톤으로 스크립트를 읽은 것을 틀어 주었다. 강아지들은 반려견 맞춤형 말투를 선호했고, 성견은 특정 말투에 대한 선호를 드러내지 않았다. 개와 강아지들에게 평범한 말투와 반려견 맞춤형 톤으로 같은 문단을 읽는 소리를 틀어 줄 경우, 스피커를 쳐다보는 시간을 기준으로 평가했을 때 반려견 맞춤형 말투에 더 집중했다. 이어진 연구에서는 스피커 옆에 사람이 앉아 있음으로써 들리는 목소리가 더욱 자연스러운 환경을 조성했다. 성견들은 사람들이 반려견 맞춤형 말투와 "이리 온." "착하지." 등의 개들이 잘 알아듣는 단어를 같이 쓰는 경우를 선호했다. 이 연구 결과는 이런 방식으로 반려견에게 말하는 것이 유대 관계를 쌓는 데 도움이 된다는 점을 시사했다.

전문가의 조언

"사람들이 개의 관점에서 모든 것을 보기 시작한다면 개에게 더 나은 세상이 될 것입니다. 반려견이든 작업견이든 개들은 스스로 선택하지 않은 상황(어린이와의 상호작용, 옷 입는 것, 스카이다이빙 같은 인간의 활동에 참여시키는 것 등)에 자주 놓입니다. 우리는 개들에게 영향을 주는 결정이 어떤 것들인지 고민함으로써 반려견 삶의 질을 개선할 수 있습니다. 반려견을 집에 혼자 얼마나 둘지, 어떤 집에서 살게 할지, 어떤 훈련 기술을 사용할지, 이동할 때 어떻게 데리고 다닐지 등을 결정해야 합니다. 그리고 매번 스스로 '개에게 선택권이 주어진다면 과연 개도 이것을 선택할까?'라고 질문해야 합니다. (가령 동물병원에서 체온을 측정하는 것처럼) 개가 선택하지 않을 거라고 예상되는 모든 상황을 피할 수는 없지만, 우리는 개들의 삶을 개의 관점에서 고려해야 합니다. 우리의 결정으로 인해 개들이 신체적·정신적으로 고통받거나, 다양한 감정을 경험할 수 있다는 점을 인식해야 합니다. 단순히 우리가 좋아하는 존재라거나, 우리의 변덕을 맞춰 주는 존재라거나, 우리에게 이용되거나, 우리를 즐겁게 해 주는 존재로만 생각해서는 안 됩니다. 그런 점을

> 주의한다면 이 세상은 개들에게 훨씬 더 나은 세상이 될 것입니다."
>
> – 모나시 대학교 박사과정, 블로그
> '개를 믿으시나요Do You Believe in Dog' 공동 저자, 미아 콥Mia Cobb

이 장에서 소개한 연구들은 개들이 사람의 정서를 읽어 내고, 사회적 참조를 활용할 뿐 아니라 새로운 대상을 보면 견주를 쳐다보고, 스트레스를 받는 상황에 대처할 때는 견주의 존재에서 도움을 받는다는 사실을 보여 주었다. 견주가 반려견을 대하는 방식은, 개의 신체 언어를 이해할 수 있는지를 비롯해 개와 인간의 관계에 영향을 미친다.

우리는 개가 필요로 하는 모든 것을 제공하는 데 책임이 있다. 그렇게 함으로써 개의 행복에 긍정적인 영향을 줄 수 있다. 다음 장에서 살펴보겠지만, 어린이와 반려견의 관계 또한 신경 써야 할 중요한 부분이다.

반려견을 위해 실천하기

- 당신이 반려견에게 중요한 존재라는 사실을 이해하자. 당신이 곁에 있는 것만으로도 반려견은 세상을 탐색할 자신감을 얻을 수 있다. 새롭거나 두려운 대상을 맞닥뜨리면 당신을 쳐다보며 정보를 구할 것이다.

- 반려견은 당신이 기쁜지 슬픈지 인지하기 때문에 슬퍼할 때 곁에서 달래 주는 것처럼 보이는 것이다.

- 반려견이 몇 시간 동안이나 집에 홀로 남아 있어도 되는지에 대한 구체적인 연구 결과는 없지만, 길어도 네 시간 이상은 홀로 두지 않도록 하자. 만일 반려견이 네 시간 이상 주기적으로 홀로 있어야 하는 상황이라면, 친구나 이웃에게 반려견을 잠깐이라도 봐주고 산책을 시켜 달라고 부탁하거나 개를 맡길 수 있는 적절한 곳을 찾아보자.

8장

아이와 반려견의 관계

땅을 뜨겁게 달구는 땡볕에도 호수와 자갈길을 따라 산에서 불어오는 바람에는 찬 기운이 스며 있었다. 우리는 고스트와 보저를 데리고 산책을 나와 전망대에 올랐다가 집에 돌아가는 길이었다. 녀석들의 얼굴에는 행복한 미소가 번져 있었다. 그때 반대편에서 걸어오던 두 아이가 부모에게 개를 쓰다듬어도 되는지 물었다.

"이 개 안 물어요?" 아빠로 보이는 사람이 우리에게 물었다.
"네." 나는 대답했다.
"작은 개를 만져보렴." 그가 아이들에게 말했다.

단지 아이들보다 덩치가 크고 늑대처럼 생긴 고스트 말고 덩치가 작고 귀여워 보이는 보저를 선택한 것이겠지?

나는 이렇게 말했다. "고스트가 더 얌전해. 보저는 아마 뛰어서 너희에게 뽀뽀할지도 몰라."

그러고는 녀석들에게 앉으라고 명령했다. 보저는 꼬마들이 쓰다듬는 동안 가만히 기다리다가 이내 큰 아이의 얼굴을 핥았다. 꼬마는 뒤로 물러서서 "웩!" 하더니 옷으로 입 주변을 닦았다. 그래도 표정은 웃고 있었다. 꼬마들은 다시 잠깐 고스트를 쓰다듬었고 동생으로 보이는 아이는 털이 부드럽다며 신기해했다. "고맙습니다!"라고 말하며 아이들과 부모는 다시 가던 길로 발걸음을 재촉했다

꼬마들이 개를 쓰다듬어도 되는지 미리 물어보면 참 기특하다. 고스트와 보저는 아이들과 잘 지내고, 꼬마들이 자신들을 만지려고 다가오다 갑자기 꽈당 넘어져서 깜짝 놀라더라도 유연하게 잘 대처한다. 하지만 대부분의 사람은 낯선 개가 있을 때 아이들을 조심시켜야 한다는 사실은 잘 알면서도 아는 개들에 대해서는 경계를 낮춘다.

아이가 있는 집에서 사는 반려견

아이들이 있는 가정에서는 대부분 반려견을 기른다. 그런 가정의 아이 중 절반 이상은 가장 좋아하는 동물이 개라고 답했다. 많은 부모가 반려견을 기르면 자녀에게 좋은 친구가 되어 줄 거라 믿는다. 그리고 아이들이 반려견을 돌보면서 책임감을 기를 기회를 얻는다고 생각한다(사실상 반려견을 돌보는 것은 부모이지만 말이다). 그런데 개의 관점

에서 본다면, 아이가 있는 가정에서 사는 건 어떤 느낌일까?

영국 링컨 대학교의 소피 홀$^{Sophie\ Hall}$ 박사는 다음과 같이 말했다. "어린이와의 관계를 통해 반려견은 잠재적으로 다양한 이익을 얻습니다. 예를 들어, 아이가 있는 가정에는 비교적 엄격한 규칙이 존재합니다. 규칙적인 식사 시간과 산책 시간 등은 반려견의 생활에도 큰 영향을 주죠. 어린이 역시 반려견에게 운동의 기회와 자극을 제공합니다. 아이들은 장애물 코스를 만들어 반려견이 통과하게 하곤 하는데, 이는 반려견의 연령과 건강 상태에 따라 심신 건강에 도움을 줍니다! 물론 아이들은 반려견을 사랑해서 다정하게 대하고 적절한 방식으로 애정을 드러냅니다. 이는 반려견에게 행복감을 주는 요소가 되죠."

홀 박사와 그의 연구팀은 신경발달 장애^{ADHD}를 앓는 자녀를 키우는 부모들과 정상적인 발달을 보이는 자녀의 부모들을 대상으로 가정에서 기르는 반려견 삶의 질에 관해 인터뷰했다. 인터뷰 대상자들은 개의 스트레스와 관련된 스물두 가지 행동(입술 핥기, 노려보기, 눈 깜빡이기, 서성거리거나 달아나기, 낑낑대기, 떨기, 숨기 등)에 관한 체크리스트도 받았다. 아이들과 생활하는 반려견들에게 가장 좋은 점은 규칙적인 생활이었다. 어린이와의 우정도 개에게는 긍정적인 영향을 미치는 것으로 평가되었다. 부모들은 반려견이 아이들과 함께 시간을 보내기 위해 먼저 자주 다가간다고 대답했다. 하지만 때로 아이들이 반려견을 껴안으려 하는 등 너무 가까이 접근할 때면 개들이 스트레스를 받는 모습을 보인다고 했다. 일반적으로 개들은 쓰다듬어 주거나 가까이 앉아 있는 것 같은 낮은 수준의 접촉을 선호했다. 아이와 개를 함께 키우는 것의 이점 중 하나는 아이가 반려견에게 놀이 기회를 자주 제공한다는 점이었지만, 아이가 너무 난폭하게 굴거나 실수로 장난감을 뺏으면 개는 스트레스를 받았다. 부모가 아이에게 책을 읽어 줄 때는 개도 가까이 와서 함께 앉아 있는 것을 즐겼다.

어떤 개들은 아이가 떼를 쓸 때도 스트레스를 받는 것으로 나타났다. 물론 일부 응답자는 반려견이 아이가 울고불고 떼를 써도 신경 쓰지 않는다고 답했다. 하지만 또 다른 일부는 반려견이 아이 곁에 와서 아이 위에 기대어 눕기도 한다고 응답했다(개들은 이렇게 하도록 훈련받기도 하지만, 보통 반려견들은 자연스럽게 이런 행동을 한다). 아이들이 반려견을 때리는 경우도 또 다른 스트레스의 원인이다. 부모들은 아이가 이런 행동을 하면 반려견이 다른 곳으로 피할 수 있게 훈련했다.

이 논문에서는 어린이와 개가 함께 있을 때 부모가 특히 주의를 기울여야 하는 아홉 가지 상황을 정리했다. 그중에는 아이가 울고불고 떼를 쓰거나 화내는 상황부터 친구들이 와서 노는 상황, 그리고 (바퀴 달린 자동차처럼) 위협적인 장난감을 가지고 노는 상황 등이 있었다. 부모들은 위와 같은 상황에서 다음의 세 가지 방법으로 반려견이 스트레스를 받지 않도록 대처했다. 첫째, 반려견을 '안전한 피난처', 즉 조용한 방이나 반려견용 침대 혹은 켄넬 안으로 보냈다. 때로는 아이가 떼를 쓰며 울면 부모들은 반려견을 조용한 곳으로 대피시켰다. 둘째, 부모들은 반려견이 자신들을 피난처로 인식한다는 사실을 알고 있었으므로, 반려견이 불안해하는 것 같은 상황에서 중재에 나섰다. 그 자리에 부모가 없으면, 반려견이 부모를 찾아 나서는 것으로 관찰되었다. 셋째, 부모들은 자녀들에게 반려견과 잘 지내는 법을 알려 주려고 칭찬하고 훈련하는 법 등을 가르쳤다. 신경발달 장애를 앓는 자녀의 부모들은 자녀와 반려견 사이의 안전한 상호작용의 중요성(혹은 어려움)에 관해 많이 얘기했다.

또 다른 연구에서는 열 살 전후의 어린아이가 반려견을 돌보며, 먹이고, 털을 손질하고, 산책을 시키는 것이 개에 대한 애착의 증가와 연관이 없지만, 어린아이가 먹이를 가리키는 것을 반려견이 따라갈 확률은 증가한다는 사실을 밝혀냈다. 실험을 통해 어린아이가 반려견을 자주 쓰다듬어 주는 행동이 반려견의 사회성과 연관이 있음도 밝혀졌다. 그 결과 반려견이 어린아이가 가리키는 쪽으로 잘 따라가면, 어린아이가 반려견에게 더 강한 애착을 보이는 것으로 나타났다. 반려견에 대한 어린아이의 애착에는 반려견의 행동이 영향을 미치는 것이다. 흥미롭게도 어린아이가 반려견을 많이 쓰다듬어 주지 않았음에도 반려견이 아이를 잘 따르는 경우 반려견을 향한 아이의 애착이 더 증가하는 것으로 나타났다.

반려견이 어린아이를 무는 이유

우리는 개가 사람을 물면, 단순히 개가 그 순간 기분이 좋지 않아서 그랬다고 생각한다. 그러나 개는 무는 행동으로 인해 다른 집으로 보내지거나(사실상 무는 개를 받아 줄 곳은 없다) 안락사를 당할 수도 있다. 어린아이는 성인보다 개에게 물릴 위험이 훨씬 크다. 미국 수의학협회의 보고에 따르면, 2010년에서 2012년 사이 미국에서는 359,223명의 어린아이가 개에게 물렸다. 유아일수록 위험도는 더 심각하다. 키가 작은 유아의 경우 머리나 목이 개의 입과 비교적 가까이 있어 한 번만 물려도 치명적일 수 있다. 한편, 집에서 알고 지내던 개에게 물리는 경우가 가장 많았다. 수의학 박사 일라나 레이즈너와 연구팀이 미국에서 실시한 조사에 따르면 가족들이 키우는 반려견에게 물리는 경우가 가장 흔하다고 한다.

어린아이들은 주로 개와 상호작용을 하려다가 물리곤 한다. 특히 가만히 앉아있거나 누워서 쉬는 개에게 어린아이가 다가갔을 때 위험한 상황으로 이어지기 쉽다. 이는 아이와 개가 함께 있을 때 부모가 세심하게 지켜봐야 할 필요성을 말해 준다. 아이들에게 (개에게 방해가 될 수 있으니) 개에게 먼저 다가가기보다는 개에게 오라고 부르도록 가르쳐야 한다는 점도 시사한다(개가 불러도 오지 않는다면 그냥 둬야 한다). 조금 큰 아이들은 밖에서 놀다가 모르는 개에게 물리는 경우가 많다. 특히 개의 견주가 함께 있지 않았을 때 물리는 경우가 많았는데, 개가 마당에 잘 머물러 있었다면 막을 수 있는 사고들이었다. 이는 개들이 자주 마당을 탈출해 돌아다닌다는 사실을 견주들이 모르고 있다는 것을 의미한다. 필요한 경우 119나 동물 보호 센터에 신고해야 한다.

안타깝게도, 사람들은 개와 어린아이 사이에서 발생할 수 있는 위험한 상황을 잘 인지하지 못한다. 한 연구 결과에 따르면 견주들은 개를 기르지 않는 사람들보다 더 둔감하다고 한다. 이 연구에서는 사람들에게 어린아이와 중형견 혹은 대형견이 함께 상호작용하는 장면을 찍은 비디오 세 편을 보여 주었다. 한 영상에서는 아기가 가만히 엎드려 있는 달마시안에게 기어가는 장면, 다른 영상에서는 한 유아가 도베르만 주위를 아장아장 걸어 다니며 개를 만지는 장면, 마지막 영상에서는 복서(코가 납작하고 털이 부드러우며 몸집이 큰 개)가 기어 다니는 아기를 따라다니며 얼굴을 핥는 장면이 나왔다. 세 장면 모두에서 위험 요소가 보였으며, 개들은 분명 신체 언어로 불안과 공포심을 드러냈다. 하지만 대부분의 응답자는 개들이 편안해 보인다거나(68퍼센트) 자신감 있어 보인다고(65퍼센트) 대답했다. 견주들은 개를 기르지 않는 사람들에 비해 개가 안정돼 보인다고 응답한 비율이 높았다. 견주들은 개가 다정한 존재라고 생각하는 경향이 있는 것이다.

이 연구에서는 아이를 키우는 견주들이 "우리 개는 행복한 상태예요."라거나 "아주 작은 아기라는 걸 우리 개도 알아요."라고 말하면서 개의 특정 신체 언어를 읽어 내지 못한다는 점에 주목했다. 모든 참가자는 개가 꼬리를 흔드는 것이 긍정적 정서를 나타내는 것이라고 생각했다. 그러나 꼬리를 흔드는 것은 무조건 기분이 좋다는 것을 의미하지 않는다(1장 참조). 사람들이 개가 불안해하는 걸 인지했다고 하더라도, 개와 아이가 함께 있는 장면을 봤을 때 즐거워 보인다거나 서로 다정해 보인다고 평가했다.

어떤 개든 사람을 물 수 있다는 점을 기억해야 하고 개가 스트레스를 받고 불안해하는 신호를 잘 알아차리고 개의 두려움을 읽어 내야 한다. 이에 더해 어린아이들은 개의 신체 언어를 읽어 내는 능력이 부족하므로 개가 으르렁대거나 이빨을 드러내고 있어도 '웃는다'라거나 '행복하다'라고 생각할 수 있다.

반려견과 안전하게 상호작용하는 법

어린아이와 반려견의 일상적인 상호작용에 관해서는 놀라우리만치 연구가 부족하다. 《수의과학 프런티어스 Frontiers in Veterinary Science》에서 6세 미만의 유아와 반려견을 함께 키우는 402명을 대상으로 한 설문 조사에 따르면, 어린아이와 개의 상호작용 방식은 어린아이가 성장함에 따라 변했다. 이 연구는 아이의 발달 과정을 고려해 반려견과 상호작용하는 방식을 가르쳐야 할 필요성을 보여 주었다. 생후 1년 미만의 아기들은 집에서 기르는 반려견의 머리나 몸을 쓰다듬으며 많은 상호작용을 했다. 개들은 생후 6개월에서 3년 사이의 유아들을 가장 많이 피하는 것으로 나타났다. 생후 6개월이 되면 유아들은 기어다니기 시작하고, 세 살이 되기까지 마음대로 돌아다닌다. 이는 개들에게 두려움의 대상이 될 수 있다. 이 연구에서 유아가 개를 아프게 하는 사례는 아주 드물었으나, 그런 일이 발생하면, 주로 생후 6개월에서 2년 사이의 유아였다. 이 시기의 유아들은 운동 능력의 발달 과정에서 실수로 개를 다치게 할 수 있다. 또한 공감 능력이 덜 발달해 자신의 행동이 개를 아프게 한다는 것을 잘 이해하지 못한다. 이럴 때는 직접 아이의 손을 잡고 부드럽게 개를 쓰다듬는 방법을 알려 주는 것이 좋다.

　이 연구에서는 2.5세에서 6세 사이의 유아들은 반려견의 털 손질이나 리드 줄 잡기 등 개를 돌보는 일에 관여하기 시작하고, 개를 꾸짖거나 명령을 내린다는 사실을 알아냈다. 하지만 이 시기에 유아들이 개와 더 많은 상호작용을 하는 데 비해, 부모들의 관리는 더 소홀해지는 것으로 나타났다. 이 연령대의 아이들은 놀이와 돌보는 활동이 개에게 위협이 될 수도 있다는 점을 모르기 때문에 이는 우려스러운 일이다. 개를 껴안고 뽀뽀하는 것(둘 다 위험한 행동이다)은 특히 이 연령대에서 많이 관찰되었다. 부모들은 자신의 반려견이 점차 이런 아이들의 행동에 익숙해지길 바라지만, 반려견들은 오히려 이런 행동에 더 민감해져서 두려워할 수도 있다.

《국제 수의학 행동 저널》에 발표된 논문에서는 대부분의 부모가 아이와 반려견이 함께 있을 때 위험할 수 있는 상황을 제대로 인식하지 못한다고 밝혔다. 부모들에게 어린아이와 개가 상호작용하는 다섯 장의 사진을 보여 주었다. 그중 네 장은 전문가들이 아이에게 위험하므로 부모가 관여해야 한다고 말한 상황이었다. 예를 들어 담요 위에서 쉬고 있는 개에게 아기가 기어간다거나, 부모에게 안긴 아이가 아래에서 자신을 쳐다보고 있는 개의 머리를 향해 손을 뻗는다거나, 바닥에 등을 대고 누워 있는 개의 앞발을 아이가 잡는다거나 하는 상황이었다. 이 연구의 일환인 설문 조사에서는 개가 다정하게 반응할 때와 그렇지 않을 때 부모가 어떻게 대응해야 하는지를 물었다. 그 결과 개가 다정하지 않은 반응을 보이면 대다수의 부모가 상황에 관여해야 한다고 대답했지만, 다정하게 반응한다면 대부분 관여하지 않겠다고 답했다(전문가들은 항상 관여할 것을 권한다). 게다가 부모 중 52퍼센트는 가끔 아이와 개만 남겨 두고 자리를 비운다고 답했다. 44퍼센트는 아이와 개가 무엇을 하든 관심을 두지 않고 다른 일을 한다고 답했다. 참가자 대부분은 "아이가 반려견을 다정하게 대하기만 한다면, 반려견을 껴안거나 어떤 놀이를 하든 상관없다."라고 생각했다. 안타깝지만 대부분의 개는 껴안는 걸 싫어하고, 편안하게 느끼지 않기 때문에 그런 생각은 위험하다.

이 연구를 통해 밝혀진 다행인 점은 개가 아이에게 으르렁거려도 나무라는 사람은 거의 없다는 것이다. 개가 으르렁대는 것은 지금 화가 난 감정을 표시하는 유용한 신호이기 때문에 나무라지 않는 게 좋다. 그뿐 아니라 개와 아이 사이에 위험을 감지해 부모가 관여할 때 개를 나무라기보다는 다정하게 중재해야 한다는 것도 잊어선 안 된다. 어른이 개를 꾸짖고 벌하면 아이들도 어른을 따라 개를 벌할 수 있고 이는 결국 개가 더욱 공격적인 성향을 드러내게 만들 수도 있다.

아이들에게 개와 안전하게 상호작용하는 법을 가르치는 것을 목표로 한 연구를 검토한 결과, 어른의 관여가 아이들의 행동에 영향을 미치는 것으로 나타났다. 어떤 경우에는 아이들에게 비디오를 보여 주거나 컴퓨터 프로그램을 활용해 가르쳤다. 또 어떤 이들은 진짜 개를 데려와 아이들과 상호작용하게 해 주었다. 그 결과, 단순히 지식을 알려 주는 것보다는 직접 행동으로 해 보도록 하는 방법이 더 효과가 좋았다. 건강 증진을 위해 사람들의 행동을 변화시키려고 해도 사실상 사람들이 실천하지 않는다는 점을 고려할 때 놀라운 결과였다. 가령 사람들은 흡연이 나쁜 걸 알면서도 담배 피우는 걸 포기하지 않으니까 말이다.

일부 연구에서 어린아이의 행동 변화를 관찰했는데, 연구자들은 이러한 연구들은 잘 고안되었고, 더 높은 수준의 관여가 이루어졌다고 말했다. 그러나 이러한 관여가 지식보다 행동에 더 많은 영향을 미친 이유는 어린아이들에게 지식보다는 행동을 가르치는 것이 더 쉽기 때문이다. 위의 연구들은 부모가 지속해서 어린아이(특히 돌아다니기 시작할 때부터)의 행동을 주시해야 하며, 반려견이 다정하기 때문에 안전하다고 안심하기보다는 매 상황에 관여해야 할 필요성을 시사한다. 그리고 아이들이 반려견과 어떻게 상호작용해야 하는지도 제대로 가르쳐야만 한다.

아이와 반려견의 원만한 관계를 위해서 해야 할 일

반려견과 아이가 잘 지내기 가장 힘든 상황은 아마도 반려견이 아이보다 더 나이가 많은 경우일 것이다. 즉 한 가정에서 이미 개를 키우고 있는데 아기가 태어난 상황이다. 아이가 태어나기 전, 반려견이 새로운 가족 구성원과 잘 지낼 수 있도록 대비시키는 것은 매우 중요하다.

우선 반려견이 사회화에 민감한 강아지일 때 어린아이들과 긍정적 경험을 하는 것이 좋다. 한 연구에서는 세 그룹의 개들을 비교했다. 사회화에 민감한 시기를 아이들과 지낸 개들, 생후 12주 이후에 아이들과 지낸 개들, 그리고 아이들을 접해 본 적이 거의 없는 개들로 나눈 것이다. 개들이 아이들에게 어떻게 반응하는지 살피기 위해 아홉 살 여자아이를 개가 리드 줄을 하고 견주와 함께 있는 방에 들어가게 했다. 첫 번째 상황에서는 여자아이가 방에 들어가 문 옆에 서서 개의 이름을 불렀다. 두 번째 상황에서는 여자아이가 방 안에 있던 개에게 (안전거리를 유지하기 위해 바닥에 선을 그어 놓은 곳까지) 다가

갔다. 세 번째 상황에서는 여자아이가 2분 동안 방 안을 뛰어다니며 계속해서 개의 이름을 불렀다.

강아지 때 어린아이와 지낸 개들은 위의 세 상황에서 어떤 경우에도 공격성을 드러내거나 흥분하지 않았다. 물론 어떤 개들은 여자아이가 뛰어다니자 주변을 두리번거리며 방에서 나가려고 행동했으나, 대부분은 어린아이에게 친근함을 드러냈다. 반면 생후 12주 이후에 어린아이와 지낸 개들은 친근함뿐만 아니라 공격성도 드러냈다. 한 번도 어린아이를 접해 본 적이 없던 개 중에는 친근하게 다가오는 개가 극히 일부 있었지만, 이 그룹의 개들은 대부분 (짖고, 으르렁대고, 꼬리를 높이 세우고 짧게 흔드는 등) 공격성을 보이는 행동을 했다. 이는 사회화에 민감한 강아지 시기에 아이들과 긍정적 경험을 하는 것이 얼마나 중요한지를 잘 보여 준다.

전문가의 조언

"어릴 때 적절한 사회화와 습관화의 중요성은 아무리 강조해도 지나치지 않습니다. 세상의 모든 측면에 대한 긍정적인 노출은 성견이 되었을 때 정서적 안정감으로 이어집니다. 특히 어릴 때부터 동물병원에 주기적으로 가서 제대로 보상을 해 주고, 길거리의 차들과 시끌벅적한 파티, 폭죽 소리 등에도 적응하도록 하는 게 중요합니다. (조심스럽게, 그리고 긍정적 경험이 되도록 주의하면서) 다양한 사람들과 접촉하고 어린아이와 다른 개들을 접하다 보면 당신의 개는 생애 모든 과정에서 잘 대

> 처하고 적응할 수 있을 것입니다."
>
> — 노팅엄 대학교 수의과 대학 박사 연구원, 나오미 하비 Naomi Harvey

반려견이 새로 태어날 가족 구성원에 대비하게 하려면, 먼저 다른 아기들과 좋은 경험을 많이 쌓도록 해야 한다. 아기가 태어나면 개의 일상에도 변화가 생긴다. 개는 관심을 덜 받게 되고, 집 안에서 갈 수 있는 공간도 제한될 것이다. 이중 어떤 부분에는 미리 적응하게 만들 수도 있다. 가령 미리 안전문을 설치한다거나, 유모차 옆으로 나란히 잘 걸어가도록 훈련하는 것이다. 더 철저하게 대비할수록 아기가 태어난 이후 함께 생활하는 게 수월해질 것이다.

반려견은 새로 태어나는 아이가 있을 때 만큼이나 청소년기의 자녀가 있는 경우도 힘들어 한다. 수의 행동학자 카를로 시라쿠사 박사와 연구팀이 《국제 수의학 행동 저널》에 발표한 연구에 따르면, 어린 자녀보다 청소년기의 자녀가 있는 경우가 문제 행동을 보이는 반려견에게 더 위험하다고 한다. 그는 다음과 같이 설명했다. "임상 경험을 통해 살펴본 결과, 부모가 아이를 보느라 정신이 없을 때보다 부모와 자녀 간 부딪치는 일이 잦을 때 반려견에게 영향을 더 많이 미쳤습니다. 청소년기의 자녀가 있는 가정에서는 부모와 자녀 간 서로 목소리를 높이고, 고함을 치고, 반려견이 화풀이의 대상이 되는 경우가 많았습니다. 부모가 자녀에게 뭔가를 하지 말라고 하면, 자녀들은 반려견에게 가서 화풀이하는 것이죠. 특히 연구에서 관찰한 개들은 평범한 개가 아닌 문제 행동을 하는 특별한 개들이었습니다. 일반적으로 문제 행동을 보이는 개들은 많이 불안해하는 개들이죠. 이러한 개들은 예민해서 집안의 사람들이 흥분해서 다투고 소리를 지르면 쉽게 동요합니다."

이러한 내용이 수의 행동학자의 도움이 필요 없는 개에게도 적용되는지 명확히 알 수는 없다. 하지만 이 연구 결과는 반려견들에게 스트레스를 피해 혼자 있는 공간이 필요하다는 점을 시사한다. 그리고 모든 연령의 아이들에게 반려견 주변에서 어떻게 행동해야 할지를 가르치는 일도 중요하다.

모든 개는 아무런 방해도 받지 않고 혼자 쉴 수 있는 안전한 공간이 필요하다.

반려견을 위해 실천하기

- 반려견과 아이가 함께 있을 때는 늘 주의 깊게 살피자. 필요한 경우 바로 중재할 수 있도록 가까이 있어야 한다. 아니면 안전문 등을 설치해 어린아이와 반려견을 분리해 둔다. 아이가 자라면서 반려견과의 상호작용이 더 많아지니 주의를 기울이는 것에 소홀해서는 안 된다.

- 자녀들에게 반려견과 안전하게 지내는 법을 가르쳐야 한다. 어떤 상황이든 안전해 보여도 위험할 수 있다는 점을 늘 기억하자. 안전을 책임지는 것은 당신의 몫이다. 실제로 반려견이 아이를 무는 사고의 대부분은 '다정하게' 지내는 듯 보이는 상황에서 일어난다.

- 반려견이 (앉아서 혹은 누워서) 가만히 있을 때 어린아이가 다가가지 못하게 하자. 이럴 때 개가 아이를 무는 사고가 자주 발생한다.

- 반려견이 스트레스를 받을 때 혼자 조용히 쉴 수 있는 공간을 마련해 주자. 이 공간에는 아이들이 들어오지 못해야 한다. 예를 들어, 개가 누울 수 있는 편안한 개 우리 또는 아이들이 들어가지 않는 방에 마련된 편안한 침대나 소파가 좋다.

- 당신은 반려견에게 '안전한 피난처'라는 점을 기억하자. 반려견이 (입술을 핥고, 주위를 두리번거리고, 눈을 깜빡이고, 자리를 뜨고, 노려보고, 꼼짝 않고 굳어 있거나 몸을 떠는 등) 스트레스의 징후를 보이면 어린이와 반려견을 떼어 놓고 반려견에게 먹을 것을 주고 쓰다듬으며 안심시켜야 한다.

- 반려견이 하루 중 조용한 곳에서 편안히 휴식을 취할 수 있는 시간을 꼭 마련해 주자. 특히 집안이 시끄럽다면 조용한 공간에서 머무는 시간이 꼭 필요하다.

- 반려견에게 어린아이와 함께 있을 때 어떻게 행동해야 하는지 가르치자. 가령 어린아이 앞에서 높이 뛰는 것은 어린아이를 넘어뜨릴 수 있으므로 조심해야 한다.

9장

반려견의 산책

보저의 체내 시계는 정확하다. 녀석은 산책할 시간을 귀신같이 안다. 내게 다가와서 조르진 않지만, 창가에서 길에 누가 지나다니는지 번갈아 쳐다보며 내 눈을 응시한다. 내가 일어나면 녀석은 바로 달려가 삑삑 소리를 내는 양 인형을 물고 온다. 내가 신발을 신는 동안 녀석은 인형으로 "삑-삑-삑!" 소리를 낸다. 인형을 입에 문 보저는 계속해서 "삑-삑-"거리며 내 남편도 같이 산책하러 나가는지 확인하러 달려간다. 때로는 내가 리드 줄을 꺼내려고 서랍을 열면, 녀석은 그 서랍에 인형을 내려놓는다. 고스트는 날씨가 어떻든 산책하길 좋아한다. 보저는 맑게 갠 날씨에만 나가는 걸 좋아한다. 그래서 비가 퍼붓는 날이면 슬픈 얼굴로 문밖에 코를 내밀고 꼬리를 축 내린 채 공기의 냄새를 맡다가 이내 집 안으로 들어온다.

습하고 바람이 부는 날이면 보저는 하네스를 채울 때 가만히 있으면서 문밖을 내다보지도 않는다. 꼬리를 축 늘어뜨리고 천천히 흔들면서 '설마 이 날씨에 나가자는 건 아니죠?'라고 묻는 눈치다. 저 좋아하라고 산책하는 건데, 결정은 녀석의 몫이다. 그런 날엔 뒤늦게

라도 날이 개길 기다렸다가 산책하러 나가면 좋다. 그러나 오늘 같은 날은, 눈부신 볕이 비추는 곳을 따라 눈이 녹아내리고 물이 졸졸 흐른다. 사람들은 개를 데리고 나왔건 혼자 나왔건 첫봄 내음을 즐긴다. 어느새 딱따구리가 날아와 전봇대 위에 철판을 쪼며 암컷을 유혹하고, 다채로운 개똥지빠귀들이 장난감 호루라기 소리로 여기저기서 지저귄다. 이런 날 반려견을 데리고 하는 산책은 아름답다. 녀석들이 그늘진 눈밭에 코를 박고 킁킁대며 집에 들어갈 생각을 않더라도 말이다.

나는 하루에 두 번 보저를 데리고 산책을 한다. 여름에는 저녁에도 날이 밝아서 세 번씩 나가기도 한다. 이와 같이 주기적으로 산책을 시켜 주는 견주가 많지만, 반려견에게 산책을 거의 혹은 아예 시켜 주지 않는 견주들도 있다.

산책이 꼭 필요한 이유

산책하면 몸을 움직이게 된다. 이는 반려견의 체중 관리뿐 아니라 건강 유지에도 도움을 준다. 개들은 밖에 나가 여기저기 킁킁거리면서 기본적인 개의 행동 욕구를 충족하기도 한다. 다양한 사람들과 개들을 만나고 상호작용하면서 사회성을 발달시키다 보면 반려 관계에 필요한 능력도 기를 수 있다. 즉 산책은 신체적·정신적 건강에 모두 좋다.

안타깝게도, 얼마만큼의 산책이 필요한지, 리드 줄을 하지 않고 어느 정도의 시간을 보내야 하는지, 리드 줄을 하고 산책해도 컨디션 유지에 충분한지 등을 정확히 밝힌 연구는 아직 없었다. 하지만 미국 동물병원협회에서는 리드 줄을 한 채 산책하는 것도 공 물어오기나 민첩성 게임처럼 운동이 된다고 조언했다. 또한 너무 덥거나 추운 날씨에는 산책을 피하고, 어린 강아지들은 (너무 과한 운동이 관절에 무리를 줄 수 있으니) 뼈의 성장판을 고려해 적당히 운동해야 한다고 말했다. 과체중인 개들은 5분씩 하루 세 번 산책으로 시작해 점차 시간을 늘려 하루 30분에서 45분 정도 운동하는 게 적당하다. 체중이 45킬로그램인 개의 경우, 빠른 걸음으로 230칼로리를 소모하려면 4.82킬로미터를 걸어야 한다. 전문가들은 운동이 지속적인 사회성 발달에도 도움을 준다는 사실에도 주목했다. 산책을 하면서 개들은 새로운 자극과 낯선 환경에 익숙해진다. 이에 따라 스트레스와 예민함이 줄고, 불안감이나 공격성도 완화된다.

애견협회는 웹사이트에서 반려견 산책에 대해서 다음과 같이 설명했다. "보통 적당한 속도로 매일 산책하는 것만으로도 충분합니다. 산책이나 놀이 시간 이후에 개들은 주로 편안하게 앉아 푹 잡니다."

사실 대부분의 개는 견주가 제공하는 것보다 더 많은 활동량이 필요하다. 미국 애견협회에 의하면 미국에서 가장 인기 있는 50개의 견종 중 단 한 종만이 가만히 앉아 있길 좋아한다. 바로 바셋하운드다. 50종 중 가장 활동량이 많은 견종에는 래브라도 레트리버, 골든 레트리버, 저먼 단모종 포인터, 도베르만 핀셔, 브리타니, 바이마라너 그리고 보더콜리가 있다. 래브라도 레트리버는 운동량이 충분하지 않으면 억눌린 에너지가 방출되어 활동 과잉이나 파괴적 행동을 보일 수 있다. 골든 레트리버는 운동을 충분히 시키지 않으면 견주가 원치 않는 행동을 할 수도 있다. 그렇다면, 래브라도나 골든 레트리버에게 어느 정도의 운동량이 필요할까?

《예방수의학Preventive Veterinary Medicine》에서는 영국에서 래브라도 레트리버를 대상으로 한 연구 결과를 발표했다. 래브라도 레트리버는 하루 평균 129분 동안 운동을 했고, 이 시간 중 대부분은 리드 줄을 하지 않은 채 불특정 활동을 했다. 그 중에서도 작업견은 반려견보다 활동량이 더 많았고, 어린아이가 있는 집에 사는 개들은 운동량이 더 적은 것으로 나타났다. 제약적인 집안 환경으로 인해 반려견의 운동이 제한적이었다고 응답한 견주들의 반려견 중에는 과체중이나 비만이 더 많은 것으로 확인되었다.

영국의 1,978마리 래브라도 레트리버를 대상으로 한 연구 결과, 개들의 하루 실제 운동량은 하루 1시간 미만에서 4시간 이상까지 다양했다. 운동량이 하루 1시간 미만인 개들은 관심을 받지 못하면 불안해하거나 짖고, 사람이나 물건에 대한 두려움을 드러냈다. 하루 4시간 이상 운동하는 개들에 비해 흥분도 잘했다. 반면에 하루 1시간 이상 운동하는 개들은 흥분하는 빈도도 낮고 훈련도 더 잘되는 것으로 나타났다. 이와 다른 연구에서도 운동량이 적은 개들이 견주나 다른 사람들에게 공격성을 드러내거나 문제 행동을 할 가능성이 크다고 밝힌 바 있었다. 위 연구 결과들은 래브라도 레트리버가 운동량이 충분치 않으면 지루해하거나 스트레스를 받아서 문제 행동을 하게 될 수 있고, 이는 다른 견종에도 적용될 수 있음을 알려 준다. 따라서 산책 시간이 적은 경우, 반려견을 데리고 산책하는 데 어떤 어려움이 있어서 결과적으로 산책을 조금만 하게 된 것이 아닌지 생각해 보아야 한다.

호주에서 실시한 한 연구에서는 36퍼센트의 견주가 매일 반려견을 운동시키고, 28퍼센트가 적어도 하루 한 번, 그리고 8퍼센트가 일주일에 한 번 혹은 그 이하로 운동을 시키는 것으로 나타났다. 73퍼센트는 리드 줄을 채우고 나간다고 답했고, 50퍼센트는 놀이를, 36퍼센트는 리드 줄을 빼고 산책을, 그리고 61퍼센트는 집이나 마당에서 반려견 혼자 운동하게 둔다고 대답했다. 한편, 걷기가 힘든 반려견에게는 수영이 좋은 대안이 될 수 있다. (견주가 잡을 수 있는 손잡이가 달리 하네스 같은) 보조 장치와 물리 치료도 도움이 된다.

반려견 산책에 필요한 동기부여

대부분의 장소에서 개들이 마음대로 돌아다니는 것이 더 이상 허락되지 않고 안전하지도 않기에 개들은 견주와 함께 나가는 산책에 의존한다. 우리 중에도 심혈관 건강을 위한 운동 권장량을 충족할 만큼 운동하는 사람은 얼마 되지 않을 것이다. 여기서 내가 하고자 하는 말은, 반려견과 더 자주 산책하러 나가면 개뿐만 아니라 우리 인간의 건강에도 도움이 된다는 것이다. 과학자들은 사람들이 개를 산책시키는 데 어떤 동기부여가 있어야 하는지 굉장히 관심이 많다.

나는 영국 리버풀 대학교의 캐리 웨스트가스$^{\text{Carri Westgarth}}$ 박사에게 반려견 산책이 왜 그렇게 중요한지 물었다. 박사는 다음과 같이 대답했다. "우선 산책은 개에게 가장 중요합니다. 신체 운동에 좋을 뿐 아니라 정신적으로도 자극이 되지요. 하지만 우리 견주에게도 산책은 큰 즐거움을 줍니다. 제 연구 결과에 따르면, 산책하며 걷고 뛰고 즐거워하는 반려견을 보는 게 견주들에게 큰 기쁨이었습니다. 그런 경험을 통해 사람들도 스트레스를 해소했습니다. 편안하게 산책을 한다고 전제했을 때 말이죠."또한 그는 산책이 개를 행복하게 해준다는 점을 알림으로써 더 많은 사람이 반려견과 더 자주 산책하도록 해야 한다고 덧붙여 말했다.

박사의 연구에 따르면, 반려견을 데리고 산책하러 나가는 사람들에게 동기를 부여하는 것은 자신들의 건강보다는 반려견의 행복이었다. 연구 결과 사람들은 주로 반려견과의 산책을 반려견을 위한 것, 즉 견주로서의 책임과 연관 지어 생각했다. 어떤 견주들은 박사와의 인터뷰에서 꼬리를 흔들며 산책을 좋아하는 걸 표현하는 반려견에 관해 이야기했다. 하지만 또 어떤 이들은 날씨가 좋을 때만 산책하고 싶어 하는 반려견, 산책을 두려워하는 반려견 때문에 자주 나가지 않는다고 답하기도 했다.

박사는 다음과 같이 말했다. "반려견 산책의 좋은 점은 산책이 우리에게도 이롭다는 것입니다. 연구 참가자들은 산책을 운동처럼 생각하지 않았습니다. 당신도 산책을 즐기고, 반려견도 산책을 즐긴다면, 리드 줄을 채우고 밖으로 나가기만 하면 됩니다." 그는 반려견의 크기는 중요하지 않다면서 이렇게 덧붙였다. "반려견이 작다고 해서 산책을 오래 못 하는 건 아닙니다. 사람들은 작은 개들이 먼 길을 산책하지 못할 거라 예상하지만, 사실 두 시간씩 산책해도 개들은 행복해할 것입니다."

캐나다의 견주들을 대상으로 반려견을 산책시키는 다양한 이유를 조사했다. 반려견의 운동, 사회성 발달, 휴식 등 다양한 동기가 있었지만, 견주들 스스로 신체적 활동을 한다는 점도 동기가 되었다. 반려견은 때로 온 가족이 함께 산책하는 것을 좋아했다. 혹은 (견주가 휴가를 떠나면) 친구나 이웃이 함께 개를 돌보는 사례도 있었다. 사람들은 반려견이 리드 줄 없이 산책할 다양한 기회를 찾았고, 개의 필요에 따라 산책 습관을 바꾸기도 했다. 사람들은 반려견을 잘 돌봐야 한다는 책임감을 느끼는 동시에 다른 사람들에게 피해를 주지 말아야 한다는 부담감도 느끼는 것으로 나타났다.

사람들이 일반적으로 반려견 운동의 필요성을 생각한다는 증거가 있다. 호주에서 실시한 연구에 따르면, 대형견의 61퍼센트가 매일 적어도 45분 정도 공원 같은 장소에서 산책했고, 소형견의 경우 50퍼센트가 매일 산책했다. 애견협회에서 제공하는 견종별 권장 운동 시간과 견주들이 반려견을 산책시킨 시간을 비교해 본 결과, 다행히 운동량이 많이 필요한 견종들은 산책을 더 많이 하는 것으로 나타났다.

반려견 산책의 절반은 대문 앞에서 시작해 동네 길을 걷는 것이 전부다. 사람들이 반려견 산책을 얼마나 자주 시키냐 하는 문제에 동네 환경이 중요한 영향을 미치는 것은 당연하다. 보도와 조명이 잘 마련되어 있고, 안전하고 푸른 공간, 리드 줄 없이 산책 가능한 공원, 여름에 볕을 피할 그늘 등은 산책하는 데 플러스 요소가 된다. 집에서 전방 1.6킬로미터 내에 개가 산책하기 좋은 공원이 있는 경우, 견주들은 일주일에 적어도 90분 이상 산책을 시키는 것으로 나타났다. 반려견의 관점에서 볼 때 집 근처에 산책하기 좋은 공원이 없다면, 차를 타고 금방 갈 수 있는 위치에 좋은 공원이 있는지 알아보는 것도 좋다.

소형견에게도 산책이 필요하다.

> **전문가의 조언**
>
> "모든 개가 리드 줄을 빼고 날마다 산책할 수 있다면 개에게 정말 좋은 세상이 될 것 같습니다. 반려견이 온 잔디 위를 신나게 뛰노는 모습만큼 견주에게 큰 기쁨은 없습니다. 하지만 많은 개가 이런 기회를 얻지 못하고 있습니다. 아마 견주들이 반려견을 데리고 산책하기에 안전한 장소를 찾지 못했거나, 바빠서 시간을 내지 못하는 것이겠죠. 산책하러 나가면 반려견의 행동을 제지하느라 리드 줄을 잡고 기운을 빼다 보니 더 이상 산책을 자주 하지 않게 되었을 수도 있습니다. 악순환이죠. 제가 가장 걱정스러운 점은, 많은 개들이 과체중으로 뛰기가 힘들다는 사실입니다. 다른 개들처럼 즐겁게 뛰어다니고, 개가 누려야 할 기쁨을 제대로 만끽하기 위해서는 건강하고 날씬한 신체가 매우 중요합니다. 우리는 운동이 부족해서 비만이 된다고 생각하지만, 사실 비만이 되면서 운동을 안 하게 되기도 합니다. 제가 보조 훈련사로 일할 때, 가끔 개의 체중 감량 프로그램을 관리하기도 했습니다. 뚱뚱하고 땅딸막한 개들이 유연하고 날렵한 달리기 선수가 되는 과정에서 일어나는 신체적·정신적 변화는 정말 놀라웠습니다. 만일 저의 바람이 이뤄진다면, 견주와 반려견이 모두 함께 행복한 삶을 살게 될 것입니다."
>
> — 리버풀 대학교, 전염병과 세계 보건 연구소 Institute of Infection and Global Health
> 박사 연구원, 캐리 웨스트가스

마당에 나가는 것은 산책이 아니다

어떤 견주들은 반려견이 마당에 나가 시간을 보내면 그것으로 충분한 운동이 된다고 생각한다. 하지만 개들은 마당에 있을 때 대부분의 시간을 비활동적으로 보내는 것으로 나타났다. 호주의 연구팀에서는 어린 래브라도 레트리버 쉰다섯 마리가 뒷마당이 있는 시골집에서 어떻게 지내는지 48시간 동안 촬영해 연구했다. 연구 결과, 52퍼센트는 하루 30분에서 60분 정도 산책하러 나갔지만, 31퍼센트는 산책을 전혀 하지 않았다. 마당에서 시간을 보낼 때는 평균 74퍼센트의 시간을 비활동적으로 보냈다.

관찰 대상이었던 개들은 마당에 사람이 있을 때 더 활동적인 놀이를 하기도 했지만, 때로는 혼자서 물건을 가지고 놀기도 했다. (평평한 잔디밭으로만 된 마당과 달리) 마당의 1퍼센트 이상이 나무로 이뤄지거나, (밤에는 집 안에서 자더라도) 마당에 개 집이 있거나, 주인이 부르면 잘 달려오거나, 창문에서 현관으로 그리고 다시 집 안으로 자유롭게 돌아다닐 수 있는 경우, 개들은 더욱 활동적이었다.

이 연구에서는 갈색 래브라도 레트리버와 검은색 래브라도 레트리버보다 황색 래브라도 레트리버가 문제 행동(짖어대고, 가구를 씹고, 구멍을 파고, 물건을 옮기거나 망가뜨리는 등)을 더 많이 보였으며, 훈련을 받지 않은 개와 활동적인 개가 그렇지 않은 개보다 문제 행동을 더 많이 보인다는 사실이 밝혀졌다. 주로 견주가 있는지 없는지 확인하려고 여기저기를 돌아다니는 일부 행동은 사람과 분리되는 것을 싫어하는 개들에게서 더 자주 나타나는 것이었다.

이 연구는 마당을 어떻게 꾸며 놓는지에 따라 반려견의 활동에 영향을 미친다는 사실을 보여 주었다. 반려견을 마당에 내보내는 것으로 산책을 대체할 수 없지만, 마당에 나무를 심으면 개가 탐색을 하거나 새들이 날아오는 등 자연을 관찰하고 체험할 기회를 줄 수 있다.

반려견과 안전하게 산책하기

어떤 사람들은 개와 관련된 문제 때문에 반려견을 데리고 산책하지 않거나 아주 가끔만 나간다. 반려인들은 주로 반려견이 지나가는 개나 사람을 향해 짖거나 달려들고 으르렁대는 예민한 성격이거나, 이웃 개들을 만나면 무서워하거나, 리드 줄을 심하게 당긴다는 등의 이유로 산책을 꺼리게 된다.

예민한 반려견을 데리고 산책하다가 마주친 다른 견주의 "우리 개는 순해요!"라는 말은 두려움을 준다. 당신이 최대한 안전거리를 지키려고 주의하더라도 그 개가 당신의 반려견 앞으로 달려들 수 있다는 뜻이기 때문이다. 이런 상황이 생기면 그동안의 노력이 한순간에 무너진다. 안타깝게도 "우리 개는 순해요!"라고 말하는 사람들은 다른 견주와 반려견이 온통 진흙을 묻힌 개가 다가와 침을 묻혀대면 싫어할 거라는 사실을 모르는 듯하다.

반려견이 리드 줄에 예민하게 반응한다면, 다른 개에게 가까이 가서 놀고 싶은데 그러지 못해 좌절한 것일 수도 있고, 다른 개가 무서워 떨어지려고 애를 쓰는 것일 수도 있다. 사교적인 개들은 다른 개들과 함께 놀이하는 걸 좋아하기 때문에 리드 줄을 채우지 않고 놀 기회를 많이 주는 게 도움이 된다. 하지만 겁이 많은 반려견을 안전하게 지키기 위해서는 다른 개와 거리를 두도록 해야 한다. 그러면서도 다른 개를 좋아하도록, 다른 개가 보일 때 스테이크 간식을 주는 등 긍정적 경험으로 만들어 줘야 한다.

예민한 반려견을 데리고 산책하려면 치밀한 계획과 탐지력이 필요하다. 늘 눈과 귀를 열고 주위에 다른 개가 나타나는지 살피다가 다른 개가 보이기 전에 차나 나무 뒤로 숨거나 방향을 바꿔야 한다. 가끔 이런 행동이 상대 견주를 기분 나쁘게 할 수도 있다. 심지어 "우리 개는 순해요!"라고 외치며 다가오면서 "개들이 알아서 하게 두자고요."라고 너무나도 잘못된 생각을 강요할 수도 있다. 하지만 그럴 때일수록 개를 안전하게 지켜야 한다. 어떤 상황에서든 최대한 차분하게 행동하고, 당신의 반려견이 겁먹는 상황을 만들지 않도록 피하는 게 제일 중요하다.

캐리 웨스트가스 박사는 반려견 산책과 개 물림 사고를 방지하는 법에 관해 연구했다. 이 연구에서 박사는 각각 다른 세 곳의 장소에서 산책 나온 사람과 개들을 관찰했다. 영국 북서부에 있는 산책

장소는 해변, 운동장, 그리고 숲으로 둘러싸인 들판이었다. 관찰 결과 대부분(59퍼센트)의 개는 한 사람과 같이 왔고, 대부분(주중엔 73퍼센트, 주말엔 59퍼센트)은 리드 줄을 하지 않은 상태였다. 개들은 리드 줄을 하지 않았을 때 코를 킁킁거리며 탐색하는 모습을 훨씬 더 많이 보였다. 물론 개들은 킁킁거리고 난 후 소변이나 대변을 보았다. 개들은 산책 중에 사람보다 개에게 더 많은 관심을 보였다. 하지만 리드 줄을 하지 않은 개들은 사람들과의 상호작용도 많은 편이었다. 이 연구 결과를 통해 반려견에게 리드 줄을 채우고 산책할 때는 개가 자유롭게 킁킁거리며 탐색할 수 있도록 충분한 시간을 마련해 주어야 한다는 사실을 알 수 있었다.

리드 줄 관련 규정에 따르면, 반드시 리드 줄을 채워야 하는 곳이 있고 선택인 경우도 있다. 웨스트가스 박사는 리드 줄 효과를 연구하기 위해 열 명의 견주와 반려견을 모집해 특정 길에서 리드 줄을 하고 걷도록 하고, 그다음 리드 줄을 하지 않고 걷도록 했다. 이 연구에서도 개들은 산책 중에 사람보다는 다른 개와 더 상호작용을 많이 했다. 리드 줄을 채우면 상호작용 빈도가 줄었는데, 여기서 중요한 조건은 다른 개도 리드 줄을 했냐는 것이었다. 즉 반려견이 다른 개와 상호작용하지 못 하게 하려면, 다른 개도 리드 줄을 해야 한다. 리드 줄을 하지 않은 개는 자유롭게 탐색할 기회가 많았지만, 리드 줄이 필요한 상황도 있었다.

안타깝게도, 개들은 가끔 다른 개를 공격하기도 한다. 그런 일이 생기면 공격받은 개는 심각한 상처를 입고, 견주들도 엄청난 스트레스를 받는다. 특히 시각장애인 안내견이 공격을 받으면 문제가 심각해진다. 영국 시각장애인 안내견 협회에서는 2010년부터 2015년까지 56개월의 기간 동안 총 629건의 사고가 있었다고 발표했다. 공격받은 안내견들은 작업 능력에 지장이 생겼고(공격받은 개 중 일부는 한동안 안내 활동에 투입되지 못했다), 시각장애인이나 다른 사람들이 다치기도 했다. 특히 안내견을 데리고 다니던 시각장애인은 이러한 사고로 인해 정서적인 피해를 겪었다. 이 연구 결과에서 가장 충격적인 점은 629건 중 76.8퍼센트는 개가 안내견을 공격했을 때 그 개의 견주가 같이 있었다는 사실이다. 연구자들은 하네스를 찬 시각장애인 안내견을 보자마자 견주들이 개에게 리드 줄을 채웠더라면 사고 발생을 막을 수 있었을 것이라는 점에 주목했다.

사람들이 산책을 힘들어하는 또 다른 이유는 바로 리드 줄을 마구 당기는 반려견에 있다. 어떤 이들은 반려견에게 초크체인이나 핀치칼라를 채워 당기지 못하게 하지만, 이는 고통을 주는 방법이다(3장 참조). 개가 몸을 당기면 초크체인이 목을 졸라 불쾌감을 유발하는데, 개가 당기는 것을 멈춰야만 체인도 편안하게 풀어진다. 핀치칼라는 목줄이 날카로운 핀으로 이루어져 개가 리드 줄을 당기면 핀들이 목을 찌른다. 어떤 사람들은 반려견에게 초크체인이나 핀치칼라를 채워도 괜찮을지 판단하려고 자신의 팔뚝이나 목에 직접 채워 보기도 한다. 물론 이런 시도는 높게 살 만하다. 그렇지만 사람은 개와 달리 직접 목줄을 조정할 수 있고, 이는 큰 차이를 가져온다. 샌프란시스코 동물학대방지협회에서도 "목의 피부 두께를 기준으로 봤을 때, 사람의 피부가 개보다 세 배 정도 두껍다."라고 지적한 바 있다.

우리는 개의 피부에는 털이 나 있으니 사람 피부보다 덜 민감하고 보호가 잘될 것이라 착각한다. 하지만 개의 목은 굉장히 예민한 부위로 호흡에 중요한 기도가 지나는 곳이다. 어떤 개에게든 목에 압력을 가하는 것은 위험하다. 특히 호흡기 문제로 이미 고통을 받는 단두종 개들에게는 치명적일 수도 있다. 또 기억해야 할 점은 초크체인과 핀치칼라가 작동하는 방식이다. 만일 그런 목줄을 채워서 개가 행동을 멈췄다면, 그것은 개가 고통을 느꼈기 때문이다.

반려견이 리드 줄을 차고 제대로 걸어 다니게 하려면 보상 기반 방식을 활용하는 게 더 낫다. 필요한 경우 당김 방지용 하네스를 채워도 된다. 당김 방지용 하네스 앞쪽에는 클립이 있다(일반 하네스에는 뒤쪽에 클립이 있다). 한 연구팀에서는 같은 개에게 하네스와 일반 목줄을 채웠을 때 각각 어떤 효과가 있는지 연구했다. 연구자들은 개들의 행동에서 스트레스 신호가 보이는지를 관찰했다. 그 결과 하네스가 개에게 스트레스를 주지 않는 효과적인 산책 도구임이 밝혀졌다.

위 논문의 공동 저자인 타마라 몬트로즈$^{Tamara\ Montrose}$ 박사는 이메일을 통해 다음과 같이 설명했다. "산책할 때 목줄이 널리 사용되지만, 목줄이 목과 호흡기에 잠재적으로 위험할 수 있다는 점 때문에 걱정하는 이들이 많았습니다. 더군다나, 목줄은 안압에도 영향을 주어 녹내장을 앓는 개들에게 더욱 위험할 수 있습니다. 개의 복지 측면에서 하네스가 더 낫다는 사실은 경험자들에 의해 조금씩 알려져 왔습니다. 목줄을 하고 산책하건 하네스를 차고 산책하건 행동에 큰 차이는 없었습니다. 우리는 다양한 브랜드에서 나온 여러 종류의 하네스와 목줄을 채워 봄으로써 개들이 어느 정도 스트레스를 받는지, 걸음걸이나 당김의 정도에는 어떤 차이가 있는지 연구할 수 있었습니다."

이 장에서 중요한 점은 많은 이들이 반려견에게 운동할 기회를 충분히 제공하고 있지만, 그렇지 않은 사람들도 있다는 점이다. 산책은 반려견 신체 운동, 후각을 통한 탐색 기회, 다양한 사람과 개를 만나 사회성을 기를 기회를 제공한다는 점에서 중요하다. 또한 그 자체로 사회화 과정이자 경험이 된다. 이렇듯 산책이 반려견에게 큰 도움이 된다는 것을 알면 당신에게 산책할 동기가 부여될 것이다. 한 가지 확실한 점은, 습관이 되면 당신의 반려견이 먼저 당신에게 다가와 산책할 시간이라는 것을 알려 준다는 것이다!

반려견을 위해 실천하기

- 산책하러 나가자. 산책은 당신의 반려견에게 도움이 될 뿐만 아니라 당신에게도 도움이 된다. 습관이 안 되었다면 습관화하도록 노력하자. 그러다 보면 반려견이 먼저 와서 산책할 시간임을 알려 줄 것이다! 하루에 산책을 얼마나 하는가는 당신과 반려견에게 달려 있다단, 배변 산책은 산책으로 치지 않는다.

- 하네스처럼 적절한 장비를 활용해서 반려견이 리드 줄을 하고 잘 걸어 다니고 불렀을 때 오도록 훈련하자.

- 반려견이 겁을 내거나 너무 예민하다면, 전문 개 훈련사의 도움을 받자. 그리고 산책을 힘들게 하는 문제를 해결할 여러 방법을 생각해 보자. 예를 들어, 리드 줄을 하지 않은 개들이 많은 장소를 피하거나 조용한 시간대에 산책하는 방법이 있다.

- 만일 반려견을 산책시키고 있던 다른 견주가 당신의 반려견을 보고 깜짝 놀라 멀리 떨어져 있으려고 한다면, 예민한 개를 안전하게 지키려고 애쓰는 중이니 가까이 가지 않길 바란다. 굳이 개들끼리 인사를 시킨다거나 묻지도 않은 훈련 조언을 하면 상대가 반기지도 않을 뿐더러 아무런 도움도 되지 않는다.

- 동네에서 반려견 산책을 시킬 때 반드시 리드 줄을 채워야 한다면, 강아지 전용 공원에 가거나 담장이 설치된 운동장, 친구 집 마당을 빌려서 리드 줄을 하지 않고 뛰놀 기회를 마련해 주자.

10장

반려견의 폭넓은 활동 경험

지난 여름 어느 날, 나무 타는 냄새에 잠에서 번득 깼다. 일어나 창밖을 내다보니 눈에 보일 정도로 부연 연기가 떠다녔다. 소방차는 불난 곳을 찾는 듯 마을 주변을 천천히 돌아다녔다. 이웃 주민들이 연기 냄새를 맡고 근처 숲에 불이 났나 싶어 911에 신고를 한 것이었다. 알고 보니 멀리 숲에서 산불이 났다. 그 연기가 바람을 타고 우리 마을까지 흘러왔다. 공기가 며칠이나 부옇게 오염돼 사람이든 개든 산책하기엔 위험해 보였다. 나는 반려견이 배변을 볼 때만 잠깐씩 마당에 나갔다. 보저와 나는 집안에서 녀석이 제일 좋아하는 터그 놀이를 하며 놀았다.

보저에게 터그 놀이는 날마다 하는 놀이였다. 녀석은 신이 날 때마다 밧줄을 찾아 내게 가져와서 게임을 하자고 졸라댔다. 녀석은 내가 텔레비전을 보고 있어도 인정사정없이 밧줄을 우리 무릎에 툭 올려놓고 앉아서 간절한 눈빛을 보냈다. 그렇게 터그놀이를 한바탕하고 나와의 게임에서 이긴 녀석은 거실에 드러누워 밧줄을 입에 걸치고 승리의 낮잠을 즐겼다.

사람들은 터그 놀이가 개의 문제 행동을 유발할 수도 있다고 말한다. 그래서 연구자들은 골든 레트리버 열네 마리를 대상으로 터그 놀이를 한 다음 행동 변화가 일어나는지 관찰했다. 실험에 참여한 각 개는 터그 놀이를 40회나 했다. 놀이에서 지고 이기고에 따라 행동 결과에 차이가 발생하는지 확인하기 위해 절반은 개가 이기도록 하고, 절반은 지도록 했다. 놀이 전과 후, 실험자들은 각 개가 잘 복종하는지 그리고 어떤 식으로 반응하는지 살펴보았다. 개를 불렀을 때 잘 오는지, 앉으라는 명령에 따르는지 그리고 개를 강제로 엎드리게 한 뒤 밥그릇을 뺏어 갔을 때 어떻게 반응하는지를 실험했다. 사실 이러한 행동은 집에서는 절대로 해서는 안 되는 행동이다.

이 실험의 결과는 긍정적이었다. 개들은 게임에서 이기든 지든 상관없이 놀이 시간 이후 집중력이 높아졌고 명령에 더욱 잘 따랐다. 이긴다고 해서 행동에 문제가 생기지도 않았다. 사실 개들은 이기는 게임에 더욱 흥미를 느끼고 집중한다. 그래서 때로는 개가 이기도록 해 주는 것도 좋은 방법이다.

폭넓은 활동의 중요성

반려견에게 풍요로운 생활과 폭넓은 활동 경험을 제공하기 위해서는 개의 복지를 개선하는 방향으로 환경에 변화를 줘야 한다. 다양한 경험 속에서 개들은 환경과 더욱 잘 상호작용하고 정상적인 개의 행동을 하므로 정신 건강에도 도움이 된다. 반려견에게 이런 기회를 주지 않으면, 개들은 스스로 욕구를 해결할 방법을 찾다가 가구를 씹거나 하는 문제 행동을 한다. 씹는 것은 개에게 매우 정상적인 행동이다. 따라서 그 욕구를 표출할 기회를 제공해 주어야 한다. 반려견이 씹어도 되는 물건을 주는 것이 중요하다. 다행히 시중에는 그런 기능에 적합한 용품이 잘 나와 있다.

우리는 동물원에 사는 동물들에 관해 논할 때 풍요로운 생활 환경을 떠올리곤 한다. 더운 날 우리에 갇힌 늑대에게 시원한 수박을 주거나, 우리 안에서도 올라탈 수 있도록 나무 등을 설치한 것을 볼 수 있다. 우리 반려견들에게도 이런 환경을 제공할 수 있다. 반려견의 감각을 자극하는 행동과 해결할 과제를 제시하는 것은 반려견 행복에 있어 중요한 사항이다. 반려견이 풍요로운 생활을 누리고 있는지를 측정하는 한 가지 요소는 동물이 좋아하는 특정 물품이 있는지 보는 것이다. 삶의 질을 측정한다거나 동물 행동을 관찰해 보는 것 역시 좋은 방법이 될 수 있다.

《동물 인지》에 실린 논문에서는 개들이 보상을 받기 위해 과제를 해결하는 경험 자체를 즐기는지, 아니면 단지 보상만을 위해 행동하는지를 관찰한 연구의 결과를 발표했다. 이 연구는 본래 과제를 완수하고 보상받은 소들이 그냥 보상을 받은 소들보다 더 행복해 보이는 것으로 밝혀진 어떤 실험에서 아이디어를 얻었다.

이 연구를 위한 실험에 참여한 열두 마리의 비글은 두 마리씩 짝이 되어 관찰 대상이 되었다. A그룹은 과제를 하는 그룹이고 B그룹은 과제를 하지 않는 그룹이었다. 건반을 눌러야 하는 피아노, 밀어서 바닥으로 떨어지면 소리를 내는 플라스틱 상자, 제대로 조작하면 벨이 울리는 레버 등의 실험 도구도 주어졌다. A그룹의 개들은 각 도구를 제대로 조작해 세 가지 소리가 나면, 과제가 완수되면서 문이 열리고 보상이 주어지는 곳으로 연결되는 길이 나왔다.

각 개는 세 가지 도구로 어떤 과제를 수행해야 하는지 훈련받은 뒤, 한 쌍씩 짝을 이루어 실험에 들어갔다. A그룹의 개가 실험 도구를 제대로 조작한 뒤 과제 수행에 성공해 보상을 받으러 들어가면, 그 개와 짝을 이루는 B그룹의 개에게는 과제 수행에 성공하든 실패하든 A그룹 개의 과제 수행 시간만 지나면 자동으로 문이 열리며 보상이 주어졌다. 두 마리의 개 모두 같은 보상을 받았다. 다시 말해, 한 쌍의 개를 대상으로 한 실험에서 조건의 차이는 과제 수행 여부가 보상으로 향하는 문을 여는 데 영향을 미쳤는가 하는 것이었다.

연구자들이 관찰한 바에 따르면, 과제를 수행해야 했던 A그룹의 개들은 과제 수행에 적극성을 보이고, 문이 열리면 연구 보조원보다 먼저 보상이 있는 달려갔다. 반면, B그룹의 개들은 문이 열리면 망설이는 모습부터 보이고 보상이 있는 방으로 들어가게 하려면 연구 보조원이 구슬려야만 했다.

게다가 B그룹의 개들은 시작부터 덜 적극적이었다. 실험 중 장치를 물거나 씹기도 했는데, 이는 A그룹의 개들이 전혀 보이지 않은 모습이었다. 출입구가 열리면, B그룹의 개들은 A그룹의 개들보다 훨씬 빨리 실험실을 떠났다. 하지만 두 집단에서 평균 심박수의 차이는 관찰되지 않았다. A그룹의 개들은 꼬리를 더 많이 흔들었는데, 그것은 더 행복하다는 것을 의미했다. 두 조건의 개들 모두 보상으로 먹을 것을 기대할 때 더 활동적이었다. 이는 다른 연구에서와 마찬가지로 개들이 쓰다듬기보다는 음식을 선호한다는 사실을 뒷받침했다.

연구 막바지에 이르자 훈련을 받지 않은 일부 개들도 장치를 성공적으로 조작했다. 성공한다고 해서 문이 열리는 것도 아니었는데 말이다. 이 연구는 조건을 설정하고 과제를 해결하게 하는 것이 개의 복지에 좋다는 사실을 보여 주었다.

이 논문의 제1 저자인 라겐 맥고언Ragen McGowan 박사는 이메일을 통해 연구에 대해 자세히 설명했다. "우리는 반려견들도 정서가 풍부해 인간과 유사한 감정을 경험한다고 생각해 왔습니다. 그리고 이를 과학적으로 증명하기 위해 매우 흥미로운 연구를 했습니다. 여러분은 최근 뭔가를 배워 새로운 과제를 수행한 적이 있습니까? 과제를 제대로 완수했을 때 느껴지는 그 뿌듯함을 기억하시나요? 우리 연구는 개들도 인간들처럼 '유레카 효과'를 경험한다는 점을 밝혀냈습니다. 즉 학습 자체가 개들에게 보상이 되는 것이죠. 반려견에게 문제를 해결할 기회를 주거나 (인지 퍼즐 게임, 마당에서 간식 찾기 등) 새로운 행동을 학습하게 하는 것도 개에겐 보상이 될 수 있습니다. 많은 견주가 반려견의 신체 활동을 활발히 유지하는 것의 중요성을 잘 아는데요. 우리 연구는 정신적인 활동도 활발하게 유지하는 것 또한 중요하다는 것을 잘 보여 줍니다."

　연구자들은 소형견일수록 신체적·정신적 훈련과 견주와 함께 놀이할 기회가 거의 없다고 말했다. 설문 조사 결과, 소형견과 대형견이 동일하게 하는 활동은 민첩성 운동(위브 폴, 터널, 시소 등의 장애물로 코스를 만들어 개가 통과하게 하는 스포츠)뿐이었다. 크기가 작은 개일수록 훈련과 터그 놀이, 산책, 후각 탐색활동 등에 참여할 기회가 적었다. 견주와 달리기나 사이클링을 함께 하지도 않았다. 이는 소형견이 대형견에 비해 덜 복종적인 이유 중 하나이기도 하다. 따라서 반려견의 크기에 상관없이 다양한 활동 경험으로 자극을 줘야 한다.

청각과 후각: 개에게 중요한 감각들

　반려견의 폭넓은 활동 경험을 위해서는 개의 감각 측면도 고려해야 한다. 여기서 한 가지 주목할 점은, 인간에게 중요한 감각과 개에게 중요한 감각이 다르다는 사실이다. 개의 시력은 인간의 시력이 1.0이라고 할 때 겨우 0.26밖에 되지 않는다. 우리가 23미터 전에 볼 수 있는 것을 개는 6미터 전에야 볼 수 있다. 개들은 세상을 파란색과 노란색 두 가지 색으로 감지하므로 적록색맹인 사람과 비슷하다고 할 수 있다(밝은 색상의 개 장난감은 개보다는 사람을 위한 것이다).

　반면 개의 청력 범위는 인간에 비해 넓다. 인간이 20에서 20,000헤르츠까지 듣는다고 알려진 데 반해, 개들은 훨씬 높은 주파수인 67에서 45,000헤르츠까지 듣는다. 개 호루라기가 그렇게 높은 소리를 내도록 만들어진 이유도 바로 그것이다. 따라서 개는 사람은 인지하지 못하는 소리를 들을 수 있다. 그렇다 보니, 가정에서 사용하는 전자 제품에서 윙윙거리는 높은 소리가 반려견을 괴롭히기도 한다. 이와 유사하게, 형광등의 깜빡거림이나 인조 향내를 풍기는 가정용품도 개에게는 영향을 미치고 있을 수도 있다.

　일부 전문가들은 (적어도 특정 장르의) 음악이 개들을 안정시킨다는 점을 시사했다. 한 연구에서는 개장에서 지내는 개들이 클래식 음악을 틀었을 때 헤비메탈 음악을 틀었을 때와 아예 음악을 틀지 않았을 때보다 더 잘 잔다는 점을 알아냈다. 개들은 헤비메탈 음악이 나올 때는 더 많이 몸을 흔들었고, 클래식 음악이 나올 때는 음악이 나오지 않을 때보다 입으로 소리를 덜 냈다. 장르별로 몇 가지 트랙만 들려주며 실험했기 때문에 이 결과만 가지고 특정 음악 장르가 개에게 어떤 영향을 준다고 일반화하기는 어렵다. 이어진 다른 연구에서는 보호소의 개들이 클래식 음악을 들을 때 더 편안하게 느낀다는 사실을 밝혀냈지만, 클래식 음악에 익숙해져서 그런 것이기도 했다. 이러한 연구들을 통해 음악이 개들에게 좋은 영향을 줄 수도 있음을 알 수 있었다.

> **전문가의 조언**
>
> "많은 개가 유기견 보호소에서 지내는데, 그곳의 환경은 스트레스를 많이 줍니다. 저는 보호소에서 클래식 음악을 들려주거나 오디오북을 틀어 줌으로써 감각을 풍요롭게 해 주면 개들의 스트레스를 줄여 주고 잠재적으로 복지가 개선될 거라고 믿습니다. 이 방식은 쉽고 비교적 저렴해서 특히 보호소에서 중요합니다. 이러한 감각 자극은 보호소에서 지내는 개들에게 좋을 뿐 아니라, 보호소 방문자들이 더 많은 시간 머물게 함으로써 잠재적으로는 입양 비율도 높일 수 있을 것입니다."
>
> – 하트퓨리 대학교 박사 겸 부교수, 타마라 몬트로즈

개에게 가장 중요한 감각은 후각이다. 개에게는 단순히 코만 있는 게 아니라 입천장 위쪽에 서골비 기관$^{vomeronasal\ organ,\ VNO}$이 있다. 서골비 기관은 공기 흐름에서 냄새를 탐지하는 게 아니라 분자를 타액 등으로 용해해 앞니 뒤쪽에 있는 두 관으로 흡수한다. 혹여나 반려견이 소변이나 대변을 핥는 걸 보고 구역질이 난 경험이 있는가? 아마도 개들은 서골비 기관으로 정보를 분석하려고 그랬을 것이다. 그와 유사하게, 개들은 늘 길에서 소변 냄새를 맡고 다니며 뭔가를 알아내려고 한다. 때로 우리 인간에게도 다가와 사타구니나 엉덩이 가까이에서 킁킁대며 당황스럽게 만들기도 한다.

개들은 놀라울 만큼 후각이 발달했는데, 뉴욕 바너드 대학교의

개를 연구하는 과학자인 알렉산드라 호로비츠[Alexandra Horowitz] 박사는 개들이 하루 중 온도의 변화가 냄새 분자에 미치는 영향을 토대로 시간도 탐지할 수 있다고 밝혔다. 개들은 정밀한 후각 덕분에 전문적인 의료용 탐지견이나 마약 탐지견으로 활동하고 심지어 장염을 유발하는 클로스트리듐 디피실리균[clostridium difficile]을 탐지하기도 한다. 개의 후각과 관련된 레크리에이션 활동인 노즈 워크는 개들이 냄새를 맡으며 뭔가를 찾아내는 훈련이다. 초반에는 해당 장소의 바닥에 박스를 무작위로 깔아 두고 냄새로 먹을 것을 찾아서 먹게 한다. 시간이 지나면 개는 자작나무나 아니스 등 특정 식물의 향을 탐지할 수 있게 된다. 이 활동은 점점 심화되어 차나 빌딩에 뭔가를 숨겨 놓고 찾게 하거나 폐교에서 전문 냄새 탐지견이 하듯 특정 목표물을 찾도록 한다. 한 연구에서는 노즈 워크 수업에 참여한 개들이 다른 개 훈련(견주와 나란히 걷는 법을 배우고 보상받기)에 참여한 개들보다 낙관적이라는 사실을 밝혔다. 결론적으로 개의 자율성과 후각을 자극하는 활동은 반려견에게 긍정적인 영향을 준다.

  호주의 목축견 노바 스코샤 덕 톨링 레트리버와 함께 K9 ABC 게임즈 챔피언십 등 노즈 워크 대회에서 수많은 타이틀을 거머쥔 개 훈련사 앤 건더슨[Ann Gunderson]은 다음과 같이 설명했다. "많은 노즈 워크 대회에서 저는 반려견이 이끄는 팀의 팀원이었습니다. 대회에 참가한 반려견을 지켜보며, 녀석이 제게 뭔가를 알려 주는 것을 볼 때 정말 기분이 좋았죠. 개들은 우리가 무슨 생각을 하는지에 관해 정말 관심이 많습니다. 아시잖아요, 반려견들은 24시간 내내 어떻게 하면 견주를 기쁘게 할지 생각합니다. 아니면 간식을 먹을 생각을 하거나요. 개들은 모두 그렇죠!" 사람들은 항상 개에게 뭔가를 시킨다('앉아', '기다려' 등). 그는 이렇게 덧붙였다. "우리는 평소에 우리 좋자고 개들에게 무언가를 명령합니다. 그런데 노즈 워크 대회에서는 반려견이 스스로 뭔가를 하고, 우리는 녀석들을 따라다니죠. 개들이 전문가가 되는 모습을 보면 정말 순수하고 신비롭다는 생각이 듭니다. 개들이 정말 행복해하거든요."

전문가의 조언

"반려견들이 킁킁거리며 냄새를 맡도록 그냥 두시기 바랍니다. 우리 인간은 시각을 통해 먼저 인지하기 때문에 주 감각이 후각이라면 어떤 느낌일지 상상하기가 어렵습니다. 하지만 개들은 냄새부터 맡은 뒤 시각으로 재확인하고 받아들이거나 거부하죠. 개들의 세상은 시각적 자극보다는 냄새로 가득 차 있어요. 그 결과, 개들이 당신을 따라 산책을 나서도 당신과 반려견이 경험하는 것은 평행의 세계라고 할 수 있죠. 우리는 길에 무엇이 있는지 보지만, 개들은 누가 지나갔고, 누가 다가오는지 (산들바람에 실린) 냄새를 맡습니다. 일반적으로 사람들은 가까이에서 냄새 맡는 행동을 좋지 않게 생각합니다. 서로 '냄새를 맡는' 행위는 조금 우습고 무례한 행동일 수 있죠. 그래서 어떤 견주는 반려견이 다른 개에게 다가가 킁킁거리거나 다른 개의 흔적을 냄새로 탐색하는 것을 못 하게 막기도 합니다. 그것이 개의 세계에선 전부인데 말이

> 죠. 저는 차를 타고 콜로세움을 지날 때 아들 녀석에게 무릎만 보고 있으라고 하지 않듯이, 반려견이 길가 구석구석 열심히 조사하고 다닐 때는 리드 줄을 당기지 않습니다. 인간과 개의 다름(이 경우에는 주변 세계를 인식하는 방법)을 인정하면 개들에게 풍요로운 삶을 선사하는 데 한 단계 더 나아가게 됩니다."
>
> – 바너드 대학교 심리학과 겸임 부교수,
> 《개의 사생활 Inside of a Dog》 저자, 알렉산드라 호로비츠

노즈 워크 활동의 좋은 점은 개를 훈련하는 접근 방식이 굉장히 긍정적이고 친절하다는 것이다. 노즈 워크를 할 때는 한 번에 한 마리만 경기장에 들어가기 때문에 예민한 개들에게도 적합하다. 건더슨 박사는 단두종, 시각장애견, 청각장애견, 세 다리 장애견, 노견 등도 이 활동을 하며 즐거워했다고 말했다. 또한 개들은 자신만의 방식으로 노즈 워크를 하므로 모든 개가 이 활동을 할 수 있다고 덧붙였다. 또한 그는 "노즈 워크 활동을 경험해 본 사람들은 반려견을 산책시킬 때 변하기 시작할 것입니다. 개들이 냄새를 맡으며 세상을 탐색하도록 해 주겠죠. 그건 정말 좋은 일입니다."라고 말했다. 이처럼 견주나 조련사들이 개를 더 자세히 관찰할 수 있다는 점도 이 활동의 이점이다. 그 결과 견주들은 자신의 반려견이 무엇을 좋아하는지, 특히 냄새 맡는 걸 얼마나 좋아하는지를 알 수 있다.

반려견의 스포츠 활동과 인간과의 유대감

반려견에게 과제 해결 기회를 줄 방법은 다양하다. 보상을 기반으로 한 복종 훈련, 민첩성 훈련, 재주 배우기, 퍼즐 토이 놀이, 노즈 워크 등 여러가지 활동 기회를 다양한 방식으로 제공할 수 있다. 반려견을 데리고 스포츠 활동 수업에도 참여하자. 지역에서 열리는 초보자 수업부터 전국 또는 국제적인 규모의 행사들이 많이 있다. 스포츠의 종류는 다양하므로 자신의 반려견에게 어떤 종류가 적합할지 찾아보면 된다.

견주들은 대회에서 우승하기 위해 반려견을 스포츠에 참가시키는 것은 아니다. 한 연구에 따르면, 반려견을 데리고 여러 스포츠 행사에 참여하는 견주들은 외적 동기부여(우승 명예, 상품)뿐만 아니라 본질적 동기부여(내면의 열망, 흥미) 점수도 높게 준 것으로 나타났다. 연구 참가자들은 다음과 같이 말했다. "반려견 스포츠에 참가해 반려견과 당신이 한 팀이 되면, 매우 특별한 관계가 형성됩니다." 또 다른 참가자는 이렇게 말했다. "저는 반려견과 함께 훈련하면서 유대감을 형성하는 과정이 좋습니다. 그리고 반려견에 대해 저처럼 느끼는 사람들과 어울리는 것도 기분 좋은 일이고요. 그런 사람들과 삶 속에서 연결되는 기분이니까요." 다른 참가자들도 이러한 경험의 중심에 늘 반려견을 두었다. "반려견 덕분에 알게 된 친구들뿐만 아니라 반려견과 함께 보내는 이 시간이 정말 소중합니다." 많은 참가자가 반려견과의 유대감 형성과 반려견의 신체 활동 기회 제공을 노즈워크 대회에 참여하게 된 중요한 동기로 꼽았다. 이런 활동을 학습의 기회로 여기는 이들도 많았다. 한 참가자는 이렇게 말했다. "훈련을 하면서 다른 관점으로 상황을 바라보고, 여러 해에 걸쳐 반려견들을 새로운 방식으로 가르치는 게 너무 재밌습니다. '아하'하고 깨닫는 순간이 있죠." 반려견과 견주들이 다양한 스포츠 활동에 함께 참여하며 새로운 것을 깨닫는 '유레카' 경험을 같이 한다는 것은 매우 고무적인 일이다.

한편, 개들도 여느 운동선수들처럼 스포츠 활동을 하다가 다칠 위험이 있다. 어떤 경우엔 경쟁 속에서 스트레스를 받기도 한다. 한 소규모 연구에서는 과학자들이 열일곱 마리의 민첩성 경기 선수견을 대상으로 개들이 경기 전후에 안절부절못하는 등의 스트레스 징후를 포착했다. 어떤 것을 하든 마찬가지겠지만, 이런 사례는 적당함의 필요성을 암시한다. 개를 잘 관찰해서 스포츠 활동이 긍정적 경험이 되도록 해야 한다.

다양한 활동 경험을 제공하는 방법과 이유

다양한 활동 경험의 효과에 대한 연구는 개장에 갇혀 사는 개들을 대상으로 더 활발히 진행되어 왔다. 사육장에 사는 개들이나 유기견 보호소에서 지내는 개들은 거주 환경이 열악해 일반 가정집에서 지내는 개들보다는 자극에 노출될 기회가 적기 때문이다. 하지만 많은 이들이 반려견을 집에 홀로 둔 채 주기적으로 외출한다는 점을 고려하면, 다양한 경험 제공은 어떤 개에게나 중요한 사항이 된다.

개들은 새로운 것을 좋아한다. 과학 용어로 새로움에 대한 선호를 네오필리아^{neophilia}라고 한다. 당연히 새로운 것을 선호하다 보면, 가지고 놀던 장난감이 친숙해지면서 싫증을 느끼기 마련이다. 보호소 개들을 대상으로 한 연구에서는 개들에게 같은 장난감을 계속해서 주면서 반응을 관찰했다. 10회 정도 같은 장난감을 받은 개들은 대부분 장난감에 관심을 보이지 않았다. 하지만 연구자들은 장난감의 색상이나 냄새에 변화를 주면 개들이 다시 관심을 보인다는 사실을 알아냈다. 아주 작은 변화를 주어도 새로운 장난감처럼 느끼는 것이다. 따라서 견주가 장난감을 가지고 있다가 다시 주거나 여러 장난감을 돌아가면서 주는 것이 좋다.

다른 연구에서는 연구실의 개 우리에서 지내는 개들을 대상으로 관찰했다. 먹을 것으로 채운 콩토이$^{Kong\ Toy}$를 주자 개들은 장난감에서 나오는 간식을 잘 먹었고 계속해서 흥미를 보였다. 장난감을 열심히 가지고 놀 뿐 아니라, 일반적으로 더 활동적이었고 덜 짖었다. 입양 센터에서 지내는 개들을 대상으로 한 연구에서는 개들에게 다양한 자극을 주며 풍요로운 생활을 제공하고 다양한 활동을 하게 해 줄 때 개들의 삶의 질이 개선되는 것으로 나타났다. 날마다 30분 이상씩 운동과 훈련을 하고, (건식 사료만 먹는 대신) 습식 간식도 먹고, 조용한 환경을 제공해 주자 삶의 질 점수가 훨씬 높아졌다.

풍요로운 경험을 많이 제공해 주는 것이 좋지만, 간단한 것부터 시작해도 된다. 가령 나는 보저와 장난치는 걸 좋아한다. 한 손에 간식을 들고 녀석에게 보여 준 다음 손을 등 뒤로 가져와 다른 손으로 간식을 옮겨쥔다. 그러고는 두 주먹을 내밀어 한쪽을 고르라고 하는 식이다. 만일 녀석이 빈 주먹을 택하면 간식을 먹지 못한다. 하지만 간식을 쥔 주먹을 선택하면 간식을 먹을 수 있다. 그렇게 게임을 여러 번 반복한다.

돈이 들지 않는 또 다른 간단한 방법은 산책하러 나갔을 때 반려견이 마음껏 킁킁거리며 탐색하도록 두는 것이다. 산책하는 길을 아예 '킁킁 길'로 바꾸는 것이다. 서둘러서 산책하는 대신, 반려견이 소변 냄새를 맡으며 '새로운 정보'를 캐내도록 차분하게 기다리면 된다. 개들은 킁킁거리고 냄새를 맡으며 세상을 배운다. 이러한 행동을 통해 어떤 개가 여길 지나갔으며, 그 개들이 뭘 먹었는지를 알아낸다. 우리가 보기에 더러운 것에 반려견이 코를 박고 킁킁대더라도, 너무 놀라지 말고 딴 데로 시선을 돌려 꿀풀 주변으로 날아든 벌들이나 풀밭의 녹색 클로버 혹은 높다란 하늘에 구름을 감상하도록 하자.

당신이 완벽한 견주가 될 필요는 없다는 점도 기억하자. 반려견에게 풍요로운 경험을 제공하기 위해 하나씩 차근차근 시작하면 된다. 하나씩 시도하며 반려견이 흥미를 보이는지 살피자. 과학자의 관점으로 관찰하고 평가하며 당신이 제공한 것을 반려견이 잘 활용하는지 보고, 그 결과 어떤 행동 변화가 일어나는지도 지켜보자. 필요하다면 약간의 변화를 주면서 반려견에게 적합한 수준인지도 살펴야 한다. 만일 반려견이 그 자극을 좋아한다면 계속해도 좋다. 그러다 일정 기간이 지난 뒤, 또 다른 방식으로 새로운 경험을 하게 하자. 이런 식으로 해야 폭넓고 다양한 활동을 지속해서 제공할 수 있다. 그러면 반려견은 점점 더 행복해질 것이다.

반려견을 위해 실천하기

- 반려견이 모든 감각을 사용하도록 하는 방법을 찾아보자. 개들은 후각이 가장 민감하므로, 산책할 때는 마음껏 냄새를 맡으며 산책할 기회를 주자. 스너플 매트$^{snuffle\ mat}$(다양한 모양으로 덧씌워진 천 조각으로 만든 매트)에 간식을 숨겨 놓거나 마당 잔디밭에 간식을 여기저기 흩어 놓자. 집안에서는 먹을 것을 넣어 둔 여러 개의 상자를 여기저기 두고 반려견에게 찾도록 하거나 방에 숨겨 두고 찾아오도록 해 보자. 성공하면 찾아낸 간식뿐 아니라 다른 간식도 줌으로써 보상을 해 주자.

- 반려견 뇌 발달 활동을 위해 보상 기반 훈련을 하고, 간식을 많이 먹도록 해 주자. 반려견이 이미 기본 복종 명령에 잘 따른다면, 재주 부리는 법을 가르치거나 랠리 오비디언스$^{Rally\ Obedience}$ 수업에 참여해 보자.

- 반려견에게 씹을 수 있거나, 간식이 숨겨져 있거나, 견주와 함께 놀 수 있는 장난감을 주자. 장난감은 놀기와 씹기처럼 개의 행동 욕구를 충족시켜 준다. 다만 장난감은 안전해야 한다. 필요한 경우 당신이 없을 때는 장난감도 치워 두도록 하자(개들이 삑삑이 장난감 등을 먹어 치울 수도 있다).

- 반려견과 당신 모두가 즐길 수 있는 반려견 스포츠 활동을 하자. 예를 들어, 반려견이 뛰어다니는 걸 좋아하고 당신도 운동을 하고 싶다면, 캐니 크로스$^{cani\text{-}cross}$를 추천한다. 이는 하네스로 당신과 반려견을 연결해 한 팀이 되어 달리는 스포츠다. 이러한 활동에 관한 수업이나

대회 등에 참여할 기회를 찾아보자.

- 개들은 새로운 장난감을 선호하지만, 주기적으로 다른 장난감과 번갈아가면서 교체해 주거나 기존에 가지고 놀던 장남감을 깨끗이 씻어서 냄새를 없앤 후 주는 것도 좋은 방법이다.

- 반려견 생활 환경을 잘 살피고, 편안한 잠자리와 마당의 모래 놀이터 등을 마련해 주자.

11장

반려견 식습관의 과학

    나의 반려견 보저는 하루 중 식사 시간을 가장 좋아한다. 식사를 준비하고 있으면 녀석의 침방울 떨어지는 소리가 들릴 정도다. 보저는 식사를 시작하고 나서도 마치 감사하다고 말하듯 늘 고개를 돌리고 나를 쳐다본다. 반면 내가 식사할 때는 음식의 부스러기라도 한 입 얻어먹을까 싶은 눈빛으로 날 쳐다본다. 남편이 과자를 먹고 있으면 정말 간절한 눈빛으로 올려다 본다. 그러다 고양이들이 식사를 시작하면 뭐랄까, 너무 부담스러울 정도로 가까이 다가가서 고양이들이 흘린 음식을 먹으려고 기다리고 있다. 멀리 거리를 두고 기다리는 훈련을 해야 할 정도다. 고양이들은 육식 동물이라 고기로 만든 식단을 준비해 줘야 한다. 당연히 보저도 고양이들이 먹는 걸 탐낸다! 나는 고기를 잘 먹지 않는 편이지만 녀석은 내가 먹는 것도 탐내긴 한다. 내가 먹던 생당근이나 애호박 한 조각을 주면 잘 먹는다.

    개들의 행복을 위해서는 제대로 된 영양분 섭취가 매우 중요하다. 우리가 반려견에게 주는 음식은 개들에게 필요한 영양소뿐만 아니라 반려견이 가족의 일원이라는 표현과도 관련이 있다.

개가 먹을 수 있는 것

　개들은 잡식 동물이라 다양한 음식을 섭취할 수 있다. 쌀이나 감자와 같은 탄수화물을 소화하는 능력은 오늘날 개와 늑대를 구분하는 방법이기도 하다. 인간과 공존하기 위해 개들의 소화 기관이 적응해 왔다는 사실은 스웨덴 웁살라 대학교의 에리크 악셀손[Erik Axelsson] 박사의 한 연구 중에 우연히 밝혀진 것이다.

　아주 옛날 늑대의 원형에서 오늘날 길들어진 개로 진화하기까지 수반된 유전적 변화를 이해하기 위해, 악셀손 박사와 연구팀은 열두 마리 늑대의 DNA와 예순 마리 개(열네 종)의 DNA 배열을 비교 분석했다. 그들은 특히 개의 DNA 배열에서 작은 변화가 생긴 부분을 집중적으로 연구했다. 이 부분은 길들어진 개들의 생존에 매우 중요한 역할을 했음이 분명했다. DNA 배열에 변화가 생긴 부분은 뇌 기능과 연관된 유전자를 포함하고 있었다. 그리고 탄수화물 소화 기능과 연관된 유전자도 발견되었다. 개에게는 탄수화물을 소화하는 데 관여하는 유전자인 Amy2B가 4개~30개 정도 있는 것으로 밝혀졌다. 늑대에게는 이 유전자가 단 두 개밖에 없다. 이 유전자를 많이 가지고 있다는 것은 장에서 탄수화물 분해를 돕는 아밀라아제를 많이 갖고 있다는 뜻이다. 연구 결과, 개의 탄수화물 소화 능력은 늑대보다 다섯 배 뛰어났다.

　MGAM이라 불리는 또 다른 유전자는 말타아제[maltase]와 연관된 것으로, 이 또한 탄수화물 소화에 중요한 요소다. 개와 늑대는 이 유전자를 똑같이 갖고 있는데, 핵심적인 차이가 존재한다. 개는 기다란 말타아제를 가지고 있어, 소화에 더욱 능률을 발휘한다. 잡식 동물과 초식 동물에게서 기다란 형태의 말타아제가 발견된다는 점에서 이 유전자가 식물 단백질을 분해하는 데 중요한 요소임을 알 수 있다. 이 연구 결과를 바탕으로 악셀손 박사는 다음과 같이 추정했다. "과거 늑대의 조상들이 인간의 거주지 근처를 어슬렁거리기 시작하면서 탄수화물을 소화하는 능력이 발달했을 겁니다. 고기가 아닌 인간의 음식을 조금씩 얻어먹으면서 이를 소화하는 능력은 생존에 중요한 사항이 되었겠죠."

전 세계 다양한 견종을 대상으로 이어진 연구에서는 늑대, 코요테, 자칼 등이 Amy2B 유전자를 두 개밖에 갖고 있지 않다는 사실을 밝혀냈다. 그리고 북극에서 서식하며 육식 위주의 식사를 하는 사람들과 사는 시베리안허스키, 호주산 들개 딩고에게도 해당 유전자가 두 개만 발견되었다. 다른 견종들은 이전 연구 결과와 마찬가지로 Amy2B 유전자를 더 많이 가진 것으로 밝혀졌다. 또 다른 연구에서는 각기 다른 견종들이 가지고 있는 Amy2B 유전자의 개수가 어떻게 다른지 밝혔는데, 그린란드에 서식하는 썰매견과 사모예드가 가장 적게 가지고 있는 것으로 나타났다. 하지만 최근 늑대와 썰매견이 이종 교배되었다는 점을 배제할 수는 없다. 또한 같은 견종 내에서도 유전자 검사 결과에 차이가 있었다.

우리는 인간에게 길들여진 개들이 언제부터 탄수화물 소화 능력이 발달되었는지는 여전히 알지 못한다. 연구자들은 아주 오래전의 개와 늑대의 게놈^{genome}(한 생물이 가지는 모든 유전 정보)을 분석했다. 그들은 유럽과 아시아 등지의 고고학 유적지에서 찾아낸 고대 개 열세 마리의 이빨과 뼈에서 DNA를 추출했다. 그 결과 당시의 개들은 두 개에서 스무 개 정도의 Amy2B 유전자를 갖고 있었다. 이는 초기 농경 사회에는 해당 유전자가 추가로 생기지 않았음을 암시했다. 하지만 적어도 약 7,000년 전부터 개들은 이 유전자를 많이 갖기 시작했다. 이 흥미로운 연구들은 개들과 인간 모두 농경의 결과로 탄수화물 소화를 돕는 유전자가 필요했음을 보여 준다. 그리고 이 결과는 개들이 늑대처럼 먹어야 한다는 기존의 인식이 잘못되었음을 암시했다. 따라서 이 연구들을 통해서 알 수 있는 사실은 과거 어느 시점에 오늘날의 늑대와 개의 공통 조상이 분리되었으며, 개들은 인간과 거의 유사한 식단을 먹기 시작했다는 것이다.

반려견 식단 관리법

우리가 반려견에게 먹이는 것을 살펴보면, 반려견의 식습관과 건강을 얼마나 걱정하는지 알 수 있다. 호주에서 진행된 연구에서, 견주의 41퍼센트는 하루 두 번, 36퍼센트는 하루 한 번 반려견에게 식사를 제공했다. 16퍼센트는 온종일 반려견이 원할 때 먹도록 밥그릇을 채워 두었다. 간식의 경우 대부분의 개는 하루 한 번 혹은 일주일에 한 번 먹었다(각 37퍼센트). 개들의 가장 흔한 식사는 중간 가격의 사료 (44퍼센트), 생 뼈다귀(44퍼센트) 그리고 부엌에서 나온 잔반(38퍼센트)이었다. 영국에서 래브라도 레트리버의 견주들을 대상으로 한 연구에서도 80퍼센트의 견주가 사료를 주었다. 그중 13퍼센트만이 습식과 건식 사료를 혼합해서 주는 것으로 나타났다. 강아지들은 하루 서너 번, 생후 6개월에서 9개월 정도에 이르는 시점부터는 하루 두 번 식사를 하는 것으로 확인되었다.

시중에서 판매하는 개 사료와 통조림은 특정 영양 섭취량을 충족하도록 제조되었고(성장 시기에 알맞게 구분되고 특별 식단용도 나온다), 가격대별로 선택 가능하다. 제조사들은 개들이 잘 먹도록 사료의 식감, 냄새, 모양 등을 연구했다. 어떤 사람들은 사료를 먹여야 개의 치아 건강에 좋다고 생각한다. 하지만 이를 뒷받침할 연구 결과는 여전히 부족하다(수의 치과 식단은 예외다).

어떤 견주들은 다양한 식단을 제공하는 것을 선호한다. 《북미 수의학 클리닉: 소형 동물 사례Veterinary Clinics of North America: Small Animal Practice》에서는 다양한 식단을 제공하는 이유와 그에 따른 장단점을 검토했다. 어떤 견주들은 반려견이 (방부제 같은) 첨가물이나 사람들이 먹는 식품에는 들어가지 않는 축산 부산물 등을 섭취하는 것을 방지하기 위해 또는 유기농 식품을 먹이기 위해 집에서 만든 음식을 준다. 또 어떤 견주들은 직접 반려견의 음식을 준비하면서 그들을 가족 구성원의 일부로 인식하기도 한다. 하지만 집에서 요리한 반려견 음식을 분석한 결과 특정 영양소가 부족한 것으로 나타났다.

일부 사람들은 반려견에게도 채식 식단을 주려고 직접 요리하기도 하지만, 이 또한 개의 필수 영양 섭취량을 충족하기에는 부족함이 있다. 시중에서 구할 수 있는 채식용 개 사료와 반려견 전용 음식을 분석한 연구에서는 영양학적 문제들을 다수 발견했다. 품질에 주의를 기울여야 한다는 점도 시사했다.

집에서 만든 반려견용 생식 또한 영양학적 관점에서 문제가 있다. 다행히 시중에는 반려견용 생식이 많이 나오고 있다. 어떤 이들은 생고기로 제조한 식단이 실제로 개들이 '야생에서' 먹는 것과 유사할 것으로 생각해 선호하기도 한다. 그러나 생고기 식단의 건강학적 영향에 관한 임상이 부족해 어떤 점이 좋고 나쁜지 확실하지 않다. 생고기 기반의 식단은 일반적으로 지방 함유량이 많다. 이로 인해 반려견의 털에서 윤기가 흐를 수는 있어도 소화계에 부담을 주거나 과체중을 유발할 수도 있다.

생식에 관한 연구는 매우 한정적이다. 다만 식품 속 박테리아로 개의 건강에 악영향을 줄 수 있다는 우려가 짙다. 개가 아프지 않더라도 개의 배설물로 인해 사람들이 위험해질 수 있다. 한 연구에서는 시중에서 판매하는 생고기 기반 식품에서 네 가지 유형의 박테리아와 기생충을 발견했다. 리스테리아균(43퍼센트), 대장균(23퍼센트), 살

모넬라균(20퍼센트) 등이 검출되었다. 식품이 냉동 보관되지 않은 경우에도 기생충 검출의 위험이 있었다. 이 연구를 시행한 과학자들은 개들(그리고 고양이들)이 생고기로 만든 식품을 섭취했을 때 항생제 내성이 있는 박테리아에 감염될 가능성이 크다고 밝혔다. 이는 개들의 건강뿐만 아니라 인간에게도 위협적인 요소다. 과학자들은 생고기로 만든 식품의 경우 보관과 취급에 관련한 정확한 안내 사항을 라벨에 붙여 설명해야 한다고 주장했다.

만일 생식을 먹이려고 한다면, 사람들이 먹는 생식(예를 들면 생 닭고기)을 취급할 때와 같은 위생 지침을 따라야 한다. 조리된 식품과 생 제품을 따로 보관하고, 냉동 제품을 해동시킬 때는 냉장고에서 사람이 먹을 식품과 분리해야 한다. 반려견에게 먹을 것을 주거나 반려견의 배설물을 치운 후에는 반드시 손을 씻어야 한다. 돼지 귀 슬라이스나 불리 스틱, 그리고 일부 동결 건조 간식들은 생식임을 기억하자. 가족 구성원 중에 노약자나 어린아이가 있다면 면역력이 약하기 때문에 반려견이 박테리아에 감염되지 않도록 식품 관리에 늘 주의를 기울여야 한다.

한편, 초콜릿, 카페인 그리고 저열량 피넛 버터에 함유된 자일리톨 등은 개들에게 독극물과 같다. 지방을 과하게 섭취하면 췌장염에 걸릴 수 있다. 앞서 언급한 바와 같이, 생고기나 덜 익은 고기, 달걀, 뼈 등은 박테리아 감염의 위험이 있다. 효모 반죽은 몸을 붓게 할 수 있고, 익힌 뼈, 과일 씨 등은 기관지 폐색을 유발할 수 있다. 코코넛 등 일부 음식은 소량을 먹었을 때만 안전하다. 많은 개가 유제품을 소화하는 데 필요한 효소가 부족해 젖당 소화 장애증을 앓는다. 대부분의 견과류는 개들에게 위험하나 땅콩은 괜찮다(피넛 버터에 자일리톨이 함유되었는지는 꼭 확인하자!).

개가 섭취하면 위험한 식품들

· 알코올

· 아보카도

· 초콜릿(다크 초콜릿이 가장 독성이 강함)

· 감귤류 과일

· 코코넛(소량은 괜찮음)

· 커피(카페인 제품은 모두 위험)

· 포도와 건포도

· 우유 및 유제품

· 견과류(마카다미아 너트, 아몬드, 피칸, 호두 등)

· 양파, 마늘, 쪽파

· 생고기나 덜 익은 고기, 달걀, 뼈

· 과도한 염분

· 자일리톨(피넛 버터, 사탕 등에 함유된 인공 감미료)

· 효모 반죽

출처: ASPCA Poison Control

간식에 관한 진실

일반적인 안내 사항에 따르면 간식은 반려견의 하루 열량 섭취량의 10퍼센트를 넘어서는 안 된다. 하지만 《수의학 기록》에 실린 반려견 간식 연구에 따르면, 중소형견이 하루에 섭취하는 간식량은 치아 관리용 스틱을 제외하고도 권장 열량을 초과하는 것으로 나타났다. 개들은 고양이와 달리 당분의 맛을 느낄 수 있어, 반려견의 간식에는 주로 당류가 함유되어 있다. 연구자들은 간식 제품 라벨에 원료명이 구체적으로 명시되지 않는 것을 우려했다. 그리고 알레르기 반응을 일으키는 음식이 있어서 음식 섭취 시에 부작용 위험이 있는 개들에게는 간식을 주어서는 안 된다고 설명했다. 또한 간식 원료를 분석한 결과, 많은 간식이 만성 심장 질환이나 신장 질환을 앓는 개들에겐 적합하지 않았다. 만일 당신의 반려견이 특별식을 먹고 있다면 어떤 간식이 안전한지 수의사와 상의하는 게 좋다.

반려견이 과체중이거나 비만일 때

보저는 먹을 것을 연상시키는 모든 소리에 민감하다. 냉장고를 여는 소리, 비닐봉지가 바스락거리는 소리, 아그작 감자 칩 먹는 소리, 치즈를 넣어 둔 플라스틱 통 뚜껑이 열리는 소리, 캔 따는 소리,

고양이 간식을 넣어 둔 찬장 문 여는 소리, 고양이 간식 포장지를 흔들 때 달그락거리는 소리 등에 즉각 반응한다. 어떤 요리를 준비하든 녀석은 쪼르르 부엌으로 달려온다. 보저는 간식을 좋아하고, 우리가 밥을 먹다가 조금씩 나눠 주는 것도 잘 먹는다. 게다가 고양이들이 먹다 남긴 음식도 어떻게든 먹으려고 애를 쓴다. 그래서 나는 항상 보저의 체중에 주의를 기울인다. 몇 년 전에는 체중이 너무 늘어서 한동안 다이어트를 시키기도 했었다.

과체중이나 비만은 개들이 겪는 아주 흔한 문제다. 과체중은 신체 조건 점수를 기준으로 규정된다. 이는 9단계로 구분된 신체충실지수body condition score를 근거로 한다(5단계로 구분하는 지수 기준도 있다). 개들(그리고 고양이들)은 신체충실지수가 9점 중 6점에서 7점(표준 체중보다 10~20퍼센트 정도 많을 때)이면 과체중으로 간주한다. 그리고 (표준 체중보다 30퍼센트 많은) 8점 이상이면 비만으로 본다.

미국에서 실시한 대규모 설문 조사에 따르면, 과체중이거나 비만한 개의 비율은 34퍼센트였다. 호주에서 진행한 연구에서는 33.5퍼센트가 과체중, 7.6퍼센트가 비만이었다. 이 결과는 각기 다른 시기에 도출된 것으로, 특정 국가에 사는 개들이 다른 나라의 개들보다 더 뚱뚱한 경향이 있다는 것을 의미하지는 않는다. 하지만 반려견 과체중과 비만 문제가 심각하다는 사실을 잘 보여 준다. 미국의 한 설문 조사를 통해 나이 든 개들이 과체중인 경향이 높다는 사실이 밝혀졌다. 나이가 들수록 활동량이 적어 체중이 늘어날 가능성이 크다는 점을 암시하는 대목이다. 또한, 과체중인 개들은 대부분 건식 사료와 습식 사료를 함께 먹거나 중성화 수술을 받은 경우가 많았다. 그리고 골든 레트리버, 래브라도 레트리버, 닥스훈트를 비롯한 특정 견종이 과체중 위험이 컸다.

사람의 경우와 마찬가지로, 과체중과 비만은 개들의 건강에 굉장히 위협적인 요소이다. 근골격 장애나 심혈관 질환을 앓는 개들에게는 특히 치명적이다. 호주에서 실시한 연구에 따르면 개의 과체중과 비만율은 연령 증가에 따라 높아지다가 어느 지점에서는 변동이 없었다. 이유는 명확하지 않지만, 과체중이나 비만한 개들은 질병으로 인해 오래 살지 못하는 반면, 정상 체중의 개들은 질병 없이 오래 사는 것이 한 가지 가능성으로 보인다. 또한 시골이나 교외 지역에 사는 개들이 과체중이나 비만일 확률이 높다는 사실도 밝혀졌다. 아마도 그런 지역에서는 개들이 먹을 것을 쉽게 구하거나, 견주들이 마당이나 동네에서 반려견이 충분히 활동한다고 짐작하고 산책을 잘 시키지 않아서일 것이다. 과체중에 이르는 다른 원인으로는 하루 (두 번이 아닌) 한 번 식사를 주고, 과자를 많이 먹이고, 충분히 운동시키지 않는 것 등이 있다. 견주가 과체중이거나 비만한 경우도 반려견이 비만일 확률이 높았다.

어린 개가 비만하면 특히 우려스럽다. 과체중인 강아지는 성견이 되어서도 과체중일 가능성이 크기 때문이다. 하지만 각기 다른 견종의 강아지들은 모두 다른 크기와 형태의 성견으로 자라기 때문에 강아지 때의 신체 조건만으로 정상 체중으로 자랄지 과체중으로 자랄지 판단하기는 어렵다. 요즘에는 월썸 애완동물 영양학 센터$^{Waltham\ Centre\ for\ Pet\ Nutrition}$에서 제공하는 강아지 표준체중표를 통해 40킬로그램의 범주 내에 속하는 강아지의 정상 체중을 확인할 수 있다.

> **전문가의 조언**
>
> "21세기를 사는 우리는 인터넷에 의지합니다. 클릭 한 번으로 개와 관련된 정보를 (물론 잘못된 정보도) 넘치도록 얻을 수 있죠. 미국 동물 행동학자인 패트리샤 맥코넬$^{Patricia\ McConnell}$ 박사의 말을 빌리자면, 사람들은 계속해서 한 걸음씩 물러서는 연습을 해야 합니다. 아무리 작은 것이라도, 반려견에 대한 추측과 기대를 날마다 느슨히 풀어 놓는 습관을 들여야 합니다. 개들에 대한 우리의 신념은 확정적일 필요가 없습니다. 우리는 아직 개들에 관해 모르는 게 많으니까요. 늘 여지를 두고 계속해서 새롭게 밝혀지는 정보를 받아들여야 합니다. 특히 연구자, 수의사, 실무자 그리고 과학적 논의를 하는 사람들이 제시하는 정보들 말입니다. 그렇게 해야만 비로소 개의 행복과 안녕을 위한 환경이 증가할 거라고 믿습니다."
>
> – 《사이언티픽 아메리칸$^{Scientific\ American}$》에서 운영하는 블로그 '도그 스파이$^{Dog\ Spies}$'에 기고하는 저자, 뉴욕시립 대학교 박사과정, 줄리 헥트$^{Julie\ Hecht}$

대체 왜 그 많은 개가 과체중이 되었을까? 반려견이 무엇을 어떻게 먹는지에 관한 책임은 우리에게 있으므로, 견주와 음식과의 관계가 큰 영향을 미쳤다고 볼 수 있다. 《영양학 저널 Journal of Nutrition》에 실린 독일의 한 연구에서는 정상 체중 반려견의 견주 60명과 과체중 반려견의 견주 60명을 비교 분석했다. 두 집단의 견주 모두 반려견과 친밀한 관계를 유지했고, 시중에서 구할 수 있는 사료를 먹였다. 하지만 과체중 반려견의 견주들은 반려견에게 말을 더 많이 했고, 침대에서 자도록 해 주었다. 개에게서 병이 옮을 수도 있는 상황에 덜 예민했고, 개의 운동량이나 다른 활동량의 중요성을 간과했다. 그뿐만 아니라 그들은 개 사료 비용에 관해 더 많이 얘기했다. 정상 체중 반려견의 견주 중에서는 47퍼센트만이 슈퍼마켓에서 반려견의 먹거리를 구매한 데 비해, 과체중 반려견의 견주 중에서는 66퍼센트가 슈퍼마켓에서 먹거리를 구매했다. 영양학적으로 애견 샵이나 동물병원에서 판매하는 반려견 먹거리가 더 품질이 높은 것으로 알려져 있다.

이 연구에서 가장 흥미로운 부분은 반려견이 먹는 모습을 얼마나 많이 지켜보는지에 관한 견주들의 대답이었다. 과체중의 반려견 견주 중 25퍼센트가 하루 30분 이상 반려견의 먹는 모습을 지켜본다고 답했다. 반면 정상 체중 반려견의 견주 중에는 11퍼센트만이 30분 이상 반려견의 먹는 모습을 지켜본다고 답했다. 과체중인 개들은 식사를 비롯해 과자 등 간식을 더 많이 먹었고, 견주 역시 과체중인 경우가 많았다. 이 연구에서는 일부 견주가 먹을 것을 사용해 반려견과 상호작용하는 것을 특히 중요시한다는 점을 알아냈다. 따라서 반려견의 체중 관리를 하는 데 견주의 행동 변화가 매우 중요하다(식사 후 자신이 먹던 음식의 일부나 간식을 주는 대신 쓰다듬어 주거나 놀이를 하거나 산책을 하는 것이 좋다). 훈련 중에 보상으로 간식을 주더라도 반려견의 일일 열량 섭취량에 포함하여 계산하는 것이 바람직하다.

《동물 복지 응용과학 저널Journal of Applied Animal Welfare Science》에 실린 한 연구에서는 견주의 태도가 반려견의 체중에 미치는 영향을 조사했다. 연구자들은 견주들에게 반려견이 저체중인지, 정상 체중인지 혹은 과체중인지 질문한 뒤, 실제 반려견들의 신체충실지수를 측정했다. 가장 우려스러운 상황은 견주들이 자신의 반려견이 과체중이라는 사실을 인지하지 못하는 것이다. 물론 반려견이 과체중이라는 사실을 아는 견주라고 해서 반려견을 정상 체중으로 돌려놓을 수 있는 것은 아니었다. 반려견을 과체중으로 만드는 요인 중 하나는 견주가 반려견의 적정 식사량을 모르고 있는 것이었다. 또 다른 요인은 견주가 반려견이 먹는 양을 조절할 수 없다고 느끼는 것이었다. 이는 반려견이 애원할 때 모른 척하기 힘든 심리에서 기인한 것이었다. 분명히 짚고 넘어가지만, 개들은 먹고 싶은 것을 조르는 데 굉장히 능하다!

반려견이 과체중이거나 비만일 경우, 이에 대한 방안으로 견주들은 특별식을 제공했는데, 상당 부분 통제된 조건에서 체중 감량에 효과가 있었다. 하지만 음식의 종류뿐만 아니라 견주의 행동 자체에 변화를 주는 것도 중요하다. 《예방수의학》에서는 견주가 반려견의 체중 감량을 위해 어떻게 해야 할지에 관한 내용을 발표했다. 다음의 사항들은 반려견의 신체충실지수와 견주 행동에 변화를 주는 데 효과적이었다. 견주 행동에 변화를 주기 위한 일부 기술은 다음과 같다.

> - 반려견의 체중 감량에 도움이 될 수 있는 자신의 행동 목표를 세운다. 예를 들어 날마다 시간을 정해 반려견과 산책하거나 하루에 줄 수 있는 간식 개수를 정해 정해진 분량 이상을 주지 않는다.
> - 반려견의 목표 감량 체중을 정한다. 일주일 동안 얼마만큼의 체중을 감량하겠다는 목표량을 정한다.
> - 반려견에게 무엇을 얼마만큼 먹이는 게 좋은지와 운동은 얼마만큼 시켜야 하는지 등 관련 지식을 습득한다.
> - 반려견의 식사 습관을 어떻게 감시할 것인지 전략을 세운다. 가령 반려견이 언제 무엇을 먹었는지를 보여 주는 시스템을 활용해 추가로 먹는 일이 없도록 한다.
> - 정기적으로 동물병원을 방문해 반려견의 체중을 재고, 그에 따른 상담을 받는다.

비만한 개들은 인간의 경우와 마찬가지로 다양한 질병에 걸릴 위험이 커진다. 골관절염이라든지, 당뇨병, 췌장염, 피부병, 호흡기 질병, 요실금 등을 앓게 될 수 있다. 그리고 과체중인 개들은 정상 체중인 개들보다 수명이 짧다(중성화 수술을 한 수컷을 기준으로 과체중의 저먼 셰퍼드는 평균 5개월, 요크셔테리어는 평균 2.5년 수명이 짧았다). 반려견이 과체중인 경우, 견주들은 반려견의 건강 관리에 17퍼센트, 약물 치료에 25퍼센트 더 많은 돈을 쓰는 것으로 나타났다.

과체중과 비만은 반려견의 신체 건강을 넘어 개의 행복에도 영향을 미치는 것으로 나타났다. 국제적으로 저명한 동물 복지 과학자인 뉴질랜드 매시 대학교의 데이비드 멜러 교수는 다음과 같이 말했다. "예를 들어, 심각하게 아프지 않거나 심지어 전혀 아프지 않더라도 살이 찐 동물들은 날씬하고 건강한 동물들에 비해 삶이 즐겁지 않다는 점을 짐작해 볼 수 있습니다."

개의 포식 행동에 관해

고스트는 식성이 까다롭다. 아마 길을 잃고 생존을 위해 먹을 것을 찾아다닌 적이 있어서인지 스스로 먹거리를 찾아 먹는 데도 능하다. 고스트가 길을 가던 중 잔디밭에 멈춰 서서 귀를 기울이고 고개를 좌우로 살피면, 곧 땅을 파기 시작할 것이라는 의미다. 맨 처음 녀석이 땅을 파더니 쥐를 물고 오는 모습에 나는 적잖이 놀랐다. 그 이후 녀석이 땅속에서 찍찍거리는 소리에 귀를 기울인다는 사실을 알게 되었다. 언젠가 한 번은 고스트에게 리드 줄을 채우고 산책하러 나갔는데, 녀석이 갑자기 덤불에 머리를 집어넣더니 반쯤 뜯어진 새 둥지와 새끼 새 두어 마리를 입에 물고 나왔다. 최악의 사례는 고스트가 이미 죽은 지 여러 날이 지난 회색 다람쥐를 입에 물고 삼키려고 했을 때였다. 녀석은 내가 어떤 간식을 줘도 입에 문 다람쥐를 내

놓지 않다가 결국엔 삼키기에 너무 컸는지 뱉어 냈다.

포식 행동은 자연스럽고 조직적인 행동이다. 뇌의 외측 시상하부라고 불리는 부위와 연관되며, 이는 신경 과학자 자크 판크세프 교수가 탐색 체계라고 명명한 정서의 일부다(1장 참조). 늑대들의 포식 행동 순서는 '위치 확인→시선→접근→쫓기→포획-물기→살생-물기→해부→먹기' 순으로 이루어진다. 만일 보더콜리가 양을 포획하는 장면을 본 적이 있다면 '시선→접근→쫓기' 부분이 두드러진다는 점을 알아챘을 것이다. 터키 목양견 아나톨리아 셰퍼드는 포식 행동을 억제하고 양떼를 몰도록 길들었다. '포식 행동'은 공격적인 느낌이 드는 말이지만, 분노 체계의 일부분인 공격성과 포식성은 엄연히 다르다. 즉 포식성과 공격성은 뇌의 서로 다른 부분과 연관된다. 한편, 개들은 작은 동물들을 항상 먹이로 인식하지 않는다. 그러나 작은 동물들이 뛰거나 높은 소리를 낼 때는 위험에 처할 것이다.

반려견 그리고 반려견의 먹거리와 관련된 문제는 생각만큼 그리 간단치 않다. 사람들은 반려견의 건강을 위해 반려견 먹거리에 더 주의를 기울여야 한다. 또 어떤 이들은 반려견과의 상호작용을 이유로 늘 먹을 걸 주어야 한다는 생각을 바꿔야 한다. 가장 중요한 것은 반려견의 체중을 항상 관심 있게 보고 관리하는 것이다. 반려견이 수분 섭취를 충분히 하도록 하는 것도 중요하다. 반려견이 원할 때 항상 물을 먹을 수 있도록 하고, 밖에 나갔을 때도 바로 물을 줄 수 있도록 준비하자.

반려견을 위해 실천하기

- 반려견에게 가장 적합한 식단을 선택하되, 당신이 감당할 수 있는 선 안에서 해야 한다.

- 감염병 예방을 위해 반려견 식사 준비 장소, 식사 장소, 식사 용기 등의 위생에 신경 쓰자. 특히 생식을 먹인다면 위생에 특별히 주의를 기울여야 한다. 생고기는 반드시 냉동 보관해야 기생충 번식을 막을 수 있다. 가정에 노약자나 어린이 등 면역력이 약한 구성원(반려동물 포함)이 있다면, 반려견의 생식 식단을 재고하자.

- 반려견의 치아 건강을 고려해 너무 많은 당분을 먹이지 않도록 주의하자. 건강한 간식을 찾아보되, 사람이 먹는 닭고기를 적당량 주어도 좋다.

- 반려견의 과체중 및 비만 기준을 알아보자. 당신의 반려견이 정상 체중인지 정확하게 확인하려면 수의사에게 문의하자. 체중 감량을 위해서는 열량 섭취를 줄이는 것이 가장 좋은 방법이다. 반려견에게 적당량의 식사를 주고 있는지 양을 정확히 측정하자. 간식 또한 일일 열량 섭취량에 포함해서 계산해야 한다.

- 반려견 활동의 대부분이 먹을 것을 중심으로 이루어져 있다면, 산책이나 터그 놀이, 쓰다듬기 등 간식이 빠진 새로운 활동을 시작해 보자.

- 반려견의 폭넓은 경험을 위해 다양한 음식을 다채로운 방식으로 제공하자.

12장

반려견 수면의 비밀

나는 고스트가 자는 모습을 볼 때 녀석의 몸이 내 키보다 길어 보여 종종 놀라곤 했다. 잘 때 녀석의 호흡은 천천히 잦아든다. 처음에는 가슴 쪽이 커다랗게 부풀어 올랐다가 쑥 내려앉고, (잠깐 멈췄다가) 다음 들숨을 들이쉰다. 나는 고스트가 꿈을 꾸듯 내뱉는 쌕쌕거리는 조용한 소음과 네 다리의 씰룩거림을 사랑한다. 보저도 마찬가지로 잠에 취해 있다가 때로 코를 골기도 한다. 녀석은 가끔 내가 일하고 있는 서재에 들어와서 잔다. 의자 뒤에 너무 바짝 붙어 잘 때면 나는 녀석을 깨우기 싫어 꼼짝달싹하지 않는다.

요즘 보저는 우리의 침대 발밑에 놓인 반려견 전용 침대에서 잔다. 가끔 한밤중에 녀석이 바닥에 털썩 드러눕는 소리가 들리는데, 어느새 보면 다시 자기 침대에 올라가 있다. 우리는 원래 고양이들과 한방에서 잤다. 그래서 보저가 함께 자기 위해서는 고양이들과 아무런 문제 없이 잘 수 있다는 믿음이 필요했다.

나는 보저와 한방에서 자면 더욱 가족처럼 느껴져서 기분이 좋다. 내가 알기론 이웃집 반려견 중에는 집 안에서 자는 개도 있고, 마음대로 돌아다니는 개도 있다. 이 말은 개들이 한밤중에 우리 마당으로 와서 짖어대기도 한다는 뜻이다. 반려견이 어디서 자는 게 좋은지는 사람마다 생각이 다른 게 확실하다.

반려견과 사람이 함께 자는 것

래브라도 레트리버를 대상으로 한 어떤 연구에 따르면, 밤에 55퍼센트의 개들이 실내에서 혼자 자고, 19퍼센트는 실내에서 다른 반려동물과 함께 자는 것으로 나타났다. 21퍼센트는 실내에서 사람과 함께 잤고, 이 중 일부는 사람뿐만 아니라 다른 반려동물과도 함께 잤다. 실외에서 자는 래브라도는 4퍼센트에 그쳤다. 호주 빅토리아주에서 실시한 조사에서는 33퍼센트의 반려견이 실내의 반려견 전용 침구에서 잤고, 20퍼센트는 다른 누군가의 침구에서, 24퍼센트는 실외의 개장에서 그리고 3퍼센트는 실외에서 반려견 전용 집도 없이 자는 것으로 나타났다.

한편, 일부 개 훈련사들은 반려견이 견주와 한 침대에서 자면 버릇이 나빠지고 행동에 문제가 생길 수 있다고 믿고 있다. 이는 매우 안타까운 일이다. 그들이 생각하는 이유로 반려견의 버릇이 나빠진 사례에 대한 증거가 없으며 버릇이 나빠지는 것과 문제 행동을 일으키는 것은 무관한 일이다. 물론, 당신이 반려견과 한 침대에서 자는 걸 좋아할 수도 싫어할 수도 있으니, 선택은 당신에게 달렸다. 특히 몸에 손을 대면 예민하게 반응하는 개들은 함께 자면서 수면에 방해를 받으면 으르렁거리거나 잠재적으로 물 위험이 있다. 견주가 침대에서 내려가라고 하면 개가 공격성을 보이지만, 침대나 방에서 내쫓으면 밤새 짖어대서 어쩔 수 없이 한 침대에서 자는 경우도 있다. 하지만 대부분의 반려견은 견주와 같이 살고 있는 다른 반려동물에게 위협적인 존재가 아니다. 그저 반려견들은 밤에 견주에게 바짝 붙어 자려고 하거나 적어도 한방에 같이 있고 싶어 할 것이다.

반려견이 견주와 한 침대 혹은 한방에서 자는 것을 아이와 엄마가 함께 자는 것을 의미하는 '코슬리핑co-sleeping'이라고 부르기도 한다. 얼마나 많은 견주가 반려견과 함께 자는지 명확하지는 않지만, 호주의 한 연구에 따르면 10퍼센트의 견주가 반려견과 한 침대에서 자는 것으로 나타났다. 연구자들은 해당 10퍼센트의 견주들과 같은 연령대 및 성별의 사람 중 반려견과 함께 자지 않는 응답자들을 선별하여 해당 10퍼센트의 견주들과 비교 분석했다. 반려견과 함께 자는 견주들은 잠들기까지 비교적 더 오랜 시간이 걸리긴 했지만, 반려견과 함께 자지 않는 사람들이 잠들기까지 걸리는 시간과의 차이는 그리 크지 않았다. 그리고 아침에 일어났을 때 피곤하다고 대답한 경향이 있었지만, 반려견과 함께 자지 않은 사람들과 수면 시간은 비슷했다. 낮에 더 피곤해하지도 않았다. 연구자들은 많은 이들이 반려견과 함께 잔다는 사실을 봤을 때, 반려견과 함께 자는 수면 습관에는 분명 어떤 이로운 점이 있다고 생각했다.

뉴욕 카니시우스 대학교에서 인간 동물학을 연구하는 크리스티 호프만Christy Hoffman 박사는 여성들을 대상으로 침대에서 누구(개, 고양이 혹은 사람)와 자는지 그리고 수면에 어떤 영향을 받는지 조사했다. 그 결과, 반려견이 가장 좋은 수면 파트너로 밝혀졌다. 실험에 참여한 여성 중에서 반려견과 함께 잠든 여성이 사람이나 반려묘와 함께 잔 여성보다 더 편안하고 안정감있는 수면을 취했다. 반려견과 함께 자는 여성들은 더 일찍 일어나고 잠자리에 들었으며, (수면의 질에 도움을 주는) 규칙적인 수면 습관을 유지했다. 반려견과 한 침대에서 자는 견주들은 반려견이 한밤중에 평균 75퍼센트를 침대 위에 머문다고 생각했다.

아마 많은 개가 반려인과 한방에서 자는 것을 선호할 것이다. 문제 행동으로 동물병원에 찾아온 개들의 20퍼센트가 견주와 한 침대에서 자는 것으로 나타났다. 그중 대부분은 불안한 개들이었다. 물론 불안한 개들은 주인과 함께 자고 싶어 하겠지만, 안전상의 이유로 견주들은 잠재적으로 공격적인 반려견과 한 침대에서 자지 않는 경우도 있었다.

개들이 어디에서 자는 걸 선호하는지에 관한 연구 자료는 거의 없지만, 개들은 많은 시간을 휴식이나 수면으로 보내기 때문에 개 전용 침대가 꼭 필요하다. 열두 마리의 실험견 비글을 대상으로 연구한 결과, 개들은 부드러운 침구를 선호했다. 또한 실험견이 노견일 때는 두께가 얇은 침구를 바닥에 놓아 주었는데, 밤사이 10시간

중 83퍼센트의 시간을 그 위에서 보냈다. 반면 침구가 바닥으로부터 30cm 떨어져 있을 때는 21퍼센트의 시간만을 그 위에서 보냈다. 물론 노견들은 높은 침대에 올라가기가 힘들다.

> **전문가의 조언**
>
> "저는 할 수만 있다면 UN 세계 인권 선언문처럼 개의 기본 권리 선언문을 만들어 보고 싶습니다. 이 선언문에는 노골적인 학대와 고통에서 벗어날 권리, 안식처와 부드러운 잠자리를 가질 권리, 마음대로 돌아다닐 권리, 좋은 음식을 먹고 의료 보호를 받을 권리 등의 기본적인 권리가 포함될 것입니다. 뿐만 아니라 종별 정상 행동들(냄새 맡기, 놀기, 씹기, 원하면 다른 개들과 상호작용하기 등)도 포함할 것입니다. 그리고 견주 혹은 개와 함께 일하는 사람들이 개들이 두려운지, 불안한지, 스트레스를 받는지 등의 징후를 알아차릴 수 있도록 교육하겠습니다. 이를 통해 사람들은 자발적으로 행동하게 될 것입니다. 권리 선언문을 만드는 데서 그치지 않고 전 세계적으로 강력히 시행하도록 추진해 나가고 싶습니다."
>
> – 《문화적 충돌 The Culture Clash》 저자 겸 개 훈련 아카데미 지도자, 장 도날드슨

실험견 비글을 대상으로 한 또 다른 연구에서는 개들이 바닥보다는 침구 위에서 휴식을 취하는 것을 선호한다는 점을 밝혔다. 따라서 반려견에게 안락한 침구를 마련해 주는 것이 좋다.

반려견의 수면 패턴 이해하기

수면은 반려견 건강을 위해 필수적이며 개의 복지 측면에서도 꼭 필요한 요소다. 당신은 반려견이 잠이 많다는 사실을 눈치챘을 것이다. 비교적 어린 성견은 하루 열한 시간에서 열네 시간 정도 잔다. 한편, 개들의 수면에는 사람과 마찬가지로 단계가 있다. 렘수면rapid eye movement, REM을 할 때가 있고 그렇지 않을 때가 있다. 개들은 낮에도 잠을 자주 잔다. 24시간 중 자다가 여러 번 깨는 것이다. 이는 '다상적polyphasic 수면 주기'라 불리는 것으로, 밤에 한 번 깊게 자는 인간의 '단상적monophasic 수면 주기'와는 대조된다.

하버드 대학교의 심리학자이자 《잠 위원회The Committee of Sleep》 저자 데어드레 바렛Deirdre Barrett 박사는 사람들의 수면과 꿈을 연구했다. 그녀는 1950년대에 과학자들이 뇌파도EEGs(뇌 내의 전위 변화를 기록한 파형)를 사용해 인간의 뇌를 연구하기 시작하면서 인간 수면에 관한 연구가 도약했다고 말했다. 즉 수면 중 뇌파 활동의 패턴을 측정할 수 있게 된 것이었다. 바렛 박사의 설명에 따르면, 연구자들은 렘수면과 비(非)렘수면의 주기를 발견했다. "90분을 주기로 (각기 다른 영역의) 뇌가 비활성화되었다가, 다시 깨어 있을 때만큼 활성화된 상태가 교차되었습니다. 렘수면은 얕은 수면의 상태에서 눈이 빠르게 움직이는 것을 말합니다. 하지만 당시 뇌파도 측정 비용이 비싸서 동물 수면 연구가 본격적으로 시작된 것은 1960년대에 이르러서입니다.

개들도 다른 많은 동물 종들과 마찬가지로 렘수면과 비렘수면이 교차하는 수면 주기를 갖는 것으로 나타났습니다."

박사는 수면 주기의 길이가 견종별로 다르다고 다음과 같이 설명했다. "잠이 들면 처음에 뇌는 매우 고요해집니다. 하지만 시간의 흐름에 따라 실제로 잠에서 깨지 않더라도 뇌 활동이 점점 활발해집니다. 개를 비롯한 대부분의 포유류가 이러한 패턴을 가지고 있습니다. 주기는 동물의 크기와 연관이 있습니다. 코끼리의 수면 주기는 90분 이상 지속하지만, 쥐의 수면 주기는 그보다 훨씬 짧습니다." 1984년에 발표된 과학 논문에서는 집오리, 유럽산 고슴도치, 철갑상어, 바퀴벌레 등 수많은 종의 수면 주기를 상세히 밝혀 두었다. 이 논문에 따르면 여섯 마리 포인터(에스파냐 원산 개의 한 품종)의 수면 주기는 평균 45분이었다.

개들은 얼마나 자야 할까?

개들은 밤시간의 60~80퍼센트, 낮시간의 30~37퍼센트를 자면서 보낸다. 그러나 보호소에서 지내는 개들은 분주한 보호소 환경과 일정 때문에 낮잠을 훨씬 덜 자는 것으로 나타났다. 반려견이 잠들기 전 조명의 밝기를 낮추면 수면 호르몬인 멜라토닌의 분비를 도와 잠드는 데 도움을 준다. 이 호르몬은 인간의 수면 호르몬과 같은 것이다.

개들이 나이가 들면 수면 패턴도 변한다. 비글을 연령별 세 집단으로 나누어 연구한 결과, 비교적 어린 성견(1.5~4.5세)은 중반 연령대 성견(7~9세)과 노견(11~14세)보다 밤중에 더 활동적인 것으로 나타났다. 노견들은 낮 동안에도 다른 두 연령대 집단의 개들보다 덜 활동적이었다. 흥미로운 점은 낮에 식사를 두 번 하는 개들이 식사를 한 번 하는 개들보다 밤중 활동이 더 많다는 사실이었다. 그러나 식사 시간이 수면에 미치는 영향이 따로 연구되지는 않았다.

이어진 연구에서는 밝을 때와 어두울 때를 열두 시간씩 구분해 연령별 집단에 속한 개들이 잠들었다가 깨는 주기를 관찰했다. 밤에 어린 성견은 평균 8시간 7분, 중반 연령대 성견은 9시간 1분, 노견은 8시간 45분 동안 잠들었다. 그리고 낮에 어린 성견은 3시간 19분, 중반 연령대 성견은 3시간 59분, 노견은 4시간 12분 동안 잠들었다.

강아지와 노견은 성견보다 더 충분히 자야 한다.

나이가 들면서 수면 패턴이 변하는 것은 정상적이지만, 눈에 띄는 변화가 있다면 잠재적인 건강 이상 신호일 수 있으니 수의사의 진료를 받아보는 게 좋다. 심장과 갑상선 질환은 수면에 영향을 미칠 수 있다. 개의 수면 각성 주기가 불안하면 인지 기능 장애^{cognitive} ^{dysfunction}(알츠하이머와 유사한 질병)의 징후일 수 있다. 인지 기능 장애를 앓는 개들은 낮잠을 많이 자고 밤에는 깨어 있어 제대로 쉬지 못한다. 이는 질병이 진행되면서 생물학적 주기의 리듬이 변한 결과로 여겨진다(개들이 인지 기능 장애를 앓을 때는 불안감이 증가하고 상호작용에 무심한 증상을 보이며, 때로는 혼란스러워 보이기도 한다).

반려견의 수면 각성 주기

지난밤, 침대에서 잠을 자던 보저가 벌떡 일어나 분주하게 짖어대며 뛰어다니는 바람에 나는 잠에서 깼다. 보저가 무슨 이유로 짖었는지 모르지만, 녀석은 이내 침대로 돌아와 쉬이 다시 잠들었다. 아마도 뭔가 착각을 하고 짖어댄 듯했다. 게슴츠레한 눈으로 벌써 아침인가 싶어 시계를 보니 아직 한 시도 안 된 한밤중이었다. 다행히 이런 일이 자주 일어나진 않는데, 자주 일어난다면 보저를 우리 침실에서 내쫓고 싶을 것이다. 가끔 개들이 푹 잠든 후에 갑작스럽게 깨서 짖어대는 이유는 무엇일까?

밝혀진 바에 따르면 개들은 잠에 깊이 들었건 얕게 들었건 소음에 반응해 빨리 깬다고 한다. 호주의 연구자들은 열두 마리의 개가 밤에 마당에서 잠을 잘 때, 그들의 수면과 각성 패턴을 관찰했다. 연구자들은 렘수면과 비렘수면 상태를 규정할 수 없어 깊이 잠들었을 때와 얕게 잠들었을 때로 구분했다. 그리고 개들의 반응을 살피기 위해 여러 종류의 소음을 발생시켰다. 소음으로는 개들에게 특히 민감한 소리(다른 개가 한 번 짖는 소리, 여러 번 짖는 소리) 혹은 견주에게 민감한 소리(유리 깨지는 소리, 난폭한 젊은이들이 한바탕 소동을 벌이는 소리)를 들려주었다. 그리고 개와 견주 모두 별로 신경 쓰지 않을 법한 버스나 오토바이가 지나가는 소리도 들려주었다.

개들은 잠들어 있을 때보다는 깨어 있을 때 소음에 더 큰 반응을 보였다. 그리고 활동 수면(렘수면) 상태일 때 소음에 더 잘 반응하는 인간과 달리, 개들은 활동 수면과 비활동 수면 상태일 때 특정 소음에 같은 수준으로 반응했다. 전반적으로 개들은 수면 중 소음의 29퍼센트에 짖으면서 반응했다. 들려준 소음 중에서도 다른 개가 짖는 소리에 가장 많이 반응한 것으로 나타났다. 그뿐만 아니라 혼자 지내는 개보다는 다른 개와 함께 지내는 개들이 소음에 더 많이 반응했다. 이처럼 개는 다른 개의 소리에 예민하기 때문에, 연구자들은 개가 밤중에 짖게 되면 다른 집의 개들도 짖을 수도 있어서 견주뿐 아니라 이웃 주민들의 수면에도 방해가 된다고 결론 내렸다.

개는 사람보다 밤중 수면 각성 주기가 더 자주 일어난다. 호주 연구자들이 실시한 또 다른 연구에서는 밤시간 스물네 마리의 개를 관찰했다. 그중 스무 마리는 견주가 있는 개였고(대부분 밤에 실외에서 잠을 잤다), 네 마리는 대학 내 동물 센터에 사는 개였다. 연구자들은 적외선 카메라를 이용해 밤중 개들의 수면 패턴을 관찰했다. 근처 자동차나 인접한 건물 등에 잠복해 주변 동네도 감시했다. 14개월 동안 관찰한 결과, 연구자들은 밤중 여덟 시간 동안 개가 23회의 수면 각성 주기를 갖는다는 사실을 밝혀냈다. 평균적으로 각 주기는 16분의 수면과 5분의 각성을 교차했다. 담장으로 둘러싸인 마당에서 자는 개들의 수면 시간은 19분으로 더 길었다. 담장이 없는 환경에서 잔 개들은 수면 시간이 14분이었다(카메라에 찍히는 영역 밖으로 나가 버린 경우는 더 잦았다).

한 개는 동물 센터에 들어간 첫날 밤 깊은 잠에 들지 못하고 계속해서 수면 각성 주기를 겪었다. 이는 스트레스가 수면 주기에 영향을 미쳤음을 시사했다. 또 다른 흥미로운 사실은, 두 마리의 개가 같이 자도 수면 각성 주기가 동시에 발생하지 않았지만, 다른 개가 짖는 소리가 들리면 동시에 깨어났다.

이렇듯 구체적인 관찰 결과는 밤 동안 개들이 짧은 수면 각성 주기를 많이 겪는다는 사실을 보여 주었다. 그뿐만 아니라 실외에서 자는 개들은 밤중에 자는 것 외에 다른 활동을 많이 했고, 다른 개들이나 이웃 사람들에 의해 수면에 방해를 받았다. 반면 실내에서 자는 개들에게는 수면 방해 요소가 거의 없었다.

경험이 반려견 수면에 미치는 영향

누구나 한 번쯤 낮에 안 좋은 일을 겪고 밤에 잠 못 든 경험이 있을 것이다. 우리 인간과 마찬가지로, 나쁜 경험은 개들의 수면에도 영향을 미치는 것으로 밝혀졌다. 하지만 그 영향은 같지 않은 것으로 나타났다. 열여섯 마리의 개를 대상으로 한 어느 연구에서는 좋은 경험과 나쁜 경험이 개의 수면에 미치는 영향을 뇌파도를 통해 분석했다.

연구는 세 단계에 걸쳐 진행되었다. 첫 번째로는 개들이 직접 좋은 경험과 나쁜 경험을 하게 했다. 개들은 6분간 좋은 경험 혹은 나쁜 경험을 했고, 그런 다음 세 시간 동안 잠을 잤다. 좋은 경험을 위해, 견주는 개들이 올 때마다 쓰다듬고, 다정하게 말을 하고, 개들이 좋아하는 물건 물어오기나 터그 놀이를 했다. 나쁜 경험에서는 개에게 리드 줄을 채워 벽에 바짝 묶어 놓고 2분간 홀로 둔 다음, 견주가 나타나서 관심을 보이지 않고, 마지막에는 실험자가 가만히 앉아 아무런 반응도 없이 개를 노려보았다.

나쁜 경험을 한 뒤 세 시간 동안, 개들은 평균 72분 잠을 잤고, 수면 주기는 56분이었다. 좋은 경험을 한 뒤에는, 잠드는 데 더 오래 걸렸다. 평균 65분을 자고 수면 주기는 51분이었다. 부정적 경험을 한 뒤에 개들의 렘수면 시간은 길었다. 렘수면이 정서를 처리하는 과정과 연관되어 있어 그런 것으로 보였다. 비렘수면은 깊은 잠으로,

긍정적 경험을 한 뒤에는 비렘수면 시간이 길게 나타났다. 부정적 경험 뒤에 개들은 깊이 잠들지 못했다. 스트레스를 받은 뒤 수면의 질에 나타난 차이는 개들의 방어적 반응으로 여겨졌다.

이 연구를 통해서 반려견이 견주와 함께 있을 때 하는 행동에 반려견의 성격이 반영된다는 점도 밝혀졌다. 가령 부정적 경험에서 실험자가 들어와 노려보는 경우, 말을 잘 듣고 낯을 가리는 개들은 견주 뒤에 더 잘 숨었다. 즉 이런 행동 차이들은 수면 주기의 변화와도 연관이 있었다. 경험에 어떻게 반응하는지의 차이가 수면의 차이에도 반영되는 것이다. 우리는 인간이 스트레스를 받으면 수면의 질에 영향이 있다는 점을 이미 알고 있었지만, 개의 수면에도 좋고 나쁜 경험이 영향을 미친다는 사실을 밝혀낸 것은 이 연구가 최초였다.

잠과 학습의 상관관계

또 다른 연구에 따르면 학습과 수면은 서로 영향을 미친다. 이 연구에서 열다섯 마리의 반려견은 어떤 날은 학습에 참여하고, 어떤 날에는 학습에 참여하지 않았다. 비학습 조건에서 개들은 이미 알고 있는 헝가리어로 '앉아'와 '엎드려'를 연습하고 수면 시간에 들어갔다. 학습 조건에서 개들은 이 두 명령을 낯선 영어로 배웠다. 연구자들은 개들이 잠에 들었을 때 뇌파 활동을 기록했다(전문 용어로 수면 다원 검사^{polysomnography}라고 한다). 그 결과 개들은 학습 후 렘수면과 비렘수면에서 뇌 활동 변화가 측정되었다. 이는 수면 중 기억 응고화 $^{memory\ consolidation}$ 과정과 일치했다. 세 시간의 수면 이후, 새로운 언어로 복종하기 훈련에서 개들의 수행 능력은 향상되었다.

두 번째 실험에서는 쉰세 마리의 반려견이 헝가리어가 아닌 영어로 '앉아'와 '엎드려'라는 명령을 배웠다. 그리고 한 시간 동안 네 가지 각기 다른 활동을 했다. 활동들에는 수면하기, 리드 줄을 하고 산책하기, 다른 학습하기, 콩토이에 들어 있는 간식 먹기 등이 있었다. 개들은 활동 후 바로 영어 명령어를 잘 따르는지 테스트를 받고, 일주일 뒤에 다시 테스트를 받았다. 바로 받은 테스트에서는 학습 후 잠을 자거나 산책하러 다녀온 개들이 가장 성적이 좋았다. 다른 학습이나 간식 먹기 활동은 개를 흥분시키고 기억 응고화를 방해한 것으로 보였다. 일주일 후 다시 테스트했을 때에는 학습 후 수면, 산책, 간식 먹기 놀이를 한 개 모두가 영어 명령에 잘 따랐다. 그러나 학습 후 또 다른 학습을 한 개들은 제대로 수행하지 못했다. 이 결과는 개들이 학습 후에 무엇을 하느냐가 중요하다는 점을 시사했다. 장기적으로 볼 때 개가 학습 후 정신적으로 쉴 수 있도록 하는 게 도움이 된다. 가정에서도 개들이 새로운 것을 습득한 후, 주기적으로 잠을 자면 기억 응고화에 도움이 되는 것으로 나타났다.

반려견에게 얼마나 자주 훈련을 시켜야 하는지에 관한 또 다른 연구 결과도 잠의 역할을 보여 준다. 과학자들은 마흔네 마리의 실험용 비글에게 18단계로 이뤄진 매우 복잡한 과제를 주며 훈련했다. 실험견 중 절반은 일주일에 한두 번, 또 절반은 매일 훈련을 받았다. 이에 더해 일부는 훈련 시간을 짧게, 다른 일부는 시간을 길게 했다. 그 결과 날마다 훈련받은 개들보다 일주일에 한두 번 훈련받은 개들이 과제를 더 잘 수행했다(물론 일주일에 한두 번 배웠기 때문에 18단계를 모두 배우는 데는 더 오래 걸렸다). 그뿐만 아니라 짧은 시간의 훈련이 더 효과가 좋았다. 하지만 4주 뒤 다시 평가 했을 때, 실험견 모두 명령에 따라 과제를 잘 수행했다. 연구자들은 개가 짧은 시간에 훈련을 받기 위해서는 인지 노력이 더 필요하고, 이에 따라 기억을 더 잘하게 되며, 훈련 사이에 잠을 잘 기회가 많아져 학습한 것을 기억하는 데 도움이 된다고 설명했다. 이 모든 것을 종합할 때, 훈련 과정을 거치며 반려견이 밤에 푹 자도록 하면 학습에 도움이 된다는 점을 알 수 있다.

반려견의 잠꼬대와 꿈

보저가 자다가 씰룩거리면 꿈에서 공을 잡으러 달리고 있는 게 아닌가 싶다. 고스트의 경우는 아마도 토끼를 쫓고 있는 것 같다. 나는 바렛 박사에게 개들이 자다가 씰룩거리는 행동이 꿈과 관련이 있는지 물었다. 박사는 "아닙니다. 대부분 꿈은 렘수면 중에 꿉니다."라고 대답하며, 인간의 수면을 예로 들어 설명해 주었다. 렘수면 중에는 근육이 일시적으로 마비되어 마음대로 움직일 수 없다. 바렛 박사는 사람들이 자다가 일어나서 걸어 다니는 몽유병 증세는 비렘수면 상태에서 일어나며, 꿈과는 연관이 없다고 말했다. "제 생각에는 개들이 자다가 씰룩이는 게 꿈 때문이 아니라 단지 대뇌 피질의 운동 영역이 갑자기 조금 더 활발하게 움직여서 그런 것 같습니다. 큰 의미는 없는 것이죠."

그렇다면 개들이 자다가 내는 작은 소리는 어떨까? 바렛 박사는 다음과 같이 설명했다. "잠꼬대와 마찬가지입니다. 사람들의 잠꼬대 중 80퍼센트가 비렘수면 중 일어나므로 꿈과는 무관합니다. 잠꼬대의 약 20퍼센트만이 꿈의 내용과 연관됩니다." 나는 보저와 고스트가 자다가 다리를 씰룩이거나 낑낑 소리를 내던 게 꿈과 상관이 없다는 설명에 조금 실망스러웠지만, 이제 제대로 알게 되었다! 그렇다 해도 나의 반려견들이 자면서 무슨 꿈을 꾸는지는 여전히 궁금하다.

"물론 우리는 개들에게 무슨 꿈을 꿨냐고 물어볼 수 없죠. 사람들이 무슨 꿈을 꾸었는지는 질문에 대한 답을 바탕으로 연구된 것입니다. 사람들이 잘 때 뇌파도나 다른 것도 관찰하지만, 늘 무슨 꿈을 꾸었는지 보고를 받습니다. 고릴라가 이런 연구가 가능한 한계선일 것입니다. 미국의 심리학자 페니 패터슨[Penny Patterson]은 코코라는 이름의 고릴라가 수화를 배운 뒤 아침에 일어나 무슨 꿈을 꾸었는지 수화로 설명해 주었다고 했습니다. 그럴듯한 얘기죠. 하지만 개들에게서는 절대 기대할 수 없는 일입니다."

하지만 바렛 박사는 인간의 사례를 바탕으로 다음과 같이 연결 지었다. "우리 인간은 그날의 걱정거리에 대해 꿈을 꾸죠. 중요한 사람들 혹은 맞닥뜨린 문제 그리고 익숙한 환경이 꿈이 나옵니다. 때로는 그런 익숙한 것들이 희한하게 왜곡되고 변형되어 꿈에 나오기도 하는데요. 꿈에서 깼을 때 시각적인 측면만 도드라져 생각나서 그렇지 기본적인 내용은 비슷합니다. 그래서 저는 반려견들의 꿈에는 견주가 자주 나오지 않을까 생각합니다. 사람들도 꿈에서 중요한 사람이 자주 등장하는데, 온종일 견주에게 집중하는 개들도 당연히 밤마다 견주에 대한 꿈을 꾸겠죠. 그리고 아마도 좋아하는 먹거리나 장난감, 신나게 뛰놀던 공원 등이 온통 뒤섞여서 꿈에 나올 겁니다."

잠자던 고스트가 다리를 씰룩일 때는 토끼를 쫓는 꿈을 꾸는 게 아닐지 모르지만, 아무튼 녀석이 꿈을 꾼다면 분명 토끼를 쫓는 꿈을 꿀 것 같다.

반려견을 위해 실천하기

- 강아지는 성견보다 더 많이 자야 한다. 개들도 사람처럼 나이가 듦에 따라 수면 패턴이 변하지만, 갑작스럽거나 심각한 변화는 건강 문제의 징후일 수 있으니 수의사에게 진료를 받도록 하자.

- 반려견이 낮 동안 긍정적인 경험을 해야 밤에 깊은 잠을 잘 수 있다.

- 반려견과 한 침실 혹은 한 침대에서 자도록 하되, 일관된 수면 습관을 들여야 한다.

- 반려견에게 편안하고 폭신한 침구와 잠자리를 제공하자.

- 반려견이 낮 동안 많은 사람 틈에서 바쁜 하루를 보내야 한다면, 틈틈이 조용한 곳에서 낮잠을 잘 수 있도록 해 주자.

- 훈련을 한 날 밤에 푹 잠을 자야 기억 응고화에 도움이 되고 학습 능력도 개선된다.

- 새로운 환경에서 개들은 깊이 잠들기 힘들다. 기존에 사용하던 침구를 가져가 편안히 수면하도록 도와주자.

13장

반려견의 문제 행동과 심리 상태

　고스트와 우리가 함께 살기 시작했을 때, 녀석은 먹을 것을 주어도 입에 대지 않았다. 동물병원에 데려갔더니 수의사는 저렴한 통조림 간식을 가져와 밥그릇에 부었다. 그때 꽤 많은 양을 바닥에 흘렸는데, 고스트는 바닥을 핥기 시작했다. 수의사가 밥그릇을 들이밀어도 녀석은 고개를 돌리고 입술을 핥을 뿐이었다. 두 행동 모두 스트레스의 징후였다. 수의사는 일부러 바닥에 내용물을 더 떨어뜨려 봤다. 그러자 녀석은 곧장 입을 갖다 댔다. 수의사는 "고스트는 밥그릇에 겁을 먹었네요!"라고 말했다. 사실 녀석이 싫어하는 것은 밥그릇이 아니라 사료를 부을 때 들리는 시끄러운 소리였다. 최대한 소리가 안 나게 사료를 부어 주니 녀석은 이내 다가와 사료를 먹었다.

　어떤 두려움은 더 오래간다. 고스트는 우리가 손만 뻗으면 피하려고 했다. 나는 손을 내밀고 나서 녀석이 다가올지를 선택하도록 하는 법을 배웠다. 그렇게 하면 녀석은 기꺼이 다가왔다. 고스트는 자신만의 방식대로 우리가 쓰다듬어 주길 바란 것이다. 우리가 손만 뻗으면 마치 자기를 해하기라도 하듯 움츠리던 고스트는 무려 6개월이 지나서야 편안해 보였다.

안타까운 점은 두려움을 없애는 것은 오래 걸리는 데 반해, 두려움을 갖게 되는 건 너무 쉽다는 사실이다. 두려움은 많은 문제 행동의 원인이 된다. 또한 의학적인 문제, 지루함, 신체 활동 부족, 뇌를 사용할 기회 부족, 기본적인 욕구 해소 부족, 단순히 규칙을 모르는 것 등도 문제 행동에 기여할 수 있다. 견주들의 보고에 따르면 가장 흔한 반려견의 문제 행동은 소음에 대한 공포와 분리 불안이었다.

견주들이 반려견의 문제 행동을 인지하는 것은 중요하다. 반려견이 두려움을 느껴서 하는 행동처럼 흔하게 일어나는 일들은 문제 행동으로 인식되지 않을 수도 있지만, 그것을 어떻게 보느냐는 견주의 관점에 달렸다. 어떤 이들은 반려견이 가끔 배변 실수를 해도 용인하는 반면, 또 어떤 이들은 이를 아주 심각한 잘못으로 여긴다. 결국 문제 행동은 반려견 복지에 영향을 미치고, 견주에게는 문젯거리가 된다. 더 우려스러운 점은 견주가 이를 인식하지 못하면 반려견의 문제 행동을 개선하려는 시도조차 하지 않는다는 사실이다.

전문가들의 설문 조사에 따르면, 반려견의 문제 행동은 반려견복지 개선에 있어서 해결해야 하는 가장 중요한 문제였다(또 다른 문제는 견주의 부주의와 무지였다. 이 또한 당연히 원치 않는 행동이라는 결과로 이어졌다). 특히, 문제 행동 중에서도 소음에 대한 공포나 분리 불안과 관련된 행동이 가장 두드러지는 문제였다.

전문가의 조언

"개들이 행복한 세상을 만들기 위해 단 하나를 택해야 한다면, 저는 견주에게 반려견의 잘못된 행동을 성격 문제로 치부하지 말라고 부탁하고 싶습니다. 반려견은 당신의 머리 꼭대기 위에 오르려는 것도, 당신의 하루를 망치려는 것도 아닙니다. 협조적이고 말 잘 듣는 반려견으로 훈련하기 위한 도전 과제를 반려견 행동이 어떻게 변화하는지 살펴보는 과정이라고 생각하기 바랍니다. 그러면 반려견이 달려들거나 짖거나 물더라도, 변화하는 환경에 따라 행동 레퍼토리를 바꾸기 위해 노력하는 학습자의 모습으로 보일 것입니다. 반려견을 나무라기보다는, 인간과는 완전히 다른 종이라는 점을 인정하고 진심 어린 상호작용을 통해 즐거움을 찾아 나가길 바랍니다."

- 응용 동물 행동학자, 브라이트 스폿 도그 트레이닝Bright Spot Dog Training 운영자 겸 《우리에게 주어진 삶의 풍요Plenty in Life Is Free》 저자, 캐시 스다오Kathy Sdao

반려견의 문제 행동을 인식하기 위해서는 반려견의 행동과 감정을 제대로 이해해야 한다. 그렇다면 사람들은 반려견의 감정을 잘 이해하고 있을까? 많은 이들이 반려견이 고개를 약간 숙이고 애처로운 눈빛을 보낼 때면 개가 죄책감을 느낀다고 생각한다. 하지만 죄책감을 느끼려면 개가 스스로 뭔가를 잘못했다는 걸 알아야 한다(그렇지 않고서 죄책감을 느낄 이유가 없다). 우리는 개들이 가끔은 죄책감을 느끼는지 명확히 알 수 없지만, 죄책감을 느끼는 듯 보인다고 해서 그

것이 어떤 잘못과 연관되지는 않는다는 사실을 알고 있다. 바너드 대학교의 개 인지 과학자 알렉산드라 호로비츠 박사는 열네 명의 견주와 그들의 반려견을 연구실로 초대해 이를 실험했다.

견주들은 반려견에게 탁자 위에 있는 쿠키를 먹지 말라고 한 뒤 연구실에서 나갔다. 네 번에 걸친 실험에서 개들은 탁자 위의 쿠키를 먹거나 먹지 않았다. 견주가 연구실로 돌아왔을 때, 연구자들은 견주들에게 반려견이 쿠키를 먹었는지, 먹지 않았는지 알려 주었는데, 절반의 경우에는 거짓 정보를 주었다. 견주들은 반려견이 쿠키를 먹었다고 전달받았을 때 반려견을 꾸짖었다. 비디오 분석 결과 우리가 '죄책감을 느끼는 표정'이라고 생각한 것이 개들의 잘못이 아니라 견주의 꾸짖음과 연관되어 있음이 밝혀졌다. 흥미로운 점은, 소위 말하는 '죄책감 표정'은 쿠키를 먹지 않았는데 견주가 혼을 낼 때 가장 두드러지게 나타났다는 사실이다.

어떤 이들은 반려견이 무슨 잘못을 했는지 알아내기도 전에 개가 이미 죄책감을 느끼는 듯한 표정을 짓고 있다고 말한다. 동물 연구자이자 블로그 '도그 스파이'를 운영하는 줄리 헥트와 연구팀은 반려견이 방에 혼자 남았을 때 핫도그를 두고 먹지 못하게 하는 실험을 고안했다. 견주를 대상으로 한 설문 조사 결과, 대부분은 개들이 죄책감을 느낀다고 생각했고, 죄책감을 느끼는 듯한 행동을 보이면 덜 꾸짖었다고 답했다. 하지만 관찰 결과 핫도그를 먹은 개들과 먹지 않은 개들의 행동과 표정에는 차이가 없었다. 물론 각기 다른 상황에 따라 개들의 행동에는 미묘한 차이가 있었지만, 견주들은 반려견이 핫도그를 먹었는지 안 먹었는지 정확히 구분할 수 없었다.

사람들이 개의 행동을 제대로 이해하면 반려견의 문제 행동을 예방하고 다루는 데 장기적으로 도움이 된다. 이 장에서는 구체적인 문제 행동의 사례를 들면서 어떤 방식이 도움이 될지 알아볼 것이다.

두려움

가끔 한밤중에 '우욱-후욱-우욱-후욱' 하고 올빼미 울음소리가 들려온다. 보저와 함께 살기 전까지 나는 그 소리를 좋아했다. 보저는 이 소리에 매우 겁을 먹는다. 녀석은 자다가도 곧장 일어나 짖어대고, 여간해서는 진정이 안 된다. 올빼미가 워낙 큰 새라 올빼미 울음소리에 겁먹는 것은 이해가 된다. 작은 개는 낚아채 갈 수도 있을까? 그건 잘 모르겠다. 하지만 분명한 것은 보저처럼 덩치 크고 무거운 개를 잡아갈 리는 없다는 점이다(녀석은 오스트레일리언 셰퍼드 중에서도 덩치가 큰 편이다). 어찌 됐든, 보저는 집 안에 있으니 안전하다. 나는 이른 새벽에 일어나 녀석을 쓰다듬어 주기도 하고, 올빼미가 유독 심하게 우는 날에는 보저를 진정시키기 위해서 간식을 주면서 달래기도 한다. 그 순간에는 도움이 되지만, 다음날 내가 피곤해진다.

나는 보저의 두려움 문제를 근본적으로 해결하기 위해 뭔가를 하기로 했고, 인터넷에서 올빼미 울음소리가 녹음된 파일을 찾았다. 어느 날 보저가 다른 방에 있을 때, 나는 서재에서 이 소리를 재생했다. 녀석이 너무 놀라지는 않도록 소리는 조금 작게 했다. 하지만 보저는 즉시 으르렁대고 짖으면서 반응을 보였다. 그리고 곧장 서재로 내달려와 올빼미를 찾아 두리번거렸다. 올빼미 소리에 둔감해지게 하려던 내 시도는 완전히 실패였다. 둔감해졌다면 그 소리에 편안하고 즐거워했을 것이다. 나는 당장 소리를 끄고 보저에게 소시지 간식을 주었다. 역조건형성 방식을 활용했지만 둔감화는 하지 못한 것이다(3장 참조). 나는 단순히 올빼미 소리를 들은 상황에서 간식을 주었고, 녀석은 어떤 행동을 했든 상관없이 간식을 받았다. 이후에도 수차례 올빼미 소리를 들려주며 간식을 주었고, 보저가 올빼미 소리에 익숙해지도록 하는 훈련은 여전히 진행 중이다. 그동안 나는 올빼미들이 다른 누군가의 뒷마당으로 저 멀리 가 주길 바라기도 했다.

올빼미 울음소리에 대한 보저의 반응은 두려움의 표현이다. 두려움은 신체적 반응을 유발하고, '투쟁 도주 fight-or-flight 반응'을 작동시킨다. 투쟁 도주 반응이란 갑작스러운 위험에 대한 동물들의 전형적인 반응은 싸우거나, 도망치거나, 두리번거리거나, 꼼짝 못 하고 얼어 버리는 반응들을 말한다. 위험한 상황에서 이런 본능적인 반응은 생존하는 데 도움이 된다. 우리 눈에는 개가 '불안해하는 모습'과 '겁을 내는 모습'이 매우 비슷해 보여도 불안감과 두려움은 엄연히 다른 감정이다. 불안감은 대체로 잠재적 위협에 대한 걱정으로 인한 감정이다.

두려움은 이와 반대로 현재 겪고 있거나 이미 겪어 본 위협에 대한 걱정 때문에 생긴다. 그러나 겉으로 보이는 징후가 비슷하기 때문에 개가 지금 상황에 반응하는지, 미래의 가능성에 반응하는지 구분하기 어렵다.

개가 겁을 먹으면 사람들은 주로 개에게 일어났던 일만을 원인으로 생각한다. 사실 두려움에는 몇 가지 잠재적 원인이 있다. 사회성 발달 부족 유전적 문제, 태아기 때 어미 개의 스트레스, 출생 후 여러 나쁜 경험 등이 모두 반려견이 느끼는 두려움에 영향을 미친다. 사회화에 민감한 시기인 생후 3주부터 12~14주까지 긍정적 경험을 충분히 하지 못한 것이 새로운 상황이나 사람에 대해 겁을 먹게 되는 계기가 되기도 한다(2장 참조). 안내견이 될 강아지들을 대상으로 한 연구에서 사회화에 민감한 강아지 시절에 무서운 사람을 접한 개들은 성견이 되어서도 사람들을 더 두려워하는 경향을 보였다. 이와 유사하게, 이 시기에 다른 개에게 위협을 당한 개들은 성견이 되어서도 다른 개를 보면 겁을 먹는 모습을 드러냈다.

두려움과 불안감은 어느 정도 유전적 영향이 있다. 우리는 어떤 행동들이 생물학적으로 타고났거나 문화적으로 길러졌다고 생각한다. 하지만 이 두 영역이 서로 긴밀하게 얽혀 있다는 사실이 점점 명확해지고 있다. 심지어 어떤 연구에서는 특정 견종에서 겁을 먹는 행동과 관련된 유전자를 찾아내기도 했다. 사회성을 발달시키는 것도 중요하지만, 그것만이 두려움을 없애는 해결책은 아니다. 강아지를 분양받거나 입양하기 전에 강아지의 부모가 다정한지, 겁이 많진 않은지 확인하는 것이 좋다.

어떤 경우는 강아지가 태어나기도 전에 두려움을 유발하는 원인이 생겼을 수도 있다. 이는 새끼를 품고 돌보는 모든 포유류와 관련이 있다. 어미가 임신 중 스트레스를 받으면 스트레스 호르몬이 태아에게 전해져 태어난 후 발달기에 영향을 미치기도 한다. 현재 진행 중인 연구에 따르면 태중 스트레스는 유전자 발현gene expression에 영향을 주어 후성 유전학적 변화epigenetic change를 일으킬 수 있다. 이러한 메커니즘은 DNA 메틸화methylation of DNA라고 불리는 화학작용과 관련이 있다. 이 작용의 과정에서 어떤 유전자가 발현되지 않도록 유전자의 스위치를 끌 수 있다. 후성 유전학적 변화와 관련된 또 다른 메케니즘으로는 히스톤 변형histone modification이 있는데, 이는 유전자의 일부가 얼마나 쉽게 옮겨갈 수 있느냐에 영향을 미친다. 이뿐만 아니라 RNA, DNA와 함께 유전 정보의 전달에 관여하는 리보핵산도 유전자 발현에 영향을 미치는 요소다. 이와 같은 후성 유전학적 변화는 뇌뿐 아니라 전체 시스템에 영향을 미친다. 동물이 살아갈 환경에 불필요하다면 부적응성을 띠고, 필요하다면 적응성을 띤다.

임신 중 스트레스는 태아의 신경 체계 발달과 호르몬에도 영향을 미친다. 이는 신생아 시기까지 이어지고 새끼들의 행동에도 영향을 준다. 어미 고양이가 충분히 먹지 못해 스트레스를 받으면, 새끼 고양이들은 비정상적 행동 발달을 보인다. 균형 감각이 부족하고 어미와 충분한 사회적 상호작용을 하지 못하기도 한다.

신생아 시절 어미 개의 보살핌은 강아지가 성견으로 자랐을 때도 스트레스와 불안 정도에 영향을 준다. 강아지들은 시각과 청각이 발달하지 않은 채 태어나기 때문에, 어미 개가 새끼를 어떻게 돌보는지가 굉장히 중요하다. 어미 개는 강아지에게 젖을 물리는 것을 비롯해 강아지의 항문 생식기를 자극해 소변과 대변을 유도해야 한다. 위험으로부터 보호하고, 체온을 유지하게 해 주고, 코를 비비고 핥으며 상호작용해야 한다. 강아지들은 한배 새끼들과 놀며 새로운 환경을 탐색하기 시작한다. 스웨덴 군대에서 기르는 스물두 마리의 저먼 셰퍼드 새끼를 대상으로 한 연구에서는 어미 개가 새끼들과 함께 같은 공간 안에서 몸을 부대끼며 돌보는 시간을 기준으로 측정했을 때, 어미 개가 잘 돌본 강아지들은 성견이 되어 사회성이 발달하고 신체가 건강했다. 또 다른 연구에서는 생후 첫 3주간 어미 개의 돌봄을 잘 받으면 생후 8주 정도만 되어도 이미 탐구심이 활발하고 스트레스를 덜 받는 것으로 밝혀졌다.

트라우마를 남긴 경험도 물론 두려움을 유발할 수 있다. 《수의과학 프런티어스》에 실린 설문 조사에 따르면, 많은 견주들이 반려견의 문제 행동이 트라우마로 인한 것이라고 말했다. 특히 개가 다음 중 두 가지 이상의 경험을 했을 때 그런 경향이 뚜렷했다. 설문에 참여한 견주의 반려견 중 43퍼센트는 견주가 바뀌거나 보호소에서 지낸 경험, 하루 이상 길을 잃어 본 경험, 집안에 아이가 태어나거나 누군가 이사를 가는 등 가족 구성원의 변화를 겪어 본 경험, 심한 상처를 입었거나 장기간 질병을 앓았던 경험, 수술한 경험 등 여러 경험 중 적어도 한 가지를 겪었다. 이런 경험을 한 개들은 건강하지 않은 경향이 있었고, 스트레스가 장기간 건강에 영향을 미치는 양상을 보였다. 견주들은 소환 훈련 강화와 신원 확인 장치의 마련 등으로 두려움의 요소들을 일부 완화할 수 있다. 하지만 이 연구 결과는 개들이 트라우마에 대처하도록 돕는 것이 중요하다는 점도 보여 주었다.

5장에서는 동물병원에 갔을 때 반려견이 두려워하는 징후를 견주들이 잘 알아보지 못한다고 언급했다. 《플로스원》에 실린 논문에서는 수년간 개 훈련사나 조련사로 직접 개들을 마주한 경험이 두려움의 징후를 잘 인지하는 데 도움을 준다고 밝혔다. 그 이유는 개의 여러 측면에 더 주의를 기울이기 때문에 평소와 다른 차이를 알아보고 두려움의 신호라는 것을 빠르게 인지하는 데 있다. 특히 이 연구에서 경험자들은 경험이 없는 사람들과 달리 개의 귀를 주의 깊게 살폈다. 눈, 귀, 입 그리고 혀는 두려움을 잘 감지할 수 있는 신체 부위다. 이 연구에서는 단순히 개를 길러 본 것을 개들을 직접 마주한 경험으로 여기지 않았다는 점도 주목할 만하다.

우리는 동물병원에 갈 때처럼, 크고 요란한 소리에 개들이 겁을 먹을 수 있다는 것을 알고 있다. 한 대규모 설문 조사에 의하면 반려견이 소음에 겁을 먹는지에 관한 질문에 25퍼센트의 견주만이 그렇다고 답했다. 하지만 반려견이 청소기나 폭죽 소리에 반응하는지, 그리고 몸을 떨거나 사람을 찾는 등의 구체적인 행동 반응을 보이는지에 관한 체계적인 인터뷰를 진행한 결과 49퍼센트의 견주가 반려견이 시끄러운 소리에 겁을 내는 반응을 보였다고 밝혔다. 43퍼센트는 반려견이 놀라서 덜덜 떠는 모습을, 38퍼센트는 반려견이 짖는 것을 그리고 35퍼센트는 사람에게 달려가는 걸 봤다고 설명했다. 현실적으로 많은 이들이 소음을 겁내는 반려견의 행동을 도와줄 수 있음에도 그것이 문제라는 인식이 없어 돕지 못하는 실정이다.

당신의 반려견이 겁이 많다면, 먼저 해야 할 일은 반려견이 안정감을 느끼도록 하는 것이다. 계속해서 두려움에 맞서게 한다면 상황은 더욱 악화될 가능성이 크다. 강제로 훈련을 시켜 왔다면, 반려견에게 스트레스만 가중될 것이므로 그만두길 바란다. 달래 주는 게 도움이 된다고 생각하면 그렇게 해도 된다(모든 개가 위로를 바라는 것은 아니다). 하지만 장기적으로 계획을 짜서 반려견을 돕도록 해야 한다. 그 계획은 행동 수정이 될 수도 있고, 필요하다면 수의사 진료를 통한 약물 치료가 될 수도 있다.

공격성

사람이나 다른 개를 무는 것만 공격성이 아니다. 《응용 동물 행동과학》에 실린 논문에서는 공격성을 '짖거나, 달려들거나, 으르렁거리거나, 무는 것'이라고 정의했다. 이 설문 조사에서 3퍼센트의 견주는 반려견이 가족 구성원에게 공격성을 드러냈다고 응답했다. 7퍼센트는 집에 모르는 사람이 왔을 때, 5퍼센트는 밖에서 마주친 모르는 사람에게 공격성을 보였다고 답했다. 개마다 공격성을 드러내는 상황은 달랐다. 가령 가족 구성원에게 공격적인 반려견은 집에서든 밖에서든 낯선 사람에게는 공격성을 드러내지 않는 것으로 나타났다. 이는 반려견이 어느 한 상황에서만 공격적이라는 의미였다. 여기서 기억해야 할 점은 어떤 개든 위협을 느끼는 상황에서는 물 수 있다는 사실이다.

한편, 캐나다, 미국, 영국 등의 일부 정부에서는 개의 공격 가능성을 줄이기 위해 특정 견종을 기르지 못하게 제재하는 특정 견종 통제법$^{\text{Breed-Specific Legislation, BSL}}$을 시행했다. 가령 온타리오에서는 스태퍼드셔 불 테리어, 아메리칸 스태퍼드셔 테리어, 아메리칸 핏불 테리어 등 '외모와 신체적 특징이 대체로 유사한' 핏불을 금지했다. 미국의 일부 주에서는 차우차우, 저먼 셰퍼드, 로트와일러, 도베르만 핀셔, 아메리칸 스태퍼드셔 불 테리어를 금지했다. 그러나 이 법률은 의도치 않게 어떤 견종은 '위험'하지만, 다른 견종은 '안전'하다는 인상을 심어 주었다.

영국에서는 1991년 일본 도사견, 도고 아르젠티노, 필라 브라질레이로, 핏불 테리어 등 네 가지 견종을 금지했다. 하지만 이후에도 개 물림 사고는 꾸준히 증가했다. 영국 왕립동물학대방지협회^{RSPCA}

를 비롯한 관련 협회들은 특정 견종 통제법[BSL] 시행을 중단하자는 캠페인을 벌이기에 이르렀다. 아일랜드에서도 개 물림 사고로 인한 입원 사례가 늘자 특정 견종 통제법이 오히려 위험을 초래한다는 우려가 증가했다. 덴마크 오덴세에서 실시한 개 물림 사고에 관한 연구에 따르면, 대부분의 사고는 공공장소가 아닌 사적인 공간에서 발생하기 때문에 특정 견종을 금지하는 것은 효과가 없었다. 특정 견종 통제법 시행이 효과가 있다는 것을 뒷받침하는 증거는 없으며, 오히려 금지 견종 중 행동이 올바른 반려견을 기르는 견주들이 피해를 볼 뿐이다. 한 연구에서는 영국과 미국에서 생각하는 '핏불'에 차이가 있다는 사실도 밝혀냈다. 견종을 구분하는 것도 쉽지 않기 때문에 개 물림 사고의 원인이 되는 견종에 대한 정보도 정확하지 않은 실정이다.

효과가 미비했던 특정 견종 통제법과는 반대로, 2000년도 캐나다 캘거리에서는 개 물림 사고 횟수를 줄이는 데 효과가 증명된 정책을 도입했다. 캘거리에서 시행한 정책은 반려견 안전에 관한 공공 교육 및 자격과 규칙 시행을 강화하고, 견주들이 도덕적인 경로로 개를 분양받은 후 중성화나 사회화 훈련에 책임을 지며, 공공장소에서 문제를 일으키지 않도록 하는 방식으로 운영됐다. 반려견이 다른 개나 고양이를 무는 사고가 발생하면 반드시 시 당국에 신고해야 한다. 항의가 접수되면 시에서 담당자를 보내 공격성을 보이는 반려견을 훈련하는 등 해결책 마련을 위해 견주를 돕는다. 그 결과, 캘거리의 인구는 꾸준히 증가한 데 비해 공격적인 개와 관련된 사고는 1985년 2,000건에서 2014년 641건으로 줄었다. 641건 중에서 244건이 개 물림 사고였다.

개 물림 사고를 방지하는 데 문제가 되는 것 중 하나는 사람들이 자신들도 위험한 상황을 맞닥뜨릴 수 있다는 점을 인지하지 못하는 것이다. 수년 전부터 사람들은 반려견에게서 먹을 것을 뺏는 게 가능하다고 믿기 시작했다. 옛날 같았으면 이는 꽤 멍청한 생각이라고 치부되었을 것이다. 과학자들이 개에게 물린 적이 있는 사람들을 인터뷰한 결과, 사람들은 '나에게는 일어나지 않을 일'이라고 생각하고, 자신의 반려견만큼은 믿었던 것으로 드러났다. 개 물림 사고의 전후 상황을 살펴보면, 누군가를 문 개는 사고를 일으키기 전에 사람을 향해 달려들거나 짖거나 으르렁대는 공격적인 모습을 보였다고 한다. 만일 당신의 반려견이 이런 행동을 한다면, 늦기 전에 전문가에게 상담을 받는 게 좋다. 해당 연구 결과에서는 험악한 훈련 방식과 공격성의 상관관계도 보여 주었다. 이는 정적 강화를 활용해야 하는 이유 중 하나이다.

분리 불안

분리 불안을 앓는 개들은 견주와 따로 떨어지면 분노를 심하게 표출한다. 집안의 물건을 씹고 긁는 등의 파괴적인 행동을 보이기도 하는데, 주로 견주가 떠난 출입문 근처에서 흐느끼거나 울부짖는다. 스트레스를 받아 대소변을 보기도 한다. 이러한 징후들은 견주가 없을 때만 일어나며, 견주가 나간 후 순식간에 벌어진다. 물론 견주가 (신발을 신는 등) 나갈 채비를 하면 불안의 징후들을 보이기도 한다. 견주가 집을 비웠을 때 반려견이 파괴적인 행동을 하는 것은 지루함이나 두려움 같은 다른 원인으로 일어날 수도 있다. 동영상으로 촬영해서 분석해 보는 것이 정확하다.

다행히 분리 불안의 치료는 가능하나 시간과 노력이 든다. 12주간의 표준화된 임상 프로그램에 분리 불안을 앓는 개들이 참여했다. 처음에는 견주가 잠깐 자리를 비우는 상황을 견디는 법부터 시작해 장시간 부재를 극복하는 것으로 나아가는 체계적인 과정을 거쳤다. 이 과정에 약물 치료는 포함되지 않았다. 프로그램에 참여한 개들은 참여하지 않은 개들에 비해 개선되는 모습을 보였다. 프로그램 진행 결과, 개들에게 개별적으로 맞춰진 방식은 분리 불안 치료에 더욱 효과가 좋은 것으로 나타났다. 한편, 몇몇 분리 불안 치료 과정은 수의사나 수의 행동학자가 처방한 약물 치료를 병행하기도 한다.

소유욕

'리소스 가딩$^{Resource\ Guarding}$'은 개가 먹이나 밥그릇 혹은 침구를 다른 개나 사람으로부터 지키려는 행동을 의미한다. 이는 소유욕에 기인하는 것으로, 보통 중요한 것을 뺏기는 것이 두려워서 보이는 행동이다. 아마 먹이나 안전한 잠자리를 찾기가 힘들었던 조상들에게 물려받은 특징으로 진화의 산물이 아닌가 싶다. 소유욕이 강한 개들은 너무 급하게 먹거나 (먹을 것이 있을 때 다른 곳에 숨기거나 몸으로 막는 등) 뺏기지 않기 위한 전략을 쓴다. 한 연구에 따르면 소유욕이 강한 개들이 보이는 행동을 찍은 비디오를 본 사람들은 (물거나 낚아채는 등의) 명백한 공격성의 징후는 인지했지만, 개가 보이는 초반의 신호에서 나타나는 공격성의 징후는 잘 인지하지 못했다. 사실 개들은 먹을 것을 뺏기지 않으려고 했을 때보다 몸이 굳거나 으르렁거리거나 이빨을 드러내는 등 긴장감을 보이는 모습을 보여줬을 때 공격적인 행동을 더 많이 했다. 만약 사람들이 개들의 공격성 징후들을 인지하는 법을 배운다면, 개가 공격성을 드러내기 전에 행동을 취할 수 있을 것이다. 훈련 수업이나 개의 행동과 관련해 직접적인 경험이 많은 이들은 이런 초기 신호를 잘 알아차렸다. 이는 교육의 중요성을 시사한다.

연구에 따르면, 보호소에서 지내는 개가 소유욕을 보인다고 해서 새로운 집에 가서도 반드시 그런 건 아니다. 마찬가지로, 보호소에서는 그러지 않다가 새로운 집에 가서는 소유욕이 강해질 수도 있다. 이 때문에 많은 보호소에서 이제 더 이상 소유욕 테스트를 하지 않는다. 개가 식사 중일 때 밥그릇을 뺏으면 소유욕의 빈도와 정도를 더 심화시킬 수 있으니 그러지 말길 바란다. 이와 반대로 식사 중에 밥그릇에 더 맛있는 걸 놓아 주는 것은 소유욕을 낮추는 한 방법이기도 하다다만, 소유욕이 심각한 개라면 이런 상황이 더 큰 위험을 초래할 수도 있다. 한편, 소유욕이 강한 반려견에게 (둔감화와 역조건형성으로) 누군가가 반려견의 소중한 것에 접근하거나 가져갈 수도 있다는 것을 알려 주는 게 도움이 될 수 있다. 반려견이 소중한 것을 떨어뜨리도록 가르치거나, 그것을 지키려고 할 때 "앉아."를 훈련시키는 것이다(전문 용어로는 상반 행동의 차별 강화 differential reinforcement of an incompatible behavior라고 한다). 반려견이 소중한 물건이나 간식을 지키려고 할 때 보이는 공격성의 초기 행동들은 놓치기 쉬우므로 전문가에게 조언을 구하는 것도 좋은 방법이다.

배변 훈련 문제

반려견이 집 안 아무 곳에서 대소변을 보지 않도록 가르쳐야 하므로 배변 훈련 과정에서 생기는 문제는 반려인 사이에서 매우 흔하다. 배변 훈련을 하려면 반려견이 실내에서 실수하지 않도록 자주 실외나 화장실로 데려가야 한다. 어린 강아지들은 방광이 약해 소변을 오래 참지 못한다. 따라서 30분마다 화장실로 데려가야 한다. 그뿐만 아니라 반려견이 화장실에서 대소변을 보면 즉시 보상해 주는 것도 중요하다. 즉 미리 간식을 준비해 바로 줄 수 있도록 해야 한다. 개들의 후각은 인간보다 훨씬 발달했기 때문에 집안에서 실수했다면 효소 세제를 사용해서 냄새를 완전히 제거해야 한다.

안타깝게도 사람들은 가끔 반려견이 집안에서 실수로 소변을 보면 소리를 지르거나 벌을 준다. 이는 결국 배변 훈련에 역효과를 가져온다. 반려견은 당신 앞에서 대소변 보는 걸 겁내고 당신이 없을 때까지 기다렸다가 집에서 또 실수하게 된다. 한편, 건강 문제로 대소변을 못 가리게 될 수도 있다. 훈련이 잘된 반려견이 갑자기 집에서 실수한다면 수의사의 진료를 받아 보자. 소형견은 배변 훈련이 더 어렵다고 알려져 있는데, 그 이유는 명확하지 않다.

도움받기의 필요성

반려견이 문제 행동을 보이면 앞이 막막할 수도 있다. 이럴 때는 유연한 자세를 유지하는 게 좋다. 반려견의 문제 행동이 악의적이거나 고집 때문이 아니라는 사실을 기억하고 공감해 주도록 노력하자. 문제 행동에 관한 다양한 서적이 나와 있고 인터넷 자료도 많지만, 그만큼 엉터리 정보도 많다. 반려견 훈련사를 구할 때는 전문가로서 자격을 갖추고 있고, 개 훈련 전문 기관에 속해 있고, 보상 기반의 훈련법을 사용하는 사람을 구하자(강압적인 훈련 방식은 상황을 악화시킨다). 또한 계속해서 전문성을 계발하는 사람이 좋다. 이러한 내용이 훈련 전문 기관의 웹사이트에 일목요연하게 정리되어 있는지도 확인하자. 수의사가 수의 행동 전문가를 연결해 주기도 하는데, 동물 문제 행동에 특화된 수의사로 정신과 약물을 처방할 자격을 갖춘 사람이어야 한다.

어떤 문제 행동은 기저 질환 때문에 발현되기도 한다. 가령 대소변을 잘 가리던 반려견이 집에서 소변 실수를 하는 등 행동에 갑작스러운 변화가 생긴다면 수의사의 진료를 받고 아픈 곳이 있는지 확인해야 한다. 최근 연구에 따르면 후발성 소음 공포증의 원인이 통증으로 밝혀졌다. 건강 문제를 해결하면 일반적인 문제 행동을 어느 정도 혹은 완전히 해결할 수 있다.

다행히 모든 종류의 문제 행동은 제대로 도와주기만 하면 충분히 개선될 수 있다. 불안, 소유욕, 두려움으로 인한 공격성 등으로 문제 행동을 보이던 개들을 대상으로 수의 행동학자들이 연구한 바에 따르면, 예후가 상당히 긍정적이었다. 상담 전 36퍼센트의 견주가 반려견을 다른 곳으로 보내거나 안락사시키는 것을 고민했지만, 상담 후 실제로 안락사나 파양을 실행한 견주는 5퍼센트에 그쳤다. 견주들이 파양이나 안락사를 고려하는 데에는 반려견의 문제 행동뿐 아니라 다른 여러 위험 요소들이 견주의 결정에 영향을 미친 것으로 드러났으며, 견주와 거주 환경이 특히 핵심적인 요소였다.

이 논문의 저자로 참여한 수의 행동학자 카를로 시라쿠사 박사는 다음과 같이 설명했다. "자료를 보면, 분리에 대한 트라우마가 위험 요소였다는 걸 알 수 있습니다. 가령 반려견을 잃어버린 적이 있다거나, 대학에 가게 된 자녀가 있거나, 사랑하는 사람을 잃은 경험 등이 견주에게 부담을 주게 됩니다. 분리나 상실로 인해 괴로웠던 경험이 있는 사람들은 잠재적인 문제에 더 예민하게 반응하죠. 새로 데려온 반려견이 건강하고 문제 행동을 하지 않는다면 함께 잘 지내는 데 전혀 문제가 없습니다. 그러나 반려견에게 문제가 있다는 사실을 알게 되면, 이들은 그 상황을 잘 견디지 못합니다. 이미 연민이 고갈된 상태에서 트라우마를 남긴 경험만 떠오르니까요."

시라쿠사 박사는 반려견의 문제 행동이 견주와 반려견의 관계에 영향을 준다고 말했다. "많은 경우, 반려견의 문제 행동은 당신이 반려견을 좋아하기 어렵게 만듭니다. 많은 사람이 '이건 내가 생각해 온 반려견과의 관계가 아니에요.'라고 말했죠. 가령 반려견이 가족 구성원에게 공격성을 드러내는데 해결책을 찾지 못해서 반려견을 기르지 못하게 되면, 유기나 파양, 안락사의 원인이 되는 것이죠." 박사는 수의 행동학자들이 개가 위협을 느끼거나 불안해한다고 설명해도 일부 견주들은 "네, 이해는 하지만 제가 원하던 반려견과의 관계는 이런 게 아니에요."라고 답한다고 말했다. 견주들은 문제 행동을 해결하려고 하지 않고 포기해 버리는 것이다. 시라쿠사 박사는 집에서 문제를 해결할 수 없다면 수의사에게 찾아가 수의 행동 전문가를 소개받으라고 조언했다.

약물 치료를 하거나, 행동 교육을 하거나, 개의 신체 언어를 읽어 내는 법을 학습해 상황 악화를 미리 방지할 수도 있다. 박사는 매우 힘든 상황에 적용할 만한 조언을 해 주었다. "견주가 스트레스를 받는 상황, 즉 가령 반려견이 누군가를 물었을 때 감정이 격양된 상태에서 개를 포기하는 선택을 하지 않길 바랍니다. 우선 감정을 가라앉힌 뒤 이성적으로 판단하고, 수의사나 수의 행동학자와 상담을 해야 합니다. 수의 행동학자도 개의 행동을 바로잡지 못할 수도 있지만, 당신이 그 문제에 잘 대처하도록 도움은 줄 것입니다." 이 연구가 시사하는 바는 결국 반려견의 문제 행동을 잘 치료하면 반려견의 생명을 살릴 수 있다는 사실이다.

문제 행동은 단지 개들만의 문제가 아니다. 두려움, 불안감, 그리고 건강 문제는 반려견들이 뭔가를 배우고 주어진 환경에서 풍요로운 경험을 접해 볼 기회를 제약한다. 안정감과 스스로 통제할 줄 아는 감각은 개들에게 중요하다. 문제 행동을 치료하려면 반려견이 안정감을 느끼도록 해 주고 더 이상 체벌을 하지 않아야 한다.

나는 수년 동안, 보호소에서 지내는 겁 많은 개들이 안전하다고 느끼는 거리를 두고 간식을 던져 주었다. 그리고 최대한 몸을 웅크리고 앉아서 시선은 맞추지 않은 채, 녀석들이 내게 다가오는지 지켜보며 기다렸다. 개들은 개장에서 나와 함께 있을지, 침대 밑에 숨을지, 아니면 개 전용문을 통해 나가서 고개만 들이밀어 간식을 먹을지 선택할 수 있었다. 그러다 어떤 개가 내 옆에 와서 엎드리면, 나는 너무 기뻤어도 동요하지 않았다. 내 목표는 늘 개들이 안정감을 느끼도록 해 주는 것이었으니까 말이다.

반려견을 위해 실천하기

- 반려견이 새끼를 뺐다면, 규칙적인 생활을 통해 스트레스를 줄이고 안정감을 느끼도록 해 주자. 안정감은 뱃속 새끼의 행동 건강에도 좋은 영향을 준다.

- 개들이 두렵거나 불안할 때와 스트레스를 받았을 때 어떤 신호를 보내는지 알아보고 반려견이 그런 신호를 보낼 때 인지하도록 하자(꼬리를 내리거나, 자세를 낮추고, 몸을 떨고, 사람을 찾고, 숨는 행동을 보인다).

- 반려견의 행동에 갑작스러운 변화가 생기면 건강에 이상이 없는지 수의사의 진료를 받자.

- 반려견이 문제 행동을 한다고 해서 벌을 주지 말자. 이 방법은 반려견에게 어떻게 행동하는 게 옳은지 가르쳐 주지 못할 뿐 아니라 반려견이 안정감을 느끼는 데도 방해가 된다.

- 반려견이 안정감을 느끼는 걸 우선순위로 삼자. 겁이 많은 개는 좋은 경험을 할 기회가 생겨도 제대로 누리지 못한다.

- 반려견이 문제 행동을 보이면 혼자서 끙끙 앓지 말자. 늦기 전에 전문가의 도움을 받으면 상황이 악화되는 걸 막을 수 있고 빠른 해결책을 찾을 수도 있다. 행동 전문가의 조언과 치료는 큰 변화를 가져올 수도 있음을 기억하자.

14장

노견과 장애견

　시간은 정말 쏜살같이 지나갔고, 보저는 이제 꽤 나이를 먹었다. 보저가 계속 젊다면 얼마나 좋을까? 그래도 녀석은 여전히 행복하고 활기가 넘친다. 목축견의 습성을 잃지 않고 누가 어디 있는지 늘 살피며, 우리가 같이 모여 있으면 제일 좋아한다. 보저는 항상 기운이 넘칠 것 같지만, 길가에 자전거가 지나가거나 옆집에서 괭이질하는 걸 봐도 착하게 앉아서 간식을 줄 때까지 기다릴 줄 안다. 가끔 나는 보저를 즐겁게 하기 위해 뛰거나 춤을 춘다. 녀석의 표정이 환해지고, 눈썹이 올라가고, 귀가 쫑긋 서는 걸 보는 게 좋다. 보저는 기분이 좋으면 갑자기 달려가 밧줄을 물고 온다. 녀석의 힘없이 처진 모습을 상상하기 어렵다. 반면 고스트는 급격히 행동이 느려지고 원래 있었던 건강 문제가 더 악화하기 시작했다. 녀석이 차에 타거나 내릴 때면 계단 같은 걸 받쳐 줘야 했다. 고스트는 걸음이 느려지고, 보폭도 짧아졌으며, 보저가 앞서 내달리면 함께 가지 못하고 뒤처져서 따라 갔다. 우리가 늘 집에 있다 보니 고스트의 일상생활에는 큰 변화가 없었다. 녀석은 항상 우리 곁에서 지냈다. 문제는 고스트의 큰 체격이었다. 대형견은 빨리 노화하고 오래 살지 못하는 것 같다.

개의 나이를 두고 '인간 나이로 치면 몇 살이다'라고 비교하긴 힘들다. 발달이 빠른 강아지 시기는 인간으로 치면 어린이 시기와 비교되지만, 성인기의 성숙 속도는 견종별 수명에 따라 다르다. 견종별로 수명이 다르고, 대형견일수록 오래 살지 못한다. 따라서 견종을 크기별로 구분해서 나이를 비교하곤 한다. 몸무게 22.7킬로그램 이상은 대형견 및 거대견으로, 6~8세 사이를 노견으로 친다. 9세가 되면 아주 쇠약해진다고 본다. 중소형견의 경우엔 7세가 되면 노견으로 치고, 11세가 되면 쇠약해진다. 즉 중소형견은 대형견에 비해 더 오래 산다. 보더콜리를 대상으로 한 연구에서는 생후 6개월에서 1년 미만을 어린 강아지, 생후 1년에서 2년까지를 청소년기로 보았다. 성인기는 청년기(2~3세), 중년기(3~5세), 중후년기(6~8세) 이 세 단계로 구분했다. 그리고 8~10세는 노년기로 보았으며, 10세가 넘으면 쇠약기로 보았다. 이제 열 살이 된 보저는 노견인 것이다.

노견이 겪는 변화들

많은 부분에서 개가 나이를 먹는 과정은 사람이 나이를 먹는 과정과 비슷하다. 그래서 개의 노화는 인간 노화를 연구하기에도 유용한 모델이다. 과학자들은 개의 노화 과정을 더 깊이 연구하고자 한다. 노화는 개의 모든 측면에 영향을 준다. 어떤 변화들은 눈에 띈다. 개의 털이 빛깔을 잃어 가고, 근육이 줄어들고, 수면 패턴이 변하고, 우리와 상호작용하는 방식에도 변화가 찾아온다. 활동 빈도와 활기가 줄고, 산책에 흥미를 잃는 개들도 있다. 물론 어떤 개들은 노화가 진행되어도 계속해서 신체 활동을 많이 한다. 대부분의 개는 신체 조성에도 변화가 일어난다. 계속해서 활동적인 개들은 예외겠지만, 대부분 체지방이 증가한다. 활동량이 줄면서 신진대사 과정에 변화가 생긴 노견들은 열량 섭취도 20퍼센트가량 줄여야 한다. 동시에 단백질 섭취량은 늘려야 하는데, 한 연구에 따르면 50퍼센트가량 늘릴 필요가 있다. 노견이 되면 음식이나 수분 섭취 습관도 변화한다. 가령 식사를 남기거나, 물을 덜 마시거나, 덜 씹거나, 바닥에 떨어진 음식을 찾지 못하는 것이다.

노견들은 가구 위에 뛰어오르거나 차에 타는 것도 버거워한다. 모낭의 노화로 흰색 모발이 자라기도 하는데, 특히 주둥이와 얼굴 주변에서 두드러진다. 눈도 노화되면서 점차 밤눈이 어두워지기도 한다. 안구 수정체 핵의 밀도가 높아지면서 푸르스름한 안개가 낀 것처럼 보이게 된다(이 현상이 시각에 영향을 미치는 것은 아니다). 어떤 개들에게는 인지 변화도 나타난다. 몇몇 변화는 점차적인 시각 및 청각 저하와 연관되어 있어 우리가 알아차리기까지 꽤 시간이 걸리기도 한다. 시각 저하는 청각이 괜찮다면 잘 티가 나지 않는다. 그 외 다른 변화들도 수의사가 알아차리기 전까지는 눈에 띄지 않는 것들이다.

노견들은 암, 심혈관 질환, 신장 질환, (소형견들은 특히) 치주 질환, 진성 당뇨병 등을 앓을 위험이 크다. 노화는 부신을 비롯한 내분비계에도 영향을 준다. 이는 노견이 스트레스에 잘 대처하지 못한다는 점을 시사한다. 우리는 노화가 건강에 어떤 영향을 미치는지, 수의사와 어떤 부분을 상담해야 하는지 잘 알지 못한다. 따라서 수의사는 진료를 자주 받길 권한다. 적어도, 일 년에 두 번 정도는 건강 검진을 받아야 늦기 전에 문제를 찾아낼 수 있다.

가족 구성원인 노견이 좋아하는 활동을 계속 할 수 있도록 도와줘야만 한다. 《수의학 기록》에 실린 한 기사에서 나오미 하비 박사는 다음과 같이 말했다. "언젠가 반려묘를 잃을 수 있고, 그날이 다가오고 있다는 두려움으로 인해 주인들은 반려묘와 함께 시간을 덜 보내거나 관심을 덜 주게 됩니다." 하지만 그녀는 자신의 반려묘가 평소처럼 놀거나 관심을 받고자 한다는 사실을 깨닫고, 반려묘와 더 많은 시간을 보내려 노력했다고 한다. "노견은 고양이와는 다른 걸 원할 수도 있지만, 여전히 훌륭한 반려견이며, 젊고 활기가 넘쳤을 때와 같은 관심과 보살핌을 받을 자격이 있습니다."

박사는 다음과 같이 덧붙였다. "사람들은 노견보다는 강아지를 선호합니다. 연구 결과를 보면 반려견이 노화됨에 따라 사람들의 애정이 줄어든다고 합니다. 참 슬픈 일이죠. 노견을 기르려면 많은 부분 조정이 필요하지만, 작은 노력이 큰 차이를 만듭니다. 노견이 잘 걷거나 뛰지 못하고, 더 이상 밧줄을 물거나 당기지 못해도 마음속에는 여전히 활기가 있고 후각으로 세상을 탐색하는 걸 좋아합니다. 당신은 훈련이나 뇌 게임 등을 하며 반려견과 상호작용할 수 있습니다. 노견이라 많이 걷지 못하면 강아지 유모차를 마련해 같이 밖으로 나가 세상을 보고 탐색하는 경험을 하게 해 주시기 바랍니다."

개들은 나이가 들면서 관심을 많이 받지 못한다. 한 연구에서는 6세 이상 14세 이하 반려견들을 중후년기(6~8세), 노년기(8~10세), 쇠약기(10세 이상) 등 세 그룹으로 구분했다. 참여한 개 중에는 보더콜리 일흔다섯 마리, 다른 견종 및 믹스견 백열 마리가 있었다. 개들은 모두 사전 훈련 없이 의도된 두 실험에 참여했다. 견주들은 열세 가지 종류의 훈련에 참여한 뒤 설문지를 작성했다. 활동에는 강아지 수업, 복종과 민첩성을 위한 훈련, 서비스견 훈련, 사냥 놀이, 노즈 워크, 재주 부리기, 댄스 훈련, 그리고 목축견 훈련 등이 있었다.

노견이 되면 손이 더 많이 가더라도 여전히 가족 구성원임을 잊지 말자.

첫 번째 실험에서는 사회적 자극(움직이는 사람)이나 비사회적 자극(움직이는 장난감)이 개들의 관심을 얼마나 끄는지 관찰했다. 노년기와 쇠약기의 개들은 중후년기 개들보다 자극에 대한 반응이 느렸다. 모든 개는 비사회적 자극인 장난감보다 사회적 자극인 사람을 더 오래 쳐다보았다. 지속적 주의력sustained attention은 나이가 많을수록 약해졌으며, 쇠약기에 가장 좋지 않았다. 하지만 꾸준히 훈련을 잘 받아온 개들은 잘 훈련되지 않은 개들보다 자극에 더 오래 집중했다.

두 번째 실험에서는 선택적 주의력selective attention을 관찰했다. 각 개는 5분짜리 클리커 훈련에 참여했다. 실험자가 개에게 오라고 명령한 다음 소시지 한 조각을 바닥에 던진다. 그런 다음 개가 시선을 맞추면 실험자는 클리커를 누르면서 소시지를 한 조각 더 던지는 방식이다. 개가 관심을 안 보이면 실험자는 비닐봉지를 구겨 바스락 소리를 냈다(개들은 비닐봉지 소리가 나면 잘 쳐다본다!). 이 과제는 개가 실험자와 시선을 맞추다가 바닥에 떨어진 소시지로 관심을 잘 돌리는지를 보는 것이었다. 개의 노화는 사람의 경우와 달리, 선택적 주의력에는 영향을 미치지 않는 것으로 나타났다.

잘 훈련받은 개나 클리커 훈련 경험이 있는 개들은 훈련 경험이 없는 개들보다 실험자와 빠르게 시선을 맞추었다. 나이가 많을수록, 즉 쇠약기의 개들이 바닥에 떨어진 소시지를 찾는 데 시간이 가장 오래 걸렸다. 이는 앞선 실험 결과와 일치한다. 한편, 단순히 훈련을 많이 받은 개들보다 클리커 훈련을 받은 적이 있는 개들이 더 빠르게 먹을 것을 찾아냈다. 연구자들은 클리커 훈련을 받은 개들은 클리커 소리를 듣고 먹을 것을 찾은 경험이 많아 클리커 소리가 들리면 먹을 것이 있다는 사실을 예상하는 경향이 있다고 설명했다. 이러한 결과들로 볼 때, 클리커 훈련 경험은 반려견의 전 생애에 걸친 훈련 성취도에 크게 영향을 준다. 실험에서 모든 개는 5분간 시선 맞춤 훈련에 참여하면서 과제 수행도가 개선되었다. 이는 노견에게도 새로운 재주를 가르칠 수 있다는 점을 시사했다.

실험견 비글을 대상으로 한 연구들은 풍요로운 경험과 개선된 식단이 단기적으로는 인지 노화에 영향을 줄 수 있음을 밝혔다. 인지 장애를 지닌 반려견들을 임상 실험한 결과, 영양 보충을 통해 사람들과의 사회적 상호 관계가 개선되었다. 배변 실수도 줄었으며, 가짜 영양 보충 식단을 먹은 개들에 비해 집중력도 향상되었다. 또 다른 연구에서는 9세 이상 11.5세 이하 개들에게 일반 식단 또는 과학자들이 '뇌 보호 혼합식'이라고 부르는 식단을 제공했다. 피쉬 오일, 비타민 B, 산화 방지제, L-아르기닌 등이 함유된 식단이었다. 실험 결과, 특별 식단을 먹은 개들은 복잡한 학습 과제에서 더 좋은 성과를 보였다 (다른 과제에서는 차이가 없었다).

만일 당신의 반려견이 나이가 들면서 행동 변화를 보인다면, 수의사의 진료를 받도록 하자. 장 도날드슨은 노견들이 정기적으로 수의사에게 진료받고, 건강 상태를 확인하는 게 중요하다고 말한다. "신체 안정감은 정말 중요합니다. 저라면 어떤 핑계도 대지 않고 노견의 행동에 안정감이 있는지 살피겠습니다. 사람들은 노견의 행동 이상을 별것 아닌 것으로 치부하곤 합니다. 반면, 어린 강아지들의 경우에는 제대로 된 환경을 마련해 주지 않거나, 자극을 주지 않고 제대로 훈련하지 않으면 대가를 치룬다고 생각하여 중요하게 여기죠. 사람들은 노견들은 너그럽다고 생각하고, 녀석들이 받아야 할 만큼의 관심을 주지 않는 경향이 있습니다."

박사는 다음과 같이 덧붙였다. "제가 지금껏 수없이 봐 온 심각한 실수가 있다면, 노견을 기르는 집에서 친구를 만들어 준다는 명목으로 혹은 시간적 여유가 생겼다는 이유로 새로운 강아지를 데려오는 것입니다." 그녀는 친구가 생겨서 좋아하는 노견도 있지만, 다 그런 것은 아니라고 말했다. "다른 반려동물을 데려오겠다는 결정을 내리기 전에 75세 할머니가 사는 집에 헤비메탈을 듣고 집에서 왁자지껄 파티를 여는 15세 청소년을 친구로 데려오는 실수를 하는 건 아닌지 잘 생각해 봐야 합니다(새로운 반려묘보다 반려견이 더 문제가 될 수 있다). 견주들은 노견이 이런 상황들을 잘 참는다고 생각하고, 가끔 으르렁거려도 별것 아닌 것으로 생각합니다. 그러나 사실 노견들이 더 불안하고 약하다는 사실을 인지해야 합니다. 다른 강아지를 데리고 와도 괜찮은지 노견의 마음을 확인할 필요가 있습니다. 사람들은 노견과 지내기가 편하다고 생각하지만, 그래도 그들의 필요를 고려해야 합니다."

전문가의 조언

"동물 보호소 연합은 보호소에서 지내는 동물의 수를 줄이는 데 엄청나게 이바지했습니다. 그러나 도움이 필요한 견주들을 위해 더 많은 작업이 필요합니다. 더 많은 견주가 반려견을 계속해서 기르는 데 필요한 자원을 지원받는 방법을 잘 알고 있다면, 아마 개들에게 더 나은 세상이 될 것입니다. 누구나 힘든 시기를 겪을 수 있고, 그럴 때는 반려견을 계속 데리고 있기 힘들 수 있습니다. 다행히 많은 단체에서 반려동물을 위한 식자재를 나누어 주고, 저렴한 가격에 동물병원 진료를 제공합니다. 경제적 형편이 어려워진 사람들에게는 반려동물을 기르기에 적합한 거주지를 제공하기도 합니다. 하지만 정작 사람들은 이러한 정보를 얻지 못해 아무런 도움을 받지 못합니다. 카니시우스 대학교에서 인간 동물학을 연구하는 저희 학생들은 지난달 각자의 거주 지역에서 반려동물 지원을 받을 수 있는 정보를 수집했습니다. 그리고 다양한 지원 프로그램이 운영된다는 사실을 알아냈습니다. 그러나 지원받는 방법을 알아보기 위해서는 여러 번 전화를 걸거나 이메일을 보내거나 직접 방문해야 했습니다. 학생들은 경제적으로 어려움을 겪는 사람들은 그렇게 복잡한 과정을 통해 지원을 요청할 시간적 여유가 없다는 점을 알게 되었습니다. 이 프로젝트를 통해 학생들과 저는 반려동물 지원 정책과 관련된 정보를 견주들에게 알려 주는 것이 개에게 더 나은 세상을 만드는 길이라 결론지었습니다."

— 카니시우스 대학교Canisius College 인간 동물학 박사, 크리스티 호프만

장애가 있는 개들

우리가 더 많은 관심과 보살핌을 주어야 하는 개들에는 노견만 있는 게 아니다. 장애를 지닌 특별한 개들 또한 더 많은 관심과 도움이 필요하다. 최근 나는 검은색 래브라도 레트리버 강아지를 만났다. 녀석은 다른 강아지들과 마찬가지로 사람을 좋아하고 친근함을 표했다. 나는 녀석이 앞을 보지 못한다는 것을 전혀 눈치채지 못했다. 다른 강아지들과 함께 놀 때도 그 사실을 알아채지 못했다. 나는 수년 동안 시각이나 청각 장애를 앓는 개들을 만나면서 그들도 여느 개들과 다를 바 없다고 결론 내렸다.

시각·청각 장애견과 함께 지내기

유전적으로 시각이나 청각을 잃은 개들이 어떻게 행동하는지에 관해 알려진 사실은 거의 없다.《국제 수의학 행동 저널》에서는 시각 혹은 청각 장애를 앓는 개의 견주 461명을 대상으로 설문 조사를 했다. 견주들은 개의 행동 특성을 평가할 때 널리 쓰이는 '개 행동평가 및 연구 설문$^{C-BARQ}$'을 작성했다. 그 결과, 비장애견과 시각·청각 장애견은 비슷한 행동을 보였다. 그러나 비장애견이 시각·청각 장애견에 비해 더 공격적이고 활기가 넘치는 것으로 나타났다. 특정 행동에서는 차이가 보이기도 했다. 비장애견들은 토끼를 쫓고, 배설물을 먹거나 그 위에서 구르는 데 반해, 시각·청각 장애견은 지나치게 짖고, 핥고, 씹어서는 안 되는 물건을 많이 씹는 것으로 나타났다. 짖기, 핥기, 씹기는 자극을 받기 위한 행동이다. 따라서 이런 차이는 외부 자극의 부족으로 인한 것으로 보여졌다. 설문 조사에는 건강 상태 관련 항목도 있었다. 이를 보면 행동 차이가 건강 문제 때문에 발생하는 것은 아니었다.

과학자들은 시각·청각 장애견이 시청각 자극의 부족한 부분을 다른 감각으로 채우려 한다고 생각했다. 이는 시각·청각 장애견의 견주들이 반려견에게 외부 자극을 충분히 주도록 특별히 신경 써야 함을 시사한다. 진동 장난감, 콩토이, 씹는 장난감 그리고 훈련이나 뇌 자극 활동을 통해 다양한 경험을 하게 해 주는 것이 좋다. 시각·청각 장애견도 민첩성 훈련, 공놀이, 복종 훈련 혹은 댄스 교실 등에 참가해 풍부한 경험을 하고 사회성도 기를 수 있다. 청각 장애견은 견주를 자주 쳐다보는 '체크인' 방법도 배울 수 있다. 시각·청각 장애견을 대상으로 연구한 결과, 이들은 비장애견보다 손이나 신체 동작을 많이 사용하는 예절 교육을 더 많이 받은 것으로 나타났다. 공격성이나 흥분도가 낮게 평가되는 이유는 아마 그 때문일 것이다. 이러한 결과들은 시각·청각 장애견들도 가정에 좋은 반려견이 될 수 있다는 점을 보여 주었다.

신체 장애견과 함께 지내기

외상이나 암 혹은 다른 여러 질병 등으로 다리를 절단한 장애견들이 있다. 지금껏 내가 봐 온 다리 장애견들은 여느 개들처럼 행복해 보였고 활발했다. 다리를 절단한 개들의 견주 마흔네 명을 대상으로 조사한 결과, 마흔한 마리는 잘 적응했지만, 세 마리는 큰 어려움을 겪었다(그중 한 마리는 잘 지낸다고 들었지만, 다른 두 마리는 전이가 일어나 결국 안락사를 했다고 한다). 거의 모든 개는 절단 수술 후 한 달 안에 세 다리에 적응했다. 어떤 개들은 더 빨리 적응하기도 했다. 조사에 응한 견주들 중 절반은 처음에는 절단 수술을 원치 않았지만, 대부분의 반려견은 예상보다 훨씬 더 잘 이겨냈다.

어떤 이유로든 특별한 관심과 보살핌이 필요한 개들은 여전히 행복해야 하고 사랑받아야 하는 반려견들이다. 이런 개들은 나이가 듦에 따라 다른 건강상 문제가 있는지 확인하기 위해 수의사의 진료가 더 중요하다. 그러니 5장에서 설명한 것처럼 잘 맞는 수의사를 찾아서 장기적으로 관계를 유지하는 게 좋다. 반려견의 필요(그리고 변화)를 잘 고려해서 반려견이 살아가는 동안 행복할 수 있도록 해야 한다.

반려견을 위해 실천하기

- 노견은 스트레스에 대처하는 데 어려움을 느낄 수 있으니 스트레스를 최소화하도록 한다.

- 일상을 유지하며 반려견과 함께 시간을 보내자. 노견은 가족 구성원으로서 계속해서 안정감을 느끼길 원한다.

- 영양가 있는 식단을 제공하자. 노견은 열량 섭취는 줄여야 하지만 단백질 섭취는 늘려야 한다.

- 수의사의 진료를 받자. 노견일수록 더 자주 건강 검진을 받아야 한다. 노화를 탓하기만 하면 안 된다. 수의사는 무엇이 정상적인 노화 증상이고 무엇이 치료가 필요한 증상인지 알려 줄 것이다.

- 노견이든 장애견이든 다양한 기회를 접하며 풍요로운 경험을 해야 한다.

15장

반려견의 마지막 순간

고스트를 입양했을 때는 녀석의 정확한 나이를 알지 못했다. 그러나 차츰 시간이 흐를수록 건강에 이상이 생기기 시작했다. 고스트는 건강이 나빠지다가도 다시 좋아졌다. 심지어 수의사가 녀석에게 남은 시간이 몇 주 안 남았다는 진단을 내렸을 때도, 고스트는 이내 다시 기력을 회복했다. 모든 견주가 동의하는 한 가지 사실이 있다면, 그건 개의 수명이 너무 짧다는 점일 것이다. 개의 수명에 영향을 미치는 다양한 요소(크기나 견종 등) 때문에 평균 수명에 대한 정확한 데이터는 존재하지 않는다. 개들은 심하게 고통받는다고 판단되면 자연사 대신 안락사로 생을 마감하는 경우가 많다. 개 물림 사고를 일으켜서 안락사되는 경우도 있다(사고가 발생하면 지역 담당국에서 안락사를 요구하기도 한다).

개의 수명

《예방수의학》에 실린 논문에서는 일본 반려견 보험 회사인 애니

컴Anicom에 등록된 약 30만 마리 개의 평균 수명이 13.7세라고 밝혔다. 연구자들은 2010년에 사망한 4,169마리 개들의 사망 원인을 살펴보았다. 체중이 5~10킬로그램인 개들의 평균 수명은 14.2년으로 가장 길었다. 체중이 5킬로그램 미만인 토이견들과 체중이 10~20킬로그램인 개들의 평균 수명은 13.8년으로 나타났다. 덩치가 큰 개일수록 평균 수명이 짧았다. 체중이 20~40킬로그램인 개들의 평균 수명은 12.5년이었으며, 40킬로그램 이상인 개들의 수명은 10.6년이었다. 321쪽에 있는 표(견종 및 나이별로 구분한 남은 수명)를 보면 개의 체중과 나이별로 남은 수명이 각각 다름을 알 수 있다. 토이견이나 중소형견들의 경우 17세 이상까지도 표가 이어지지만, 대형견들은 16세 이상 그리고 거대견들은 13세 이상까지만 표가 유효하다.

과학자들은 반려견이 건강하다면 견주들이 보험을 불필요하게 생각해서 갱신하지 않기도 하므로, 일부 건강한 개들의 수명이 연구 결과에 반영되지 않았을 수도 있다는 점을 언급했다. 이 연구에서는 개들의 가장 흔한 사망 원인 두 가지가 암과 심혈관 질환이라는 사실을 밝혔다.

영국에서 혈통 있는 개 1만 4,000마리를 대상으로 조사한 결과, 평균 수명은 11.3세였다. 그중 단 20퍼센트만이 14세까지 살았다. 15세까지 산 개는 10퍼센트에 불과했다. 이전 연구에서와 마찬가지로, 이 결과는 대형견이 소형견에 비해 수명이 짧다는 사실을 증명했다. 이 연구에서는 수명이 매우 길었던 몇몇 개들도 보고되었다. 그

중에는 20세까지 산 스탠더드 슈나우저(이 견종의 평균 수명은 12세다), 23세까지 산 킹 찰스 스패니얼(이 견종의 평균 수명은 10세다)이 있었다. 한편, 내가 가장 좋아하는 견종인 버니즈 마운틴 도그는 평균 수명이 8세에 불과했다. 개 중에는 평균 수명이 7세에 그치는 견종도 열한 종이나 있다. 그레이트데인, 샤페이, (일본의) 시바 이누, 아이리시 울프 하운드, 불도그 그리고 도그 드 보르도가 대표적이다. 평균 수명이 13.5세인 견종도 열네 종이나 있다. 토이 푸들, 미니어처 푸들, 케이넌 도그, 보더 테리어, 케언 테리어, 바센지 그리고 이탈리안 그레이하운드 등이다.

그렇다면, 왜 몸집이 큰 개들의 수명은 비교적 짧을까? 한 가지 원인은 대형견이 소형견에 비해 잘 걸리는 특정 질병에 있다. 한 연구에서는 2004년 미국의 한 수의과대학 병원에서 사망한 모든 개의 사망 원인을 분석했다. 병원에 도착하자마자 사망한 개들과 사망 원인을 밝히지 못한 사례를 제외하고, 총 7만 5,000마리의 개들이 분석 대상이 되었다.

우선, 개의 사망 원인 중 가장 두드러진 다섯 가지는 위장, 신경, 근골격, 심혈관 그리고 비뇨 생식기 질환이었다. 대형견은 암이나 근골격계 질환이나 위장 문제로 사망하는 확률이 높았다. 소형견은 암에 걸릴 확률은 낮은 반면, 대사성 질환으로 사망할 확률은 더 높은 것으로 나타났다. 외상으로 사망하는 확률은 소형견과 대형견 모두 비슷했다. 연령에 따른 사망 원인의 차이도 있었다. 나이가 어릴수록

견종 및 나이별로 구분한 남은 수명 (년)

개의 나이 (만 나이)	토이견 (5kg 미만)	소형견 (5~10kg)	중형견 (10~20kg)	대형견 (20~40kg)	거대견 (40kg 초과)
1세 미만	13.8	14.2	13.6	12.5	10.6
1~2	13.0	13.4	12.8	11.7	9.8
2~3	12.0	12.4	11.9	10.7	9.0
3~4	11.1	11.5	10.9	9.8	8.1
4~5	10.1	10.5	10.0	8.9	7.2
5~6	9.2	9.6	9.1	8.0	6.5
6~7	8.2	8.6	8.2	7.2	5.9
7~8	7.3	7.7	7.3	6.3	5.6
8~9	6.4	6.8	6.4	5.6	5.1
9~10	5.5	5.9	5.6	4.9	4.7
10~11	4.6	5.1	4.8	4.3	4.6
11~12	3.9	4.3	4.1	3.8	4.9
12~13	3.2	3.5	3.4	3.3	4.9
13~14	2.7	2.9	2.8	2.8	6.3(13세 이상)
14~15	2.1	2.2	2.2	2.7	
15~16	1.7	1.7	1.7	2.8	
16~17	1.4	1.3	1.2	3.0(16세 이상)	
17세 이상	1.6	1.0	1.2		

출처: Data from Inoue (2015)

감염병과 위장 문제로 사망하는 확률이 높았고, 나이가 많을수록 암이나 신경계 질환으로 사망하는 확률이 높았다.

다른 연구에서는 동물병원 여든여섯 군데의 자료를 토대로 반려견 사망 원인을 분석했다. 그 결과, 3세 미만의 개는 문제 행동이 주요 사망 원인이었다.(14.7퍼센트) 그리고 위장 질환(14.5퍼센트), 도로 교통사고(12.7퍼센트)가 그 뒤를 이었다. 전반적인 사례를 살펴본 결과, 평균 사망 나이는 12세였다. 사망의 주요 원인으로는 종양(16.5퍼센트), 근골격계 질환(11.3퍼센트), 그리고 신경계 질환(11.2퍼센트)이 두드러졌다. 견종별로 사망 시기를 비교한 결과, 믹스견이 순수 혈통견보다 평균 1.2년 더 사는 것으로 드러났다. 물론 유전적 결함으로 이런 차이가 발생했다고 가정할 수는 있지만, 정확한 원인은 밝혀지지 않았다. 기대 수명은 견종별로 큰 차이를 보였다. 미니어처 푸들과 비어디드 콜리는 각각 14.2년과 13.7년으로 가장 길었다. 도그 드 보르도와 그레이트데인은 각각 5.5년과 6년으로 가장 짧았다.

이 연구에서는 86.4퍼센트의 사망 원인이 안락사라고 밝혔다. 견주들은 반려견이 더 이상 고통받지 않고 떠날 수 있도록 안락사를 택하는 것으로 보였다. 아마 반려인으로서 가장 힘든 시기는 이러한 결정을 내려야 할 때가 아닌가 싶다.

삶의 끝을 결정하는 것

고스트에 관한 이야기를 꺼내려고 하면 아직도 목이 멘다. 고스트는 입양된 지 몇 주 지나지 않아 엉덩이 쪽에 종양이 생겨 제거 수술을 받아야 했다. 이후 고스트는 때때로 전신 권태를 겪었다. 4년 뒤, 또다시 항문 쪽에 종양이 생겨 수술을 받았다. 수의사는 만일 한 번 더 종양이 생긴다면, 위치상 재수술이 불가하고 대변실금의 위험이 있다고 일러 주었다. 고스트는 대변을 보고 싶을 때 바로 봐야 했다. 곧장 마당으로 데려가지 못하면 참지 못하고 집 안에서 실수를 했다. 우리는 늘 아무 말 없이 뒤처리를 해 줬지만, 고스트는 좌절한 듯 보였다.

고스트는 기운을 냈다가 잃었다가를 반복하며 오락가락했다. 어떤 날은 상태가 좋고, 또 어떤 날은 힘들어 보였다. 그래도 녀석은 천천히 걷더라도 산책을 원했고, 모든 것을 탐색하는 데 여전히 흥미를 보였다. 언젠가 고스트를 데리고 녀석이 가장 좋아하는 장소인 강어귀로 갔는데, 녀석은 차로 다시 돌아가기 싫어했다. 산책이 너무 길어지면 집에 돌아가서 녹초가 될 것이 뻔했는데도 말이다. 우리는 고스트가 규칙적인 일상을 유지하도록 도왔다. 약을 먹어야 할 때면 치즈나 햄에 숨겨서 입에 직접 넣어 주며 목구멍으로 넘기게 했다. 어느 날 녀석은 치즈와 햄을 의심하기 시작했다. 그래서 처음에는 약이 들어 있지 않은 치즈나 햄을 주면서 냄새를 맡게 한 뒤, 녀석이 경계를 늦추면 약을 숨긴 걸 다시 줘야 했다. 이 모든 상황에도 고스트는 행복해 보였다. 그러던 어느 날 녀석의 엉덩이 쪽에 또다시 뭔가가 보이기 시작했다.

때로 사람들은 이렇게 말한다. "떠날 시간이 되면, 알게 될 거예요." 하지만 반려견이 가능한 한 오래 살았으면 하는 마음과 반려견이 고통받지 않았으면 하는 마음 사이에 어떻게 균형을 잡을 수 있을까? 그리고 말을 하지 못하는 반려견이 진짜 원하는 게 무엇인지 어떻게 알아낼 수 있을까?

반려견의 건강 문제가 조금씩 악화되는 경우라면, 당신은 아픈 반려견을 돌보는 일상에 차츰 적응하면서 안락사에 대한 생각도 조금씩 변하게 될지도 모른다. 안락사를 결정하는 것은 쉽지 않은 일이다. 반려견의 고통을 덜어주기 위해 옳은 일을 했다는 생각을 하면서도 어떠한 이유에서든 생명을 임의로 중단시켰다는 죄책감 때문에 혼란스러운 감정이 들 수도 있다. 어떤 선택을 하든지 간에 반려인은 사랑하는 반려견을 위해 최선의 선택을 할 뿐이다. 물론 늘 수의사와 논의하며 무엇이 최선인지 살펴야 한다. 다른 치료 옵션을 선택하거나, 고통 완화 처치를 하며 생명을 이어갈 수도 있다.

수의사와의 좋은 관계는 이럴 때 도움이 많이 된다. 반려견의 죽음에 대한 논의는 일찍 시작할수록 좋다. 죽음을 미리 생각해 두면 덜 감정적으로 대응할 수 있다. 그리고 살아가는 동안 반려견의 삶의 질을 향상하기 위해 무엇을 해야 할지 더 고민하게 된다. 반려견이 떠날 시간이 다가왔을 때, 당신과 반려견을 위해 마지막으로 준비해야 하는 것들을 계획하는 데도 도움이 된다. 이를테면 반려견을 데리고 동물병원으로 갈지, 수의사를 집으로 부르는 것이 나을지 미리 생각해 보는 기회가 될 것이다.

안락사하기에 적절한 시기를 고민하다 보면, 자기 자신과 가족들도 언젠가는 죽는다는 사실을 생각하게 된다. 한편, 개의 상태로 인해 견주의 삶이 힘들어지는 때가 있다(건강 상태가 나빠진 반려견은 예상치 못한 문제 행동을 보이며 집을 엉망으로 만들어 놓기도 한다). 어떤 이들은 빨리 안락사를 시키고자 하고, 또 어떤 이들은 반려견의 삶의 질이 나빠져도 조금 더 기다린다. 어떻게 할지 논의할 때 근거가 되는 사항은 우리의 윤리 의식과 평가 그리고 반려견의 삶의 질이 어떤지에 대한 우리의 주관적인 판단일 것이다.

삶의 질 평가

반려견이 어떻게 지내는 지 평가하는 간단한 방법인 '삶의 질 척도$^{Quality-of-life\ scales}$'는 반려견의 삶의 질을 향상시키거나 반려견이 삶을 영위하는 의미가 있을지를 판단하는 데 사용될 수 있다. 《수의학 저널》에 실린 한 연구에 따르면 기존에 있던 '삶의 질 척도'는 고관절염, 척수 손상, 암이 유발하는 통증과 같은 특정 건강 상태의 영향을 평가하기 위해 고안되었다. 따라서 여기에 포함된 설문 항목에는 실제 전반적인 삶의 질을 평가하는 내용이 거의 없었다. 건강 상태의 영향은 구체적으로 판단할 수 있어도 전반적인 삶의 질은 평가하지 못하는 것이다. 이 연구에서는 견주와 수의사들이 특정 개의 삶의 질을 판단하기에 그나마 유용한 설문 항목을 찾아냈다.

호스피스 케어는 말기 환자의 고통을 최소화하는 치료 방법으로, 반려견이 집에서 가능한 한 편안하게 지내도록 도와준다. 어떤 수의사들은 이런 호스피스 케어를 전문으로 한다. 수시로 반려견의 상태와 삶의 질을 확인하여 개선할 방법을 알려 주고, (이동이 불편한 반려견을 위해 집안 계단을 개조하는 등) 여러 부분을 관리해 준다. 호스피스 케어는 며칠이든 몇 주든 가족과 반려견이 집에서 더 안락하게 지내다가 작별하도록 해 준다. 종양으로 인해 완화 방사선 치료를 받는 개들을 대상으로 한 연구에서 견주의 79퍼센트가 치료 결정에 대해 만족했다. 78퍼센트는 치료 덕분에 반려견의 삶의 질이 향상되었다고 보고했다. 18퍼센트는 이 치료로 병이 나을 수 있다고 믿고 있었다. 호스피스 케어도 안락사가 반려견을 위한 최선의 선택이라 판단되면 결국 끝나게 된다.

수의학 박사 아드리안 월튼은 노견이나 만성 질환을 앓는 반려견을 기르는 견주들이 안락사의 두 가지 요소를 고려해야 한다고 말했다. "반려견뿐만 아니라 견주의 삶의 질도 중요합니다. 수의사로서 저의 임무는 반려견의 생명을 구하는 것이 아니라 당신과 반려견의 관계를 구하는 것입니다. 언젠가는 당신도 반려견의 삶을 끝내야 할지 고민하는 날을 맞닥뜨릴 수 있습니다. 가령 반려견이 신장 질환을 앓게 되어 약물을 복용하게 되면서 온 집안에 소변 실수를 하거나 산만해지고, 지금까지 알던 반려견이 아닌 것처럼 보일 때 말입니다. 제가 지켜본 바에 따르면, 때로 견주들은 이 단계에서 힘듦과 스트레스로 삶이 피폐해지기도 합니다. 그리고 이 상황은 반려견에게도 영향을 미칩니다. 신장 질환을 앓던 어떤 개들은 결국 세탁실이나 화장실, 창고 등에 갇히게 되었습니다. 집안에서 소변을 보지 못하게 말이죠. 갑자기 가족과 분리된 개는 그렇게 의도치 않게 방치되었습니다. 만약 반려견의 좋지 않은 상태로 인해 삶의 질이 엉망이 된다고 느껴진다면, 안락사를 고려해 봐야 합니다. 그리고 반려견의 관점에서 생각한다면, 나쁜 날이 좋은 날보다 많을 때 안락사를 고려해야 할 것입니다."

의사 결정의 어려움을 인지하기

치료 요법을 시도할지 아니면 안락사를 시킬지 결정하는 것은 꽤 까다로운 문제다. 상태가 급격히 악화됐거나 교통사고처럼 선택지가 명확한 경우도 있지만, 대부분은 여러 선택지가 주어진다. 《스칸디나비아 수의학 저널Acta Veterinaria Scandinavica》에 실린 논문에서는 이런 상황을 정밀하게 분석했다. 과학자들은 수의사와 안락사를 논한 적이 있는 열두 명의 견주를 대상으로 인터뷰를 진행했다. 그중에는 반려견을 최근 8개월 이내에 안락사시킨 사람도 있었고, 반려견이 치료를 이어 가며 아직 살아 있는 경우도 있었다. 개들의 병명은 간질, 당뇨, 천식, 치매 그리고 암 등이었다.

사람들은 반려견의 상태가 급격히 악화돼 다른 선택지가 없거나, 모두가 고통받을 때는 결정을 내리는 데 큰 어려움을 겪지 않았다. 반대로 상태가 조금씩 악화되는 경우, 사람들은 어느 지점에서 선을 그어야 할지 혹은 지금까지 잘 버텼는데 대체 어떻게 특정 날을 선택해 결정을 내려야 할지 갈피를 잡지 못했다.

사람들은 결정을 어렵게 만드는 원인으로 부족한 지식도 꼽았다. 그것이 반려견의 상태에 대한 이해든, 수의사의 진단을 수용하는 데 대한 어려움이든, 개의 안녕을 평가하는 어려움이든 말이다. 사람들은 완화 치료 요법이 부작용을 일으키거나 고통을 연장하는 것일지도 모른다는 우려 때문에 완화 치료 요법과 안락사 중에서 결정할 때 갈등을 겪은 것으로 나타났다. 그리고 자신들의 필요나 고충만을 고려하는 것과 반려견의 입장만 고려하는 것 중 무엇이 옳은지도 모르겠다고 답했다. 결정을 내려야 한다는 책임감 자체만으로도 큰 부담이 되는 것이다.

견주들은 결정을 내리는 데 수의사의 지식이 분명 도움이 되었지만, 수의사가 결정에 함께 참여함으로써 책임을 분담해 준 것도 도움이 되었다고 느꼈다. 수의사는 견주가 결정을 내리는 데 어려움을 겪을 때도 도움이 되는 것이다.

이는 반려동물이 사망한 뒤 견주들의 애도를 관찰한 연구 결과를 뒷받침한다. 슬픔과 애도, 화, 죄책감은 모두 반려동물을 안락사시킨 뒤 느끼는 공통적인 감정이다. 가령 안락사라는 결정이 반려견에게 옳은 선택이었다고 믿거나 수의사와 의료진들이 그런 결정을 하는 데 영향을 주었다면 죄책감은 덜한 편이다. 반려견이 암으로 고통받았을 경우 분노와 죄책감은 덜한데, 반려견이 갑작스레 죽게 되는 경우 분노를 많이 느끼게 된다. 반려동물이 갑작스럽게 죽음을 맞이했거나 견주가 반려동물과 친밀히 교류했고 깊은 애착을 품고 있었다면, 견주는 반려동물의 사망 이후 전문가의 도움을 받아야 한다. 요즘에는 애도 상담 기회도 많아졌고, 반려동물을 잃은 경우를 대비한 특별 상담가도 존재한다.

친구나 가족들의 보살핌 역시 중요하다. (자연사 혹은 안락사로) 반려동물을 잃은 사람들은 스트레스를 심하게 받고 심신 건강이나 주변 관계가 피폐해져 삶의 질 측면에서 문제가 생긴다. 《플로스원》에 실린 연구에서 반려견을 안락사시킨 견주들의 스트레스와 삶의 질을 살펴본 결과, 사람들이 주변인의 보살핌을 거의 받지 못하는 것으로 나타났다. 사람들은 누군가가 가족을 잃으면 주변의 도움이 필요하다고 생각하지만, 반려동물을 잃었을 때 슬픔의 깊이는 잘 이해하지 못하는 편이다.

어떤 이들은 곧장 다른 반려견을 기르며 떠난 반려견을 잊기도 하지만, 또 다른 이들은 오랜 시간 애도한다. 어떤 것이 옳다고는 할 수 없다. 당신과 가족에게 최선의 결정을 내리는 것은 오롯이 당신 몫일 것이다.

안락사는 어떻게 진행될까?

많은 이들이 고민하는 것 중 하나는 반려견이 생을 마감하는 순간 그 자리에 함께 있을지 여부다. 월튼 박사는 "그건 전적으로 견주에게 달렸습니다."라고 말하면서 다음과 같이 덧붙였다. "누군가는 함께 있길 원하고, 누군가는 보지 않으려고 합니다. 중요한 점은 동물들은 무슨 일이 일어나고 있는지 인지하지 못하므로 견주가 있든 없든 개의치 않는다는 사실입니다. 동물들은 아주 잠깐의 시간을 두고 숨을 거둡니다. 즉 함께 있고 없고의 문제는 전적으로 개인의 결정에 달려 있습니다."

많은 경우, 사람들은 반려동물을 안락사시키며 죽음이라는 상황을 처음 접한다. 나는 월튼 박사에게 반려견을 안락사시키기 전 사람들이 미리 알아 두면 좋은 것을 물었다. 그는 이렇게 답했다. "사람들은 그 일이 얼마나 빠르게 진행되는지 잘 모릅니다. 안락사를 시키면 보통 5분 정도 시간을 두고 개가 천천히 숨을 거둔다고 예상하죠.

실제로는 겨우 30초 정도밖에 걸리지 않는데 말입니다. 또 한 가지는 숨을 거둔 뒤 눈이 감기지 않는다는 사실을 모르는 사람들이 많습니다. 대부분 텔레비전에서 본 장면만 가지고, 동물들이 눈을 감고 죽을 거라 예상합니다. 하지만 동물들은 사망하는 순간 눈을 뜬 채 허공을 응시하고 있습니다."

"사람들이 모르는 것 중에는 숨을 거둘 때의 신체 반응도 있습니다. 우선 고통스러운 호흡 증상을 보입니다. 뇌에서 더이상 신호를 보내지 않아 심장에 마비가 오면서, 혈류에 이산화탄소가 쌓이고, 경동맥 수용체의 반사 작용이 일어나 가슴을 팽창하게 만듭니다. 그래서 호흡이 고통스러워 보이는 것이죠." 그는 숨을 두 번 크게 들이마시고는 설명을 이어갔다. "그리고 그 증상은 몇 분간 지속될 수 있는데, 사람들은 이를 예상하지 못합니다."

"물론, 몸을 뻗으며 근육 경련이 일어나기도 하고, 창자와 방광이 조절되지 않습니다. 집에서 안락사시킬 때 많은 경우, 반려견을 페르시안 카펫 같은 데 눕혀 놓습니다. 그래서 수의사들은 다른 이불이나 플라스틱 상자로 반려견을 옮기기 위해 견주에게 상황을 설명합니다."

마지막으로 박사는 한밤중에 자면서 숨을 거둔 반려견들은 사후 경직된 상태로 발견된다고 알려 주었다. "많은 이들은 사랑하는 반려견이 뻣뻣하게 굳어 버린다는 상상을 하지 못하죠."

반려견의 죽음을 애도할 때

개들이 함께 지내던 개나 고양이의 죽음을 슬퍼하는 것은 당연하다. 견주들을 대상으로 한 연구에서는 함께 지내던 개나 고양이가 죽었을 때 반려견 혹은 반려묘의 반응이 어땠는지 조사했다. 그 결과, 60퍼센트는 친구가 평소 휴식을 취하곤 했던 자리를 계속해서 확인하는 모습을 보였다. 61퍼센트는 더 많은 애착을 요구하고 견주에게 꼭 붙어 있는 모습을 보였다. 35퍼센트는 먹는 양이 줄었고, 31퍼센트는 먹는 속도가 느려졌다. 대략 30퍼센트 정도는 평소보다 잠을 많이 잔 것으로 나타났다. 흥미로운 사실은 죽은 친구가 개든 고양이든 행동의 변화는 거의 같았다는 점이었다. 이 연구에서는 58퍼센트의 개가 죽은 친구의 시체를 목격했고, 73퍼센트가 시체의 냄새를 맡았다. 하지만 죽은 친구의 시체를 목격한 경우와 그렇지 않은 경우, 애도 경험에는 차이가 없는 것으로 나타났다.

고스트를 화장한 뒤, 녀석의 재는 작은 항아리에 담아 텔레비전 옆에, 앞발 도장은 눈에 잘 보이는 선반에 올려 두었다. 나는 하루에도 몇 번씩 녀석의 흔적을 보며 그리워한다. 때로 사람들이 반려견을 '소울메이트'라고 생각하는 걸 당신도 잘 알 것이다. 내게 고스트는 우리 집으로 데려올 수 있었던 최고의 생명체였다. 녀석이 짖던 소리, 내가 텔레비전을 볼 때마다 가만히 앉아서 나를 바라보던 모습, 함께한 산책 등 모든 순간이 그립다. 고스트가 긴 꼬리를 말아

올려 자신의 등 위로 올리던 모습, 야생의 자극이나 흔적에 민감하게 반응하던 모습도 자주 생각난다. 고스트는 내가 앉아 있을 때면 다가와 큰 머리를 내 무릎 위로 들이밀며 쓰다듬어 달라고 했다. 그럴 때마다 녀석의 풍성한 털을 쓰다듬던 느낌이 너무나도 그립다. 그리고 무엇보다도, 우리가 나눈 우정이 제일 그립다.

고스트가 떠나고 초반 며칠은 보저가 큰 위로가 되었다. 녀석도 나름대로 슬펐을 텐데, 그래도 여전히 산책을 원하고, 먹고, 쓰다듬어 달라고 하고, 터그 놀이도 했다. 보저는 이 집에 반려견이 혼자라는 사실에 점점 익숙해졌다. 지금 녀석은 창밖을 내다보며 나를 힐끔힐끔 쳐다본다. 이제 산책할 시간이란 걸 알기 때문이다. 나는 비 내리는 풍경을 보며 녀석이 진짜 산책을 하고 싶은지, 아니면 집에 머물고 싶은지 묻는다. 모든 개는 개별적인 존재이며, 살아가는 순간이든 죽음을 맞는 순간이든, 우리는 최선을 다해 반려견을 존중할 뿐이다.

예상치 못한 이별과 응급 상황에 대비하기

견주가 갑자기 병원에 입원하거나 반려견보다 먼저 죽는 예상치 못한 상황도 생길 수 있다. 따라서 이러한 순간을 미리 대비하는 것은 매우 중요하다. 법률 행위의 권한을 위임하고, 유서를 작성하는 것과 별개로 친구나 가족에게 어떻게 해야 할지 미리 말해 둬야 한다.

텍사스에는 견주가 사망한 뒤 반려동물을 집과 같은 환경에서 돌봐 주는 스티븐슨 반려동물 라이프 케어 센터Stevenson Companion Animal Life-Care Center가 있다. 어떤 단체들은 견주가 입원하거나 다른 이유로 반려동물을 돌볼 수 없을 때 가정 위탁 서비스를 제공한다. 반려견을 맡아 줄 사람을 정했다면, 상황 변화나 반려견의 필요를 자주 공유하며 준비하기 바란다. 반려동물을 길러 본 경험이 있는 사람에게 부탁하되, 당신의 의견을 존중해 주는 사람이 좋다. 믿고 맡길 친구나 가족이 있으면, 미리 열쇠를 하나 주고 응급 상황을 대비해 반려견을 어떻게 돌봐야 하는지 자세히 알려 주자. 현관에 스티커를 붙여 집 안에 반려견과 반려묘가 몇 마리 살고 있는지 정확히 써 두는 것도 현명한 방법이다.

전문가의 조언

"개에게 더 나은 세상을 만들려면, 반려견을 포기하게 하는 근본적인 요소들을 해결해야 합니다. 문제 행동과 배변 실수는 사람들이 반려견 기르기를 포기하게 되는 대표적인 이유입니다. 사람들이 귀여운 외모 혹은 유행에 따라 반려견을 선택하는 게 아니라 정보를 잘 찾아본 다음 자신의 라이프 스타일과 성격에 잘 맞는 개를 선택하길 바랍니다. 평판이 좋은 기관이나 업체는 지역 개 훈련사들이나 동물병원과 연계 활동을 하는 등 견주들을 지원할 방안을 마련하므로 도움을 받을 수 있을 것입니다. 마지막으로, 반려견이 견주와 함께 살 수 있으려면, 집

주인들이 반려견도 한 가족의 구성원으로 인정하도록 하는 정책을 마련해야 합니다. 가끔 개를 못 키우도록 하는 집주인들이 있는데, 이로 인해 제대로 돌봄을 받지 못하는 개들이 생겨날 수 있습니다."

- 요크 대학교 박사 연구원 겸 포지티브 리더십PAWSitive Leadership 설립자,
타린 그레이엄Taryn Graham

응급 상황이 일어날 경우를 대비해 반려견을 어떻게 할지 미리 계획하는 것도 필요하다. 언제든 맞닥뜨릴 수 있는 응급 상황(화재, 산불, 지진, 태풍 등)에 반려견을 맡길 만한 애견 호텔이나 보호소가 근거리에 있는지 확인하는 것이다. 반려견용 응급 키트에는 예방 접종 확인서, 복용 중인 약, 하네스와 리드 줄, 개 장난감, (3~7일 정도 분량의) 사료와 물, 배변 봉투, 식기 세척용 세제와 샤워용 비누 그리고 담요 등이 들어 있어야 한다. 보호소 내의 케이지에서 기다려야 하는 상황을 대비해 케이지에 익숙해지는 훈련도 해 놓으면 좋다. 어딘가로 대피해야 할 때 반려견을 꼭 챙기도록 하고, 이를 대비해서 반려견과 함께 대피 훈련을 해 보자. 2011년 일본에서 진도 9도의 지진이 일어났을 때, 반려견을 데리고 대피한 견주 중 46퍼센트가 반려견과 함께 미리 긴급 상황 대피 훈련을 해 본 것으로 나타났다. 반면 반려견을 두고 대피한 견주 중에는 26퍼센트만이 대피 훈련을 해

보았다고 답했다. 만약 반려견을 챙기지 못했더라도 (동물 등록, 마이크로칩, 전화번호가 기재된 목줄 등) 반려견의 신원을 식별할 수 있는 조치를 해 두었다면 재회하는 데 도움이 될 것이다. 그뿐만 아니라, 반려견을 차량에 태울 때는 충격 방지용 하네스, 캐리어 혹은 안전장치 등을 착용시켜 교통사고가 발생할 상황을 대비해야 한다. 이러한 여러가지 상황에 대한 대비는 응급 상황뿐만 아니라 반려견이 하루하루 일상을 살아가는 데 맞닥뜨리는 상황에 대처할 수 있는 능력도 길러 줄 것이다.

반려견을 위해 실천하기

- 반려견이 만성 질환을 앓는다면, 삶의 질이 급격히 악화되지 않도록 환경을 조성하자. 수의사와 안락사에 관해 미리 상담해 반려견에게 최선의 선택을 할 수 있도록 신경 쓰자. 만약 안락사를 결정했다면, 집에서 할지 병원에서 할지 등 안락사 방법을 미리 생각해 보자.

- 반려견이 삶을 끝내야 할 순간을 어떻게 정할지 미리 생각하자. '삶의 질 척도'는 도움이 되긴 하지만 특정 상태를 기준으로 하는 경우가 많다. 월튼 박사가 제안한 일반적인 기준은 나쁜 날이 좋은 날보다 더 많아지는가를 보는 것이다.

- 안락사를 결정하기 전에 다른 치료 완화 요법이 있는지 수의사와 상담하고 그 장단점을 알아보자.

- 같이 살던 친구를 잃은 반려견을 세심하게 배려하자. 함께 지내던 반려견이 죽으면, 남은 개들은 사람처럼 슬퍼하고 더 많은 애정과 관심을 바란다. 개가 아니라 고양이나 다른 동물이 죽더라도 반려견은 똑같이 슬퍼한다.

- 당신이 갑자기 아프거나 사망할 가능성을 대비해 반려견을 어떻게 조치할지 미리 계획하자.

- 응급 상황에 늘 대비하자. 반려견을 맡아 줄 호텔을 미리 알아 두고, 급히 대피해야 할 상황에 가져갈 수 있는 반려견 응급 키트를 준비해 두자.

마치며_ 반려견의 행복을 위하여

나는 보저에게 이상적인 삶은 어떤 모습일지를 오랫동안 생각해 왔다.

남편과 나는 날씨가 좋을 때마다 조용하면서 개를 데리고 나오기 적합한 장소로 보저와 산책을 나간다. 볕이 따스하게 비추고 선선한 산들바람이 불어온다. 만나는 사람마다 보저를 다정하게 쓰다듬어 주고 녀석이 입술을 핥아도 웃어 준다. 나머지 시간은 집에 머물며 우리만이 유일하게 보저의 친구가 되어 준다.

보저는 사료도 잘 먹지만, 아침에는 집에서 요리한 스테이크, 양 내장이 들어간 간식, 치즈 소스를 먹는다. 저녁으로는 달걀 요리를 먹는다. 낮 동안 활동량이 많을 때나 동기부여가 필요할 때는 작은 치즈나 소시지 간식도 먹는다. 오후 산책에서는 이웃의 다른 개들을 만나고, 죽은 쥐 냄새가 나는 곳에 코를 킁킁거리며 탐색한다. 가끔 사과나 자두를 먹은 곰의 배변 흔적이 있으면, 코를 킁킁대고 맛도 본다. 산책을 마치고 집에 오면 안락의자에 같이 앉아 휴식을 취한다.

물론 터그 놀이나 공 물어오기 게임도 하며 시간을 보낸다(에너지를 지나치게 쏟는 놀이는 피한다). 털 손질도 좋지만 한 번에 너무 많이 하진 않는다. 고양이들이 집안 여기저기를 돌아다니면, 고양이들을 따라다니며 한곳으로 모은다. 밤이 되면 다 함께 침대에서 자되, 고양이들과는 약간의 거리를 둔다.

고스트는 이상적인 세계에서 숲 속을 돌아다니며 산딸기와 다람쥐를 찾고, 집에 돌아오면 양 내장, 치즈 소스, 달걀이 들어간 요리를 먹을 것이다. 하루를 마무리하며 털 손질을 하고, 우리는 고스트를 집에 홀로 두고 절대 외출하지 않을 것이다.

안타깝게도, 이런 완벽한 세상은 기대하기 힘들다. 우리는 반려견을 집에 두고 외출을 할 수밖에 없다. 보저는 집에 혼자 있는 데 적응한 편이다. 산책하다 곰의 배변을 발견하면, 보저가 근처에 못 가게 하려고 바닥에 간식을 떨어뜨려 놓는다. 하지만 녀석은 못내 아쉬워 표정이 어두워진다. 그러다가 몇 주 뒤 그 근처에 가게 되면 녀석은 그걸 기억하고 있다가 탐색한다. 양 내장은 요리 대신 통조림으로 먹는다. 물론 통조림으로 나오는 양 내장도 정말 맛있다. 그리고 보저와 내가 생각하는 완벽한 세상과는 달리, 고스트는 더 이상 우리 곁에 없다.

이 책에서는 개들에게 행복이 무엇을 의미하는지, 반려견이 필요로 하는 게 무엇인지 이해하는 데 개과학이 어떻게 기여하는지 개괄적으로 설명했다. 물론 더 많은 연구가 필요한 분야임은 분명하다. 특히 더 광범위한 반려견을 대상으로 한 연구와 시간의 흐름에 따른

종적 연구가 꾸준히 이뤄져야 할 것이다. 실험주의 연구와 자연주의 연구가 균형을 맞춰야 함은 물론이다.

데이비드 멜러 교수는 동물 복지를 논하면서 우리가 반려견의 부정적 경험을 최소화하는 동시에 긍정적 경험의 기회를 제공해야 한다고 설명했다. 가령 어떤 반려견이 통증을 느낀다면 집에 있는 사람이나 다른 동물과 놀이하고 싶지 않을 것이다. 통증이 너무 심해 긍정적 경험을 즐길 능력조차 방해받는 것이다. 이는 동물 복지에서 긍정적 경험과 부정적 경험이 모두 중요한 고려사항이라는 점을 말해 준다.

동물 복지에 중요한 요소인 다섯 가지 영역은 다음의 표에 잘 정리되어 있다.

동물 복지에 중요한 다섯 가지 영역

영양	환경	건강	행동
• 양질의 음식 • 물	• 안전한 공간 • 편안한 침대 • 어린이들과 떨어져 쉴 수 있는 공간 • 적절한 법과 정책	• 건강한 신체 • 스트레스를 덜 받는 동물병원 진료 • 사람의 손길과 털 손질에 익숙해지는 훈련 • 건강과 유전적 결함을 방지하기 위한 교배 • 산책과 다양한 운동	• 사회화에 민감한 시기 긍정적 경험 • 사람, 다른 동물과의 우정 • 놀이의 기회 • 보상 기반 훈련 • 문제 행동 개선을 위한 즉각적인 도움
정신 건강			
• 안정감 • 문제 행동 개선을 위한 즉각적인 도움 • 선택권			

반려견의 행복한 삶을 위해 다음 사항을 늘 염두에 두자.

- 반려견이 안전하다고 느끼도록 해 주기(3, 7, 13장)
- 두려움, 불안, 스트레스 신호 인지하기(1, 13장)
- 사회화에 민감한 시기에 사회성 발달시키기(2장)
- 반려견에게 선택권 주기(2장)
- 보상 기반 훈련 방식 적용하기(3, 4장)
- 규칙적으로 산책과 운동시키기(9장)
- 스트레스를 덜 주는 방식을 적용한 동물병원 찾기(5장)
- 반려견의 정상 체중을 알아보고 관리하기(11장)
- 다양한 자극과 탐색의 기회 제공하기(6, 10장)
- 반려견의 연령별 필요를 고려하여 변화 주기(14장)

모든 개는 개별적인 존재이며, 반려견에겐 무엇이 맞는 방법인지 찾는 것은 당신에게 달렸다는 점을 잊지 말자.

반려견의 행복한 삶을 위해 첫 번째로 개에 관해서 잘 알아야 한다. 오늘날에는 개에 관한 정보와 반려견 돌보는 법에 관한 정보를 쉽게 구할 수 있다. 문제는 잘못된 정보도 넘쳐난다. 또한 개들의 행동, 인지, 복지 등에 관한 연구가 이어지면서 정보는 빠른 속도로 변하고 있다. 이러한 상황에서, 우리가 반려견을 위해 할 수 있는 일은 좋은 책과 블로그 그리고 웹사이트를 다른 견주들과 공유하는 것이다. 나 또한 내 블로그 '반려동물 심리학'을 통해 최신 과학과 블로그 및 도서 정보를 공유하고는 했다. 반려견과 함께 온라인, 여러 단체, 수의대학 연구실 등에서 진행하는 개과학 연구에 참여해 보는 것도 좋다. 견주와 반려견의 관계에 있어 흥미로운 경험이 될 것이다. 이 책이 보여 주듯이 반려견의 복지를 위해서 이미 잘 하고 있는 견주들도 많지만, 행동 개선을 필요로 하는 견주들도 많다.

나이가 들면서 변화가 따르겠지만, 개들은 어떤 연령대에서도 행복할 수 있다.

두 번째로는 동물 행동과 복지 그리고 반려견이 필요로 하고 선호하는 것을 알았다면, 실천하는 것이다. 이 책의 마지막에는 독자들이 직접 확인해 볼 수 있는 체크리스트를 실어 놓았다. 지금까지 자세히 설명한 과학적 측면들과 개들을 훈련한 나의 경험을 함께 담아서 작성했다. 당신의 반려견을 행복하게 하는 것은 무엇인지, 불안하게 하거나 스트레스를 주는 것은 무엇인지 확인할 수 있는 질문들이 담겨 있다. 체크리스트가 전문가의 조언을 대체할 수는 없으므로, 걱정되는 문제가 있다면 수의사나 훈련 전문가 혹은 행동 전문가와 상담하도록 하자.

보저는 변함없이 나와 삶을 함께하고 있고, 우리는 깨어 있는 대부분의 시간을 함께 보낸다. 밤이 되면, 녀석은 침대 발치에 놓인 자신의 침대에서 잠을 잔다. 가끔 내가 서재에서 글을 쓰고 있으면, 보저는 들어와 어슬렁거리다가 내가 앉은 의자 뒤에 꼭 붙어 잔다. 그 바람에 나는 의자에서 꼼작도 하지 못하는 지경이 된다. 녀석은 고스트가 생전에 자주 앉아 있던 자리로 가곤 한다. 고스트의 부재에 적응하는 보저만의 방식이다. 하지만 적응하지 못하는 모습도 남아 있다. 식사 시간만 되면 마치 고스트의 식사 시간을 방해하지 않으려는 듯, 멀리 빙 돌아서 자기 밥그릇으로 간다. 고스트가 조용히 먹을 때 (남기는 게 있는지 몰래 지켜보면서도) 건드리지 않던 게 습관이 되어 그러는 거겠지만 말이다. 반려견이 세상을 떠난 다음에도, 우리가 사랑했던 반려견의 흔적은 여전히 남아 있다. 우리 삶에 반려견이 미치는 영향은 어마어마하다. 그 사랑에 빚진 우리는 반려견의 행복을 위해 최선을 다해야 한다.

행복한 반려견을 위한 체크리스트

이 책에서 소개한 내용을 당신이 반려견에게 직접 적용해 볼 수 있도록 다음의 체크리스트를 고안했다. 이는 과학적으로 승인받은 도구가 아니라 이 책을 통해 알게 된 내용을 잘 실천하고 있는지 스스로 점검하는 도구일 뿐이기 때문에, 전문가의 의견을 대체할 수 없다. 체크리스트를 참고하되, 견주 스스로 해결할 수 없는 심각한 문제가 생기면 반드시 수의사, 훈련사, 동물 행동 전문가와 상의해야 한다.

다음의 질문에 '예/아니요'로 답해 보자. '예'라고 답한다면 당신이 책에 나온 내용을 잘 적용하여 실천하고 있다는 것을 의미한다. '아니요'라고 답했다면, 반려인이 개선해야 할 부분이 있다는 뜻이다. 체크리스트 문항 옆에 쓰여있는 번호는 '아니요'라고 답했을 때 다시 돌아가서 보아야 할 장의 번호이다. 해당 장으로 되돌아가 문제 해결 방안을 모색하고 어떠한 변화가 필요한지 알아보자. 마지막 칸에는 반려견이 좋아하는 것들을 적어보도록 했다.

체크리스트

		예/아니요	참조
1	반려견이 스트레스를 받을 때 쉴 공간이 있다 (개 침대, 개 우리 등).		1, 13
2	가족 구성원 모두가 반려견이 혼자 쉬는 공간과 시간을 존중한다.		1, 13
3	반려견이 날마다 규칙적인 생활을 한다.		1, 13
4	가족 구성원이 반려견을 대할 때 일괄적인 규칙을 적용한다.		1, 13
5	반려견도 가족 중 누구와 상호작용할지 선택할 수 있다.		1, 13
6	반려견이 앉거나 엎드려서 쉬고 있을 때, 어린 아이가 절대로 다가가지 않는다.		8
7	유아가 반려견을 쓰다듬을 때는 어른이 옆에 앉아서 부드럽게 쓰다듬도록 도와준다.		8
8	하루에 한 번은 반려견과 산책을 한다.		9
9	산책 중 반려견이 킁킁거리며 탐색을 한다.		9
10	반려견이 혼자 집에 머무는 시간이 네 시간을 넘지 않는다(만일 그렇다 해도 이웃이나 가족에게 부탁해 산책을 시킨다).		7
11	반려견이 매년 정기 건강 검진을 받는다(혹은 수의사의 제안에 따라 진료를 받는다).		5
12	반려견에게 시기에 맞춰 예방 접종을 한다.		5
13	수의사의 진료에 따라 구충제를 먹는다.		5
14	반려견이 정상 체중이다(잘 모르면 수의사에게 문의하자).		5, 11
15	다른 개들을 좋아하는 반려견에게 친구를 만들어 준다.		6
16	다른 개들과 어울리며 스트레스를 받으면, 함께 놀기를 강요하지 않는다.		6

17	반려견이 콩토이를 가지고 논다.		10
18	반려견에게 씹을 수 있는 장난감이 있다.		10
19	반려견이 코로 탐색할 기회가 있다(산책 중 탐색이나 스너플 매트 등).		10
20	가족 중 누구도 반려견 훈련을 위해 정적 처벌(고함치기, 때리기, 초크체인이나 핀치칼라 사용 등)을 적용하지 않는다.		3, 4, 13
21	반려견은 정적 강화를 통해 주기적으로 새로운 것을 학습한다.		3, 4, 13
22	차로 이동할 때 반려견에게 안정장치를 채운다.		15
23	반려견이 다른 사람들에게 다정한 편이다.		3, 4, 13
24	반려견이 가족 구성원들과 잘 지낸다.		3, 4, 13
25	반려견의 스트레스 신호(입술 핥기, 딴 데 보기, 떨기, 숨기, 사람 찾기 등)를 알아채고 도움을 준다.		1
26	내게 예상치 못한 일이 일어날 때를 대비해 반려견을 위한 계획을 세웠다.		15
27	응급 상황을 대비하기 위한 계획을 세울 때 반려견 역시 가족 구성원으로 고려한다.		15
28	반려견이 잠을 잘때 즐겨찾는 장소나 반려견 전용 침대가 있다.		12
29	반려견에게 신체장애가 있다면, 필요한 경우 환경을 바꿔 준다.		14
	반려견이 가장 좋아하는 장난감:		
	반려견이 가장 좋아하는 게임:		
	반려견이 가장 좋아하는 산책 장소:		

참고 문헌

1장

1. American Pet Products Association, "Pet Industry Market Size and Ownership Statistics," Accessed June 17, 2019, americanpetproducts.org/ press_industrytrends.asp.

2. Alexander Weiss, Mark J. Adams, and James E. King, "Happy orangutans live longer lives," *Biology Letters* (2011): rsbl20110543.

3. American Society for the Prevention of Cruelty to Animals (ASPCA), "Facts about US animal shelters," Accessed April 7, 2018, aspca.org/animal-homelessness/shelter-intake-and-surrender/pet-statistics.

4. American Veterinary Society of Animal Behavior (AVSAB), "Position statement on puppy socialization," 2008, avsab.org/wp-content/ uploads/2018/03/Puppy_Socialization_Position_Statement_Download_-_10-3-14.pdf.

5. American Humane Association, "Keeping pets (dogs and cats) in homes: A three-phase retention study. Phase II: Descriptive study of post-adoption retention in six shelters in three US cities," 2013, americanhumane.org/publication/keeping-pets-dogs-and-cats-inhomes-phase-ii-descriptive-study-of-post-adoption-retention-insix-shelters-in-three-u-s-cities/; BBC, "RSPCA launches Puppy Smart campaign," February 1, 2011, news.bbc.co.uk/local/cornwall/hi/people_and_places/nature/newsid_9383000/9383583.stm.

6. Chiara Mariti et al., "Perception of dogs' stress by their owners," *Journal of Veterinary Behavior 7*, no. 4 (2012): 213-219; Emily J. Blackwell, John W.S. Bradshaw, and Rachel A. Casey, "Fear responses to noises in domestic dogs: Prevalence, risk factors and co-occurrence with other fear related behaviour," *Applied Animal Behaviour Science 145*, no. 1-2 (2013): 15-25.

7. David J. Mellor, "Updating animal welfare thinking: Moving beyond the 'five freedoms' towards 'a life worth living,'" *Animals* 6, no. 3 (2016): 21; David J. Mellor, "Moving beyond the 'five freedoms' by updating the 'five provisions' and introducing aligned 'animal welfare aims,' *Animals* 6, no. 10 (2016): 59.

8. David J. Mellor, "Operational details of the Five Domains Model and its key applications to the assessment and management of animal welfare," Animals 7, no. 8 (2017): 60.

9. Dan G. O'Neill et al., "Longevity and mortality of owned dogs in England," *The*

Veterinary Journal 198, no.3 (2013): 638-643.

10. Jaak Panksepp, "Affective consciousness: Core emotional feelings in animals and humans," *Consciousness and Cognition* 14, no. 1 (2005): 30-80.

11. John Webster, "Animal welfare: Freedoms, dominions and 'a life worth living,'" *Animals* 6, no. 6 (2016): 35.

12. Lauren M. Robinson et al., "Happiness is positive welfare in brown capuchins (Sapajus apella)," *Applied Animal Behaviour Science* 181 (2016): 145-151; Lauren M. Robinson et al., "Chimpanzees with positive welfare are happier, extraverted, and emotionally stable," *Applied Animal Behaviour Science* 191 (2017): 90-97.

13. M. Wan, N. Bolger, and F.A. Champagne, "Human perception of fear in dogs varies according to experience with dogs," *PLOS ONE* 7, no. 12 (2012): e51775.

14. Marc Bekoff, *The Emotional Lives of Animals: A Leading Scientist Explores Animal Joy, Sorrow, and Empathy—and Why They Matter* (Novato, CA: New World Library, 2010); Jonathan Balcombe, *What a Fish Knows: The Inner Lives of Our Underwater Cousins* (New York: Scientific American/Farrar, Straus and Giroux, 2016).

15. National Archives, "Farm Animal Welfare Council Five Freedoms," 2012, webarchive.nationalarchives.gov.uk/20121010012427/http://www.fawc.org.uk/freedoms.htm.

16. Nancy A. Dreschel, "The effects of fear and anxiety on health and lifespan in pet dogs," *Applied Animal Behaviour Science* 125, no. 3-4 (2010): 157-162.

17. People's Dispensary for Sick Animals, "Animal Wellbeing PAW Report," 2017, pdsa.org.uk/media/3291/pdsa-paw-report-2017_printable-1.pdf.

18. People's Dispensary for Sick Animals, "Paw Report 2018," pdsa.org.uk/media/4371/paw-2018-full-web-ready.pdf; Kate M. Mornement et al., "Evaluation of the predictive validity of the Behavioural Assessment for Re-homing K9's (B.A.R.K.) protocol and owner satisfaction with adopted dogs," *Applied Animal Behaviour Science* 167 (2015): 35-42.

19. Statista, "Number of dogs in the United States from 2000 to 2017 (inmillions)," Accessed August 8, 2018, statista.com/statistics/198100/dogs-in-the-united-states-since-2000/; Canadian Animal HealthInstitute, "Latest Canadian pet population figures released," January 28,2019, cahi-icsa.ca/press-releases/latest-canadian-pet-populationfigures-released; Pet Food Manufacturers' Association, "Pet Population2018," Accessed August 8, 2018, pfma.org.uk/pet-population-2018.

20. S.D.A. Leaver and T.E. Reimchen, "Behavioural responses of *Canis familiaris* to different tail lengths of a remotely-controlled life-size dog replica," *Behaviour* (2008): 377-390.

2장

1. American Kennel Club, "Most popular dog breeds of 2018 (2019)," March 20, 2019, akc.org/expert-advice/news/most-popular-dogbreeds-of-2018/; Canadian Kennel Club, "Announcing Canada's top 10 most popular dog breeds of 2018," January 18, 2019, ckc.ca/en/News/2019/January/Announcing-Canada-s-Top-10-Most-Popular-Dog-Breeds; Kennel Club, "Top twenty breeds in registration order for the years 2017 and 2018," 2019, thekennelclub.org.uk/media/1160202/2017-2018-top-20.pdf.

2. Bridget M. Waller et al., "Paedomorphic facial expressions give dogs a selective advantage," *PLOS ONE* 8, no. 12 (2013): e82686.

3. C. Westgarth, K. Reevell, and R. Barclay, "Association between prospective owner viewing of the parents of a puppy and later referral for behavioural problems," *Veterinary Record* 170, no. 20 (2012): 517.

4. D. Freedman, J. King, and O. Elliot, "Critical period in the social development of dogs," Science 133, no. 3457 (1961): 1016-1017; C. Pfaffenberger and J. Scott, "The relationship between delayed socialization and trainability in guide dogs," The Journal of Genetic Psychology 95, no. 1 (1959): 145-155; J. Scott and M. Marston, "Critical periods affecting the development of normal and mal-adjustive social behavior of puppies," *The Pedagogical Seminary and Journal of Genetic Psychology* 77, no. 1 (1950): 25-60.

5. F. McMillan et al., "Differences in behavioral characteristics between dogs obtained as puppies from pet stores and those obtained from noncommercial breeders," Journal of the American Veterinary Medical Association 242, no. 10 (2013): 1359-1363.

6. Federica Pirrone et al., "Owner-reported aggressive behavior towards familiar people may be a more prominent occurrence in pet shop-traded dogs," *Journal of Veterinary Behavior* 11 (2016): 13-17.

7. Franklin D. McMillan, "Behavioral and psychological outcomes for dogs sold as puppies through pet stores and/or born in commercial breeding establishments: Current knowledge and putative causes," *Journal of Veterinary Behavior* 19 (2017): 14-26.

8. Harold A. Herzog, "Biology, culture, and the origins of pet-keeping," *Animal Behavior and Cognition* 1, no. 3 (2014): 296-308.

9. Harold A. Herzog and Steven M. Elias, "Effects of winning the Westminster Kennel Club Dog Show on breed popularity," *Journal of the American Veterinary Medical Association* 225, no. 3 (2004): 365-367.

10. Helen Vaterlaws-Whiteside and Amandine Hartmann, "Improving puppy behavior using a new standardized socialization program," *Applied Animal Behaviour Science* 197 (2017): 55-61.

11. James Serpell, Deborah L. Duffy, and J. Andrew Jagoe, "Becoming a dog: Early experience and the development of behavior" in *The Domestic Dog: Its Evolution, Behavior and Interactions with People,* ed. James Serpell (Cambridge: Cambridge University Press, 2017); John Bradshaw, *In Defence of Dogs: Why Dogs Need Our Understanding* (London: Allen Lane, 2011).

12. Kendy T. Teng et al., "Trends in popularity of some morphological traits of purebred dogs in Australia," *Canine Genetics and Epidemiology* 3, no. 1 (2016): 2; Terry Emmerson, "Brachycephalic obstructive airway syndrome: a growing problem," *Journal of Small Animal Practice* 55, no. 11 (2014): 543-544.

13. Kate M. Mornement et al., "Evaluation of the predictive validity of the Behavioural Assessment for Re-homing K9's (B.A.R.K.) protocol and owner satisfaction with adopted dogs," *Applied Animal Behaviour Science* 167 (2015): 35-42.

14. Lee Alan Dugatkin and Lyudmila Trut, *How to Tame a Fox (and Build a Dog): Visionary Scientists and a Siberian Tale of Jump-Started Evolution* (Chicago: University of Chicago Press, 2017).

15. M. Morrow et al., "Breed-dependent differences in the onset of fearrelated avoidance behavior in puppies," *Journal of Veterinary Behavior* 10, no. 4 (2015): 286-294.

16. Peter Sandoe et al., "Why do people buy dogs with potential welfare problems related to extreme conformation and inherited disease? A representative study of Danish owners of four small dog breeds," *PLOS ONE* 12, no. 2 (2017): e0172091.

17. R.M.A. Packer, A. Hendricks, and C.C. Burn, "Do dog owners perceive the clinical signs related to conformational inherited disorders as 'normal' for the breed? A potential constraint to improving canine welfare," *Animal Welfare-he UFAW Journal* 21, no. 1 (2012): 81.

18. R.M.A. Packer, D. Murphy, and M.J. Farnworth, "Purchasing popular purebreds: investigating the influence of breed-type on the prepurchase motivations and behaviour of dog owners," *Animal Welfare-The UFAW Journal* 26, no. 2 (2017): 191-201.

19. Stefano Ghirlanda, Alberto Acerbi, and Harold Herzog, "Dog movie stars and dog breed popularity: A case study in media influence on choice," *PLOS ONE* 9, no. 9 (2014): e106565.

20. Stefano Ghirlanda et al., "Fashion vs. function in cultural evolution: The case of dog breed popularity," *PLOS ONE* 8, no. 9 (2013): e74770.

21. Sophie Scott et al., "Follow-up surveys of people who have adopted dogs and cats from an Australian shelter," *Applied Animal Behaviour Science* 201 (2018): 40-45.

3장

1. American Veterinary Society of Animal Behavior (AVSAB), "The AVSAB position statement on the use of punishment for behavior modification in animals," 2007, avsab.org/wp-content/uploads/2018/03/Punishment_Position_Statement-download_-_10-6-14.pdf.

2. Ai Kutsumi et al., "Importance of puppy training for future behavior of the dog," *Journal of Veterinary Medical Science* 75, no. 2 (2013): 141-149.

3. American Veterinary Society of Animal Behavior (AVSAB), "AVSAB position statement on puppy socialization," 2008, avsab.org/wp-content/uploads/2019/01/Puppy-Socialization-Position-Statement-FINAL.pdf

4. Blackwell, "Relationship between training methods."

5. Claudia Fugazza and Adam Miklosi, "Should old dog trainers learn new tricks? The efficiency of the Do as I Do method and shaping/clicker training method to train dogs," *Applied Animal Behaviour Science* 153 (2014): 53-61.

6. Christine Arhant et al., "Behaviour of smaller and larger dogs: Effects of training methods, inconsistency of owner behaviour and level of engagement in activities with the dog," *Applied Animal Behaviour Science* 123, no. 3-4 (2010): 131-142.

7. Carlo Siracusa, Lena Provoost, and Ilana R. Reisner, "Dog- and ownerrelated risk factors for consideration of euthanasia or rehoming before a referral behavioral consultation and for euthanizing or rehoming the dog after the consultation," *Journal of Veterinary Behavior* 22 (2017): 46-56.

8. Dorit Mersmann et al., "Simple mechanisms can explain social learning in domestic dogs *(Canis familiaris),*" *Ethology* 117, no. 8 (2011): 675-690.

9. Enikő Kubinyi, Peter Pongracz, and Adam Miklosi, "Dog as a model for studying conspecific and heterospecific social learning," *Journal of Veterinary Behavior* 4, no. 1 (2009): 31-41.

10. Emily J. Blackwell et al., "The relationship between training methods and the occurrence of behavior problems, as reported by owners, in a population of

domestic dogs," *Journal of Veterinary Behavior* 3, no. 5 (2008): 207-217.

11. G. Ziv, "The effects of using aversive training methods in dogs—review," *Journal of Veterinary Behavior* 19 (2017): 50-60.

12. J.M. Slabbert and O. Anne E. Rasa, "Observational learning of an acquired maternal behaviour pattern by working dog pups: An alternative training method?" *Applied Animal Behaviour Science* 53, no. 4 (1997): 309-316.

13. Jonathan J. Cooper et al., "The welfare consequences and efficacy of training pet dogs with remote electronic training collars in comparison to reward based training," *PLOS ONE* 9, no. 9 (2014): e102722.

14. Juliane Kaminski, Josep Call, and Julia Fischer, "Word learning in a domestic dog: Evidence for fast mapping," Science 304, no. 5677 (2004): 1682-1683; John W. Pilley, and Alliston K. Reid, "Border collie comprehends object names as verbal referents," *Behavioural Processes* 86, no. 2 (2011): 184-195.

15. J.H. Cutler, J.B. Coe, and L. Niel, "Puppy socialization practices of a sample of dog owners from across Canada and the United States," *Journal of the American Veterinary Medical Association* 251, no. 12 (2017): 1415-1423.

16. Meghan E. Herron, Frances S. Shofer, and Ilana R. Reisner, "Survey of the use and outcome of confrontational and non-confrontational training methods in client-owned dogs showing undesired behaviors," *Applied Animal Behaviour Science* 117, no. 1-2 (2009): 47-54.

17. Nicola Jane Rooney and Sarah Cowan, "Training methods and owner-dog interactions: Links with dog behaviour and learning ability," *Applied Animal Behaviour Science* 132, no. 3-4 (2011): 169-177.

18. Nicole S. Starinsky, Linda K. Lord, and Meghan E. Herron, "Escape rates and biting histories of dogs confined to their owner's property through the use of various containment methods," *Journal of the American Veterinary Medical Association* 250, no. 3 (2017): 297-302.

19. Pamela Joanne Reid, *Excel-erated Learning: Explaining in Plain English How Dogs Learn and How Best to Teach Them* (Berkeley, CA: James & Kenneth Publishers, 1996).

20. Rachel A. Casey et al., "Human directed aggression in domestic dogs *(Canis familiaris)*: Occurrence in different contexts and risk factors," *Applied Animal Behaviour Science* 152 (2014): 52-63.

21. Stephanie Deldalle and Florence Gaunet, "Effects of 2 training methods on stress-related behaviors of the dog (Canis familiaris) and on the dog-owner

relationship," *Journal of Veterinary Behavior* 9, no. 2 (2014): 58-65.

22. Sylvia Masson et al., "Electronic training devices: Discussion on the pros and cons of their use in dogs as a basis for the position statement of the European Society of Veterinary Clinical Ethology," *Journal of Veterinary Behavior* 25 (2018): 71-75.

23. Zazie Todd, "Barriers to the adoption of humane dog training methods," *Journal of Veterinary Behavior* 25 (2018): 28-34.

4장

1. Annika Bremhorst et al., "Incentive motivation in pet dogs—reference for constant vs varied food rewards," *Scientific Reports* 8, no. 1 (2018): 9756.

2. Clare M. Browne et al., "Examination of the accuracy and applicability of information in popular books on dog training," *Society and Animals* 25, no. 5 (2017): 411-435.

3. Cinzia Chiandetti et al., "Can clicker training facilitate conditioning in dogs?" *Applied Animal Behaviour Science* 184 (2016): 109-116.

4. Clare M. Browne et al., "Delayed reinforcement—does it affect learning?" Journal of Veterinary Behavior 8, no. 4 (2013): e37-e38; Clare M. Browne et al., "Timing of reinforcement during dog training," *Journal of Veterinary Behavior* 6, no. 1 (2011): 58-59.

5. Erica N. Feuerbacher and Clive D.L. Wynne, "Relative efficacy of human social interaction and food as reinforcers for domestic dogs and handreared wolves," *Journal of the Experimental Analysis of Behavior* 98, no. 1 (2012): 105-129.

6. Erica N. Feuerbacher and Clive D.L. Wynne, "Shut up and pet me! Domestic dogs (Canis lupus familiaris) prefer petting to vocal praise in concurrent and single-alternative choice procedures," *Behavioural Processes* 110 (2015): 47-59.

7. Erica N. Feuerbacher and Clive D.L. Wynne, "Most domestic dogs (Canis lupus familiaris) prefer food to petting: Population, context, and schedule effects in concurrent choice," *Journal of the Experimental Analysis of Behavior* 101, no. 3 (2014): 385-405.

8. Federica Pirrone et al., "Owner-reported aggressive behavior towards familiar people may be a more prominent occurrence in pet shop-traded dogs," *Journal of Veterinary Behavior* 11 (2016): 13-17.

9. Lynna C. Feng et al., "Is clicker training (clicker+food) better than foodonl training for novice companion dogs and their owners?" *Applied Animal Behaviour Science* 204 (2018): 81-93.

10. Lynna C. Feng, Tiffani J. Howell, and Pauleen C. Bennett, "Practices and perceptions of clicker use in dog training: A survey-based investigation of dog owners and industry professionals," *Journal of Veterinary Behavior* 23 (2018): 1-9.

11. Meghan E. Herron, Frances S. Shofer, and Ilana R. Reisner, "Survey of the use and outcome of confrontational and non-confrontational training methods in client-owned dogs showing undesired behaviors," *Applied Animal Behaviour Science* 117, no. 1-2 (2009): 47-54.

12. Megumi Fukuzawa and Naomi Hayashi, "Comparison of 3 different reinforcements of learning in dogs *(Canis familiaris),*" *Journal of Veterinary Behavior* 8, no. 4 (2013): 221-224.

13. Nadja Affenzeller, Rupert Palme, and Helen Zulch, "Playful activity post-learning improves training performance in Labrador Retriever dogs *(Canis lupus familiaris),*" *Physiology & Behavior* 168 (2017): 62-73.

14. Stefanie Riemer et al., "Reinforcer effectiveness in dogs—he influence of quantity and quality," *Applied Animal Behaviour Science* 206 (2018): 87-93.

15. Yuta Okamoto et al., "The feeding behavior of dogs correlates with their responses to commands," *Journal of Veterinary Medical Science* 71, no. 12 (2009): 1617-1621.

5장

1. American Animal Hospital Association, "Frequency of veterinary visits," 2014, aaha.org/professional/resources/frequency_of_veterinary_visits.aspx.

2. Bruno Scalia, Daniela Alberghina, and Michele Panzera, "Influence of low stress handling during clinical visit on physiological and behavioural indicators in adult dogs: A preliminary study," *Pet Behaviour Science* 4 (2017): 20-22.

3. C. Mariti et al., "The assessment of dog welfare in the waiting room of a veterinary clinic," *Animal Welfare* 24, no. 3 (2015): 299-305.

4. Chiara Mariti et al., "Guardians' perceptions of dogs' welfare and behaviors related to visiting the veterinary clinic," *Journal of Applied Animal Welfare Science* 20, no. 1 (2017): 24-33.

5. Erika Csoltova et al., "Behavioral and physiological reactions in dogs to a veterinary examination: Owner-dog interactions improve canine well-being," *Physiology & Behavior* 177 (2017): 270-281.

6. Fear Free, "Fear Free veterinarians aim to reduce stress for pets," 2016, fearfreepets.com/fear-free-veterinarians-aim-to-reducestress-for-pets/.

7. Franziska Kuhne, Johanna C. Hosler, and Rainer Struwe, "Effects of human-dog familiarity on dogs' behavioural responses to petting," *Applied Animal Behaviour Science* 142, no. 3-4 (2012): 176-181.

8. Franklin D. McMillan et al., "Differences in behavioral characteristics between dogs obtained as puppies from pet stores and those obtained from noncommercial breeders," *Journal of the American Veterinary Medical Association* 242, no. 10 (2013): 1359-1363.

9. Helen Vaterlaws-Whiteside and Amandine Hartmann, "Improving puppy behavior using a new standardized socialization program," *Applied Animal Behaviour Science* 197 (2017): 55-61.

10. John O. Volk et al., "Executive summary of the Bayer veterinary care usage study," *Journal of the American Veterinary Medical Association* 238, no. 10 (2011): 1275-1282.

11. Janice K.F. Lloyd, "Minimising stress for patients in the veterinary hospital: Why it is important and what can be done about it," *Veterinary Sciences* 4, no. 2 (2017): 22.

12. Jessica M. Hoffman et al., "Do female dogs age differently than male dogs?" The *Journals of Gerontology*: Series A 73, no. 2 (2017): 150-156.

13. James A. Serpell and Yuying A. Hsu, "Effects of breed, sex, and neuter status on trainability in dogs," *Anthrozoos* 18, no. 3 (2005): 196-207.

14. Judith L. Stella, Amy E. Bauer, and Candace C. Croney, "A crosssectional study to estimate prevalence of periodontal disease in a population of dogs (Canis familiaris) in commercial breeding facilities in Indiana and Illinois," *PLOS ONE* 13, no. 1 (2018): e0191395.

15. Karolina Westlund, "To feed or not to feed: Counterconditioning in the veterinary clinic," *Journal of Veterinary Behavior* 10, no. 5 (2015): 433-437.

16. Lawrence T. Glickman et al., "Evaluation of the risk of endocarditis and other cardiovascular events on the basis of the severity of periodontal disease in dogs," *Journal of the American Veterinary Medical Association* 234, no. 4 (2009): 486-494; Lawrence T. Glickman et al., "Association between chronic azotemic kidney

disease and the severity of periodontal disease in dogs," *Preventive Veterinary Medicine* 99, no. 2-4 (2011): 193-200.

17. Marcy Hammerle et al., "2015 AAHA canine and feline behavior management guidelines," *Journal of the American Animal Hospital Association* 51, no. 4 (2015): 205-221.

18. Margaret V. Root Kustritz et al., "Determining optimal age for gonadectomy in the dog: A critical review of the literature to guide decision making," *Journal of the American Veterinary Medical Association* 231, no.11 (2007): 1665-1675.

19. Paul D. McGreevy et al., "Behavioural risks in male dogs with minimal lifetime exposure to gonadal hormones may complicate populationcontrol benefits of desexing," *PLOS ONE* 13, no. 5 (2018): e0196284.

20. Paul D. McGreevy, Joanne Righetti, and Peter C. Thomson, "The reinforcing value of physical contact and the effect on canine heart rate of grooming in different anatomical areas," *Anthrozoos* 18, no. 3 (2005): 236-244.

21. Paul D. McGreevy et al., "Dog behavior co-varies with height, bodyweight and skull shape," *PLOS ONE* 8, no. 12 (2013): e80529.

22. Rosalie Trevejo, Mingyin Yang, and Elizabeth M. Lund, "Epidemiology of surgical castration of dogs and cats in the United States," *Journal of the American Veterinary Medical Association* 238, no. 7 (2011): 898-904.

23. Steven E. Holmstrom et al., "2013 AAHA dental care guidelines for dogs and cats," *Journal of the American Animal Hospital Association* 49, no. 2 (2013): 75-82.

24. Todd W. Lue, Debbie P. Pantenburg, and Phillip M. Crawford, "Impact of the owner-pet and client-veterinarian bond on the care that pets receive," *Journal of the American Veterinary Medical Association* 232, no. 4 (2008): 531-540.

25. Zoe Belshaw et al., "Owners and veterinary surgeons in the United Kingdom disagree about what should happen during a small animal vaccination consultation," *Veterinary Sciences* 5, no. 1 (2018): 7; Zoe Belshaw et al., "'I always feel like I have to rush . . .' Pet owner and small animal veterinary surgeons' reflections on time during preventative healthcare consultations in the United Kingdom," *Veterinary Sciences* 5, no. 1 (2018): 20.

6장

1. Alexandra Horowitz, "Attention to attention in domestic dog *(Canis familiaris)* dyadic play," *Animal Cognition* 12, no. 1 (2009): 107-118.

2. John Bradshaw and Nicola Rooney, "Dog social behavior and communication," in *The Domestic Dog: Its Evolution, Behavior and Interactions with People*, ed. J. Serpell (Cambridge: Cambridge University Press, 2017), 133-159.

3. Jessica E. Thomson, Sophie S. Hall, and Daniel S. Mills, "Evaluation of the relationship between cats and dogs living in the same home," *Journal of Veterinary Behavior* 27 (2018): 35-40.

4. Lydia Ottenheimer Carrier et al., "Exploring the dog park: Relationships between social behaviours, personality and cortisol in companion dogs," *Applied Animal Behaviour Science* 146, no. 1-4 (2013): 96-106.

5. Marc Bekoff, "Social play behavior. Cooperation, fairness, trust, and the evolution of morality," *Journal of Consciousness Studies* 8, no. 2 (2001): 81-90.

6. Marc Bekoff, "Play signals as punctuation: The structure of social play in canids," *Behaviour* (1995): 419-429.

7. Marek Spinka, Ruth C. Newberry, and Marc Bekoff, "Mammalian play: Training for the unexpected," *The Quarterly Review of Biology* 76, no. 2 (2001): 141-168.

8. Melissa S. Howse, Rita E. Anderson, and Carolyn J. Walsh, "Social behaviour of domestic dogs *(Canis familiaris)* in a public off-leash dog park," *Behavioural Processes* 157 (2018): 691-701.

9. Michael W. Fox, "Behavioral effects of rearing dogs with cats during the 'critical period of socialization,'" *Behaviour* 35, no. 3-4 (1969): 273-280.

10. Neta-li Feuerstein and Joseph Terkel, "Interrelationships of dogs *(Canis familiaris)* and cats *(Felis catus L.)* living under the same roof," *Applied Animal Behaviour Science* 113, no. 1-3 (2008): 150-165.

11. Rebecca Sommerville, Emily A. O'Connor, and Lucy Asher, "Why do dogs play? Function and welfare implications of play in the domestic dog," *Applied Animal Behaviour Science* 197 (2017): 1-8.

12. S.E. Byosiere, J. Espinosa, and B. Smuts, "Investigating the function of play bows in adult pet dogs *(Canis lupus familiaris),*" *Behavioural Processes* 125 (2016):106-113.

13. Sarah-Elizabeth Byosiere et al., "Investigating the function of play bows in dog and wolf puppies *(Canis lupus familiaris, Canis lupus occidentalis)*," *PLOS ONE* 11, no.

12 (2016): e0168570.

14. Zsuzsanna Horvath, Antal Doka, and Adam Miklosi, "Affiliative and disciplinary behavior of human handlers during play with their dog affects cortisol concentrations in opposite directions," *Hormones and Behavior* 54, no. 1 (2008): 107-114.

7장

1. Alexandra Horowitz and Julie Hecht, "Examining dog-uman play: The characteristics, affect, and vocalizations of a unique interspecific interaction," *Animal Cognition* 19, no. 4 (2016): 779-788.

2. Alex Benjamin and Katie Slocombe, "'Who's a good boy?!' Dogs prefer naturalistic dog-directed speech," *Animal Cognition* 21, no. 3 (2018): 353-364.

3. Brian Hare and Michael Tomasello, "Human-like social skills in dogs?" *Trends in Cognitive Sciences* 9, no. 9 (2005): 439-444.

4. Charles H. Zeanah, Lisa J. Berlin, and Neil W. Boris, "Practitioner review: Clinical applications of attachment theory and research for infants and young children," *Journal of Child Psychology and Psychiatry* 52, no. 8 (2011): 819-833.

5. Deborah Custance and Jennifer Mayer, "Empathic-like responding by domestic dogs *(Canis familiaris)* to distress in humans: An exploratory study," *Animal Cognition* 15, no. 5 (2012): 851-859.

6. Elyssa Payne, Pauleen C. Bennett, and Paul D. McGreevy, "Current perspectives on attachment and bonding in the dog-human dyad," *Psychology Research and Behavior Management* 8 (2015): 71.

7. Erica N. Feuerbacher and Clive D.L. Wynne, "Dogs don't always prefer their owners and can quickly form strong preferences for certain strangers over others," *Journal of the Experimental Analysis of Behavior* 108, no. 3 (2017): 305-317.

8. Emily M. Sanford, Emma R. Burt, and Julia E. Meyers-Manor, "Timmy's in the well: Empathy and

9. Gregory S. Berns, Andrew M. Brooks, and Mark Spivak, "Scent of the familiar: An fMRI study of canine brain responses to familiar and unfamiliar human and dog odors," *Behavioural Processes* 110 (2015): 37-46.

10. Hannah K. Worsley and Sean J. O'Hara, "Cross-species referential signalling events in domestic dogs *(Canis familiaris)*," *Animal Cognition* 21, no. 4 (2018): 457-465.

11. Isabella Merola, Emanuela Prato-Previde, and Sarah Marshall-Pescini, "Social referencing in dog-owner dyads?" *Animal Cognition* 15, no. 2 (2012): 175-185.

12. Isabella Merola, Emanuela Prato-Previde, and Sarah Marshall-Pescini, "Dogs' social referencing towards owners and strangers," *PLOS ONE* 7, no. 10 (2012): e47653.

13. Juliane Kaminski, Andrea Pitsch, and Michael Tomasello, "Dogs steal in the dark," Animal Cognition 16, no. 3 (2013): 385-394; Juliane Brauer et al., "Domestic dogs conceal auditory but not visual information from others," *Animal Cognition* 16, no. 3 (2013): 351-359.

14. Marta Gacsi et al., "Human analogue safe haven effect of the owner: Behavioural and heart rate response to stressful social stimuli in dogs," *PLoS ONE* 8, no. 3 (2013): e58475.

15. Natalia Albuquerque et al., "Dogs recognize dog and human emotions," *Biology Letters* 12, no. 1 (2016): 20150883.

16. Nicola J. Rooney, John W.S. Bradshaw, and Ian H. Robinson, "A comparison of dog-dog and dog-human play behaviour," *Applied Animal Behaviour Science* 66, no. 3 (2000): 235-248.

17. Nicola J. Rooney, John W.S. Bradshaw, and Ian H. Robinson, "Do dogs respond to play signals given by humans?" *Animal Behaviour* 61, no. 4 (2001): 715-722.

18. Peter F. Cook et al., "Awake canine fMRI predicts dogs' preference for praise vs food," Social Cognitive and Affective Neuroscience 11, no. 12 (2016): 1853-1862.

19. Sarah Jeannin et al., "Pet-directed speech draws adult dogs' attention more efficiently than adult-directed speech," *Scientific Reports* 7, no. 1 (2017): 4980.

20. Tobey Ben-Aderet et al., "Dog-directed speech: Why do we use it and do dogs pay attention to it?" *Proceedings of the Royal Society* B 284, no. 1846 (2017): 20162429.

8장

1. American Veterinary Medical Association (AVMA), "Dog bite prevention," Accessed March 31, 2018, avma.org/public/Pages/Dog-Bite-Prevention.aspx.

2. Carri Westgarth et al., "Pet ownership, dog types and attachment to pets in 9-10 year old children in Liverpool, UK," *BMC Veterinary Research* 9, no. 1 (2013): 102.

3. Christine Arhant, Andrea Martina Beetz, and Josef Troxler, "Caregiver reports of interactions between children up to 6 years and their family dog—implications for dog bite prevention," *Frontiers in Veterinary Science* 4 (2017): 130.

4. Christine Arhant et al., "Attitudes of caregivers to supervision of child-family dog interactions in children up to 6 years—an exploratory study," *Journal of Veterinary Behavior* 14 (2016): 10-16.

5. Carlo Siracusa, Lena Provoost, and Ilana R. Reisner, "Dog- and owner-related risk factors for consideration of euthanasia or rehoming before a referral behavioral consultation and for euthanizing or rehoming the dog after the consultation," *Journal of Veterinary Behavior* 22(2017): 46-56.

6. Ilana R. Reisner et al., "Behavioural characteristics associated with dog bites to children presenting to an urban trauma centre," *Injury Prevention* 17, no. 5 (2011): 348-353.

7. Janine C. Muldoon, Joanne M. Williams, and Alistair Lawrence, "'Mum cleaned it and I just played with it': Children's perceptions of their roles and responsibilities in the care of family pets," *Childhood* 22, no. 2 (2015): 201-216.

8. Jiabin Shen et al., "Systematic review: Interventions to educate children about dog safety and prevent pediatric dog-bite injuries: A metaanalytic review," *Journal of Pediatric Psychology* 42, no. 7 (2016): 779-791.

9. K. Meints, A. Racca, and N. Hickey, "How to prevent dog bite injuries? Children misinterpret dogs facial expressions," *Injury Prevention* 16, Suppl 1 (2010): A68.

10. Nathaniel J. Hall et al., "Behavioral and self-report measures influencing children's reported attachment to their dog," *Anthrozoos* 29, no. 1 (2016): 137-150.

11. Sophie S. Hall, Hannah F. Wright, and Daniel S. Mills, "Parent perceptions of the quality of life of pet dogs living with neuro-typically developing and neuro-atypically developing children: An exploratory study," *PLOS ONE* 12, no. 9 (2017): e0185300.

12. Sato Arai, Nobuyo Ohtani, and Mitsuaki Ohta, "Importance of bringing dogs in contact with children during their socialization period for better behavior," *Journal of Veterinary Medical Science* 73, no. 6 (2011): 747-752.

13. Yasemin Salgirli Demirbas et al., "Adults' ability to interpret canine body language during a dog-child interaction," *Anthrozoos* 29, no. 4 (2016): 581-596.

9장

1. Amanda Jane Kobelt et al., "The behaviour of Labrador Retrievers in suburban backyards: The relationships between the backyard environment and dog behaviour," *Applied Animal Behaviour Science* 106, no. 1-3 (2007): 70-84.

2. C.A. Pugh et al., "Dogslife: A cohort study of Labrador Retrievers in the UK," *Preventive Veterinary Medicine* 122, no. 4 (2015): 426-435.

3. Carri Westgarth et al., "Dog behavior on walks and the effect of use of the leash," *Applied Animal Behaviour Science* 125, no. 1-2 (2010): 38-46.

4. Carri Westgarth et al., "I walk my dog because it makes me happy: A qualitative study to understand why dogs motivate walking and improved health," *International Journal of Environmental Research and Public Health* 14, no. 8 (2017): 936.

5. Chris Degeling and Melanie Rock, "'It was not just a walking experience': Reflections on the role of care in dog-walking," *Health Promotion International* 28, no. 3 (2012): 397-406.

6. Christine Arhant et al., "Behaviour of smaller and larger dogs: Effects of training methods, inconsistency of owner behaviour and level of engagement in activities with the dog," *Applied Animal Behaviour Science* 123, no. 3-4 (2010): 131-142.

7. Chris Degeling, Lindsay Burton, and Gavin R. McCormack, "An investigation of the association between socio-demographic factors, dog-exercise requirements, and the amount of walking dogs receive," *Canadian Journal of Veterinary Research* 76, no. 3 (2012): 235-240.

8. Dawn Brooks et al., "2014 AAHA weight management guidelines for dogs and cats," *Journal of the American Animal Hospital Association* 50, no. 1 (2014): 1-11.

9. Hayley Christian et al., "Encouraging dog walking for health promotion and disease prevention," *American Journal of Lifestyle Medicine* 12, no. 3 (2018): 233-243.

10. John Grainger, Alison P. Wills, and V. Tamara Montrose, "The behavioral effects of walking on a collar and harness in domestic dogs *(Canis familiaris)*," *Journal of Veterinary Behavior* 14 (2016): 60-64.

11. Rachel Moxon, H. Whiteside, and Gary C.W. England, "Incidence and impact of dog attacks on guide dogs in the UK: An update," *Veterinary Record* 178, no. 15 (2016): 367.

12. Sarah E. Lofgren et al., "Management and personality in Labrador Retriever dogs," *Applied Animal Behaviour Science* 156 (2014): 44-53.

13. San Francisco Society for the Prevention of Cruelty to Animals (SF SPCA), "Prong collars: Myths and facts," *Accessed March* 31, 2018, sfspca.org/prong/myths.

14. Tiffani J. Howell, Kate Mornement, and Pauleen C. Bennett, "Pet dog management practices among a representative sample of owners in Victoria, Australia," *Journal of Veterinary Behavior* 12 (2016): 4-12.

15. Westgarth et al., "Dog behavior on walks."

10장

1. A. Bowman et al., "'Four Seasons' in an animal rescue centre; classical music reduces environmental stress in kennelled dogs," *Physiology & Behavior* 143 (2015): 70-82.

2. Alexandra A. Horowitz, *Being a Dog: Following the Dog into a World of Smell* (New York: Scribner, 2016).

3. Anne J. Pullen, Ralph J.N. Merrill, and John W.S. Bradshaw, "Habituation and dishabituation during object play in kennel-housed dogs," *Animal Cognition* 15, no. 6 (2012): 1143-1150.

4. Christine Arhant et al., "Behavior of smaller and larger dogs: Effects of training methods, inconsistency of owner behaviour and level of engagement in activities with the dog," *Applied Animal Behaviour Science* 123, no. 3-4 (2010): 131-142.

5. C. Duranton and A. Horowitz, "Let me sniff! Nosework induces positive judgment bias in pet dogs," *Applied Animal Behaviour Science* 211 (2019): 61-66.

6. Anne J. Pullen, Ralph J.N. Merrill, and John W.S. Bradshaw, "Habituation and dishabituation during object play in kennel-housed dogs," *Animal Cognition* 15, no. 6 (2012): 1143-1150.

7. Lori R. Kogan, Regina Schoenfeld-Tacher, and Allen A. Simon, "Behavioral effects of auditory stimulation on kenneled dogs," *Journal of Veterinary Behavior* 7, no. 5 (2012): 268-275.

8. John Bradshaw and Nicola Rooney, "Dog social behavior and communication" in *The Domestic Dog: Its Evolution, Behavior and Interactions with People*, ed. James Serpell (Cambridge: Cambridge University Press, 2017), 133-159.

9. Jocelyn (Joey) M. Farrell et al., "Dog-sport competitors: What motivates people to participate with their dogs in sporting events?" *Anthrozoos* 28, no. 1 (2015): 61-71.

10. Jenna Kiddie and Lisa Collins, "Identifying environmental and management factors that may be associated with the quality of life of kennelled dogs (Canis familiaris)," *Applied Animal Behaviour Science* 167 (2015): 43-55.

11. Lori R. Kogan, Regina Schoenfeld-Tacher, and Allen A. Simon, "Behavioral effects of auditory stimulation on kenneled dogs," *Journal of Veterinary Behavior* 7, no. 5 (2012): 268-275.

12. Lidewij L. Schipper et al., "The effect of feeding enrichment toys on the behavior of kennelled dogs (Canis familiaris)," *Applied Animal Behaviour Science* 114, no. 1-2 (2008): 182-195.

13. Nicola J. Rooney and John W.S. Bradshaw, "An experimental study of the effects of play upon the dog-human relationship," *Applied Animal Behaviour Science* 75, no. 2 (2002): 161-176.

14. Ragen T.S. McGowan et al., "Positive affect and learning: Exploring the 'Eureka Effect' in dogs," *Animal Cognition* 17, no. 3 (2014): 577-587.

11장

1. Andrew Knight and Madelaine Leitsberger, "Vegetarian versus meatbased diets for companion animals," *Animals* 6, no. 9 (2016): 57.

2. ASPCA Poison Control, "People foods to avoid feeding your pet," Accessed September 30, 2018, aspca.org/pet-care/animal-poisoncontrol/people-foods-avoid-feeding-your-pets.

3. Alexander J. German et al., "Small animal health: Dangerous trends in pet obesity," *Veterinary Record* 182, no. 1 (2018): 25.

4. Banfield Veterinary Hospital, "Obesity is an epidemic," Accessed September 29, 2018, banfield.com/state-of-pet-health/obesity.

5. C.A. Pugh et al., "Dogslife: A cohort study of Labrador Retrievers in the UK," *Preventive Veterinary Medicine* 122, no. 4 (2015): 426-435.

6. Carina Salt et al., "Association between life span and body condition in neutered client-owned dogs," *Journal of Veterinary Internal Medicine* 33, no. 1 (2018): 89-99.

7. Daniel P. Schlesinger and Daniel J. Joffe, "Raw food diets in companion animals: A critical review," *The Canadian Veterinary Journal* 52, no. 1 (2011): 50.

8. Erik Axelsson et al., "The genomic signature of dog domestication reveals

adaptation to a starch-rich diet," *Nature* 495, no. 7441 (2013): 360.

9. Ernie Ward, Alexander J. German, and Julie A. Churchill, "The Global Pet Obesity Initiative position statement," Accessed December 29, 2018, petobesityprevention.org/about.

10. Elizabeth M. Lund et al., "Prevalence and risk factors for obesity in adult dogs from private US veterinary practices," *International Journal of Applied Research in Veterinary Medicine* 4, no. 2 (2006): 177; P.D. McGreevy et al., "Prevalence of obesity in dogs examined by Australian veterinary practices and the risk factors involved," *Veterinary Record—English Edition* 156, no. 22 (2005): 695-701.

11. Ellen Kienzle, Reinhold Bergler, and Anja Mandernach, "A comparison of the feeding behavior and the human-animal relationship in owners of normal and obese dogs," *The Journal of Nutrition* 128, no. 12 (1998): 2779S-2782S.

12. Freek P.J. van Bree et al., "Zoonotic bacteria and parasites found in raw meat-based diets for cats and dogs," *Veterinary Record* 182, no. 2 (2018): 50.

13. Giada Morelli et al., "Study of ingredients and nutrient composition of commercially available treats for dogs," *Veterinary Record* 182, no. 12 (2018): 351.

14. J. Boyd, "Should you feed your pet raw meat? The risks of a 'traditional' diet," 2018, phys.org/news/2018-01-pet-raw-meat-real-traditional.html.

15. Jaak Panksepp and Margaret R. Zellner, "Towards a neurobiologically based unified theory of aggression," *Revue internationale de psychologie sociale* 17 (2004): 37-62.

16. Kathryn E. Michel, "Unconventional diets for dogs and cats," *Veterinary Clinics: Small Animal Practice* 36, no. 6 (2006): 1269-1281.

17. Maja Arendt et al., "Diet adaptation in dog reflects spread of prehistoric agriculture," *Heredity* 117, no. 5 (2016): 301.

18. Maja Arendt et al., "Amylase activity is associated with AMY 2B copy numbers in dog: Implications for dog domestication, diet and diabetes," *Animal Genetics* 45, no. 5 (2014): 716-722.

19. Morgane Ollivier et al., "Amy2B copy number variation reveals starch diet adaptations in ancient European dogs," *Royal Society Open Science* 3, no. 11 (2016): 160449.

20. Marta Krasuska and Thomas L. Webb, "How effective are interventions designed to help owners to change their behaviour so as to manage the weight

of their companion dogs? A systematic review and meta-analysis," *Preventive Veterinary Medicine* 159, no. 1 (2018): 40-50.

21. Monique A.R. Udell et al., "Exploring breed differences in dogs *(Canis familiaris)*: Does exaggeration or inhibition of predatory response predict performance on human-guided tasks?," *Animal Behaviour* 89 (2014): 99-105; D. Horwitz, *Blackwell's Five-Minute Veterinary Consult Clinical Companion: Canine and Feline Behavior*, 2nd edition (Oxford, UK: Wiley Blackwell, 2017).

22. Ray Coppinger and L. Coppinger, Dogs: A *Startling New Understanding of Canine Origin, Behavior and Evolution* (New York: Scribner, 2001).

23. Tiffani J. Howell, Kate Mornement, and Pauleen C. Bennett, "Pet dog management practices among a representative sample of owners in Victoria, Australia," *Journal of Veterinary Behavior* 12 (2016): 4-12.

24. Vivian Pedrinelli, Marcia de O.S. Gomes, and Aulus C. Carciofi, "Analysis of recipes of home-prepared diets for dogs and cats published in Portuguese," *Journal of Nutritional Science* 6 (2017): e33.

12장

1. Anna Kis et al., "Sleep macrostructure is modulated by positive and negative social experience in adult pet dogs," *Proceedings of the Royal Society B* 284, no. 1865 (2017): 20171883.

2. Anna Kis et al., "The interrelated effect of sleep and learning in dogs *(Canis familiaris)*: an EEG and behavioural study," *Scientific Reports* 7 (2017): 41873.

3. Bradley Smith et al., "The prevalence and implications of human-nimal co-sleeping in an Australian sample," *Anthrozoos* 27, no. 4 (2014): 543-551.

4. Brian M. Zanghi et al., "Effect of age and feeding schedule on diurnal rest/activity rhythms in dogs," *Journal of Veterinary Behavior* 7, no. 6 (2012): 339-347.

5. Brian M. Zanghi et al., "Characterizing behavioral sleep using actigraphy in adult dogs of various ages fed once or twice daily," *Journal of Veterinary Behavior* 8, no. 4 (2013): 195-203.

6. C.A. Pugh et al., "Dogslife: A cohort study of Labrador Retrievers in the UK," *Preventive Veterinary Medicine* 122, no. 4 (2015): 426-435.

7. Christy L. Hoffman, Kaylee Stutz, and Terrie Vasilopoulos, "An examination of adult women's sleep quality and sleep routines in relation to pet ownership and

bedsharing," *Anthrozoos* 31, no. 6 (2018): 711-725.

8. Dorothea Doring et al., "Use of beds by laboratory beagles," *Journal of Veterinary Behavior* 28 (2018): 6-10.

9. Dorothea Doring et al., "Behavioral observations in dogs in four research facilities: Do they use their enrichment?" *Journal of Veterinary Behavior* 13 (2016): 55-62.

10. G.J. Adams and K.G. Johnson, "Behavioral responses to barking and other auditory stimuli during night-time sleeping and waking in the domestic dog *(Canis familiaris)*," *Applied Animal Behaviour Science* 39, no. 2 (1994): 151-162.

11. G.J. Adams and K.G. Johnson, "Sleep-wake cycles and other night-time behaviors of the domestic dog Canis familiaris," *Applied Animal Behaviour Science* 36, no. 2 (1993): 233-248.

12. Helle Demant et al., "The effect of frequency and duration of training sessions on acquisition and long-term memory in dogs," *Applied Animal Behaviour Science* 133, no. 3-4 (2011): 228-234.

13. R. Fast et al., "An observational study with long-term follow-up of canine cognitive dysfunction: Clinical characteristics, survival, and risk factors," *Journal of Veterinary Internal Medicine* 27, no. 4 (2013): 822-829.

14. Simona Cannas et al., "Factors associated with dog behavioral problems referred to a behavior clinic," *Journal of Veterinary Behavior* 24 (2018): 42-47.

15. Scott S. Campbell and Irene Tobler, "Animal sleep: A review of sleep duration across phylogeny," *Neuroscience & Biobehavioral Reviews* 8, no. 3 (1984): 269-300.

16. Sara C. Owczarczak-Garstecka and Oliver H.P. Burman, "Can sleep and resting behaviours be used as indicators of welfare in shelter dogs *(Canis lupus familiaris)*?" *PLOS ONE* 11, no. 10 (2016): e0163620.

17. Tiffani J. Howell, Kate Mornement, and Pauleen C. Bennett, "Pet dog management practices among a representative sample of owners in Victoria, Australia," *Journal of Veterinary Behavior* 12 (2016): 4-12.

18. Victoria L. Voith, John C. Wright, and Peggy J. Danneman, "Is there a relationship between canine behavior problems and spoiling activities, anthropomorphism and obedience training?" *Applied Animal Behaviour Science* 34, no. 3 (1992): 263-272.

19. Zanghi, "Effect of age and feeding schedule."

13장

1. Alexandra Horowitz, "Disambiguating the 'guilty look': Salient prompts to a familiar dog behaviour," *Behavioural Processes* 81, no. 3 (2009): 447-452.

2. Animal Legal and Historical Center, "Ontario Statutes—og Owners' Liability Act," Accessed March 16, 2019, animallaw.info/statute/canada-ontario-dog-owners-liability-act.

3. Ana Luisa Lopes Fagundes et al., "Noise sensitivities in dogs: An exploration of signs in dogs with and without musculoskeletal pain using qualitative content analysis," *Frontiers in Veterinary Science* 5 (2018): 17.

4. Christy L. Hoffman et al., "Is that dog a pit bull? A cross-country comparison of perceptions of shelter workers regarding breed identification," *Journal of Applied Animal Welfare Science* 17, no. 4 (2014): 322-339.

5. City of Calgary, "Bylaws related to dogs," Accessed March 31, 2018, calgary.ca/CSPS/ABS/Pages/Bylaws-by-topic/Dogs.aspx.

6. Carri Westgarth and Francine Watkins, "A qualitative investigation of the perceptions of female dog-bite victims and implications for the prevention of dog bites," *Journal of Veterinary Behavior* 10, no. 6 (2015): 479-488.

7. Carlo Siracusa, Lena Provoost, and Ilana R. Reisner, "Dog- and ownerrelated risk factors for consideration of euthanasia or rehoming before a referral behavioral consultation and for euthanizing or rehoming the dog after the consultation," *Journal of Veterinary Behavior* 22 (2017): 46-56.

8. E.L. Buckland et al., "Prioritisation of companion dog welfare issues using expert consensus," *Animal Welfare* 23, no. 1 (2014): 39-46.

9. Emily J. Blackwell, John W.S. Bradshaw, and Rachel A. Casey, "Fear responses to noises in domestic dogs: Prevalence, risk factors and co-occurrence with other fear related behaviour," *Applied Animal Behaviour Science* 145, no. 1-2 (2013): 15-25.

10. E. Blackwell, R.A. Casey, and J.W.S. Bradshaw, "Controlled trial of behavioural therapy for separation-related disorders in dogs," *Veterinary Record* 158, no. 16 (2006): 551-554.

11. Finn Nilson et al., "The effect of breed-specific dog legislation on hospital treated dog bites in Odense, Denmark—a time series intervention study," *PLOS ONE* 13, no. 12 (2018): e0208393.

12. Giovanna Guardini et al., "Influence of morning maternal care on the

behavioural responses of 8-week-old Beagle puppies to new environmental and social stimuli," *Applied Animal Behaviour Science* 181 (2016): 137-144.

13. Heather Mohan-Gibbons, Emily Weiss, and Margaret Slater, "Preliminary investigation of food guarding behavior in shelter dogs in the United States," *Animals* 2, no. 3 (2012): 331-346; Amy R. Marder et al., "Food-related aggression in shelter dogs: A comparison of behavior identified by a behavior evaluation in the shelter and owner reports after adoption," *Applied Animal Behaviour Science* 148, no. 1-2 (2013): 150-156.

14. Isain Zapata, James A. Serpell, and Carlos E. Alvarez, "Genetic mapping of canine fear and aggression," *BMC Genomics* 17, no. 1 (2016): 572.

15. Julie Hecht, Adam Miklosi, and Marta Gacsi, "Behavioral assessment and owner perceptions of behaviors associated with guilt in dogs," *Applied Animal Behaviour Science* 139, no. 1-2 (2012): 134-142.

16. James A. Serpell and Deborah L. Duffy, "Aspects of juvenile and adolescent environment predict aggression and fear in 12-month-old guide dogs," *Frontiers in Veterinary Science* 3 (2016): 49.

17. Jacquelyn A. Jacobs et al., "Ability of owners to identify resource guarding behaviour in the domestic dog," *Applied Animal Behaviour Science* 188 (2017): 77-83.

18. Jacquelyn A. Jacobs et al., "Factors associated with canine resource guarding behaviour in the presence of people: A cross-sectional survey of dog owners," *Preventive Veterinary Medicine* 161 (2018): 143-153.

19. Karen Overall, *Manual of Clinical Behavioral Medicine for Dogs and Cats* (St. Louis, MO: Elsevier Health Sciences, 2013).

20. Lisa Jessica Wallis et al., "Demographic change across the lifespan of pet dogs and their impact on health status," *Frontiers in Veterinary Science* 5 (2018): 200.

21. Moshe Szyf, "DNA methylation, behavior and early life adversity," *Journal of Genetics and Genomics* 40, no. 7 (2013): 331-338; Jana P. Lim and Anne Brunet, "Bridging the transgenerational gap with epigenetic memory," *Trends in Genetics* 29, no. 3 (2013): 176-186.

22. Michele Wan, Niall Bolger, and Frances A. Champagne, "Human perception of fear in dogs varies according to experience with dogs," *PLOS ONE* 7, no. 12 (2012): e51775.

23. Meghan E. Herron, Frances S. Shofer, and Ilana R. Reisner, "Survey of the use and outcome of confrontational and non-confrontational training methods in

client-owned dogs showing undesired behaviors," *Applied Animal Behaviour Science* 117, no. 1-2 (2009): 47-54.

24. Malena DeMartini-Price, *Treating Separation Anxiety in Dogs* (Wenatchee, WA: Dogwise Publishing, 2014).

25. Niwako Ogata, "Separation anxiety in dogs: What progress has been made in our understanding of the most common behavioral problems in dogs?" *Journal of Veterinary Behavior* 16 (2016): 28-35.

26. Nicole S. Starinsky, Linda K. Lord, and Meghan E. Herron, "Escape rates and biting histories of dogs confined to their owner's property through the use of various containment methods," *Journal of the American Veterinary Medical Association* 250, no. 3 (2017): 297-302.

27. Overall, *Manual of Clinical Behavioral Medicine for Dogs and Cats.*

28. Patricia Vetula Gallo, Jack Werboff, and Kirvin Knox, "Development of home orientation in offspring of protein-restricted cats," *Developmental Psychobiology: The Journal of the International Society for Developmental Psychobiology* 17, no. 5 (1984): 437-449.

29. Pernilla Foyer, Erik Wilsson, and Per Jensen, "Levels of maternal care in dogs affect adult offspring temperament," *Scientific Reports* 6 (2016): 19253.

30. Paraic O Suilleabhain, "Human hospitalisations due to dog bites in Ireland (1998-2013): Implications for current breed specific legislation," *The Veterinary Journal* 204, no. 3 (2015): 357-359.

31. Rachel A. Casey et al., "Human directed aggression in domestic dogs (Canis familiaris): Occurrence in different contexts and risk factors," *Applied Animal Behaviour Science* 152 (2014): 52-63.

32. Royal Society for the Prevention of Cruelty to Animals (RSPCA), "Breed specific legislation, a dog's dinner," 2016, rspca.org.uk/webContent/staticImages/Downloads/BSL_Report.pdf.

33. Rene Bruemmer, "How Calgary reduced dog attacks without banning pit bulls," *Montreal Gazette*, September 1, 2016.

34. L.S. Weiss, "Breed-specific legislation in the United States," AnimalLegal and Historical Center, 2001, animallaw.info/article/breed-specific-legislation-united-states.

14장

1. Durga Chapagain et al., "Aging of attentiveness in Border Collies and other pet dog breeds: The protective benefits of lifelong training," *Frontiers in Aging Neuroscience* 9 (2017): 100.

2. Elizabeth Head, "Combining an antioxidant-fortified diet with behavioral enrichment leads to cognitive improvement and reduced brain pathology in aging canines: Strategies for healthy aging," *Annals of the New York Academy of Sciences* 1114, no. 1 (2007): 398-406.

3. Jan Bellows et al., "Common physical and functional changes associated with aging in dogs," *Journal of the American Veterinary Medical Association* 246, no. 1 (2015): 67-75; Hannah E. Salvin et al., "The effect of breed on age-related changes in behavior and disease prevalence in cognitively normal older community dogs, *Canis lupus familiaris*," *Journal of Veterinary Behavio*r 7, no. 2 (2012): 61-69.

4. J. Kirpensteijn, R. Van, and N. Endenburg Bos, "Adaptation of dogs to the amputation of a limb and their owners' satisfaction with the procedure," *Veterinary Record* 144, no. 5 (1999): 115-118.

5. Lisa Jessica Wallis et al., "Lifespan development of attentiveness in domestic dogs: Drawing parallels with humans," *Frontiers in Psycholog*y 5 (2014): 71.

6. Naomi Harvey, "Imagining life without Dreamer," Veterinary Record 182 (2018): 299.

7. Valeri Farmer-Dougan et al., "Behavior of hearing or vision impaired and normal hearing and vision dogs *(Canis lupis familiaris)*: Not the same, but not that different," *Journal of Veterinary Behavior* 9, no. 6 (2014): 316-323.

8. Yuanlong Pan et al., "Cognitive enhancement in old dogs from dietary supplementation with a nutrient blend containing arginine, antioxidants, B vitamins and fish oil," *British Journal of Nutrition* 119, no. 3 (2018): 349-358.

15장

1. Alice Villalobos, "Cancers in dogs and cats," in *Hospice and Palliative Care for Companion Animals: Principles and Practice*, eds. A. Shanan, T. Shearer, and J. Pierce (Hoboken: Wiley-Blackwell, 2017): 89-100.

2. Belshaw et al., "Quality of life assessment in domestic dogs: An evidencebased rapid review," *The Veterinary Journal* 206, no. 2 (2015): 203-212.

3. D.G. O'Neill et al., "Longevity and mortality of owned dogs in England," *The Veterinary Journal* 198, no. 3 (2013): 638-643.

4. Inoue, "Current life table."

5. J.M. Fleming, K.E. Creevy, and D.E.L. Promislow, "Mortality in North American dogs from 1984 to 2004: An investigation into age-, size-, and breed-related causes of death," *Journal of Veterinary Internal Medicine* 25, no. 2 (2011): 187-198.

6. Jessica K. Walker, Natalie K. Waran, and Clive J.C. Phillips, "Owners' perceptions of their animal's behavioral response to the loss of an animal companion," *Animals* 6, no. 11 (2016): 68.

7. Lilian Tzivian, Michael Friger, and Talma Kushnir, "Associations between stress and quality of life: Differences between owners keeping a living dog or losing a dog by euthanasia," *PLOS ONE* 10, no. 3 (2015): e0121081.

8. Mai Inoue, "A current life table and causes of death for insured dogs in Japan," *Preventive Veterinary Medicine* 120, no. 2 (2015): 210-218.

9. Peter Sandoe, Clare Palmer, and Sandra Corr, "Human attachment to dogs and cats and its ethical implications," in *22nd FECAVA Eurocongress* 31 (2016): 11-14.

10. Stine Billeschou Christiansen et al., "Veterinarians' role in clients' decision-making regarding seriously ill companion animal patients," *Acta Veterinaria Scandinavica* 58, no. 1 (2015): 30.

11. Sandra Barnard-Nguyen et al., "Pet loss and grief: Identifying at-risk pet owners during the euthanasia process," *Anthrozoos* 29, no. 3 (2016): 421-430.

12. Sakiko, Yamazaki, "A survey of companion-animal owners affected by the East Japan Great Earthquake in Iwate and Fukushima Prefectures, Japan," *Anthrozoos* 28, no. 2 (2015): 291-304.

13. V.J. Adams et al., "Methods and mortality results of a health survey of purebred dogs in the UK," *Journal of Small Animal Practice* 51, no. 10 (2010): 512-524.

14. Vivian C. Fan et al., "Retrospective survey of owners' experiences with palliative radiation therapy for pets," *Journal of the American Veterinary Medical Association* 253, no. 3 (2018): 307-314.

반려견 행동심리학
개의 행복을 위한 가장 과학적인 양육 가이드

초판 발행 | 2022년 2월 7일
1판 3쇄 | 2024년 12월 2일
펴낸곳 | 동글디자인
발행인 | 현호영
지은이 | 재지 토드
옮긴이 | 이윤정
주   소 | 서울시 서대문구 신촌역로 17, 207호
팩   스 | 070.8224.4322
이메일 | dongledesign@gmail.com

ISBN 979-11-91925-03-6

WAG
The Science of Making Your Dog Happy

Copyright © 2020 by Zazie Todd
All rights reserved.
Foreword © 2020 by Marty Becker
Photographs © 2020 as credited

Korean translation rights arranged with
Transatlantic Literary Agency Inc., through Danny Hong Agency, Seoul.
Korean translation copyright © 2022 by Dongle Design

이 책의 한국어판 저작권은 대니홍 에이전시를 통한 저작권사와의 독점 계약으로 동글디자인에 있습니다. 저작권법에 의해 한국 내에서 보호를 받는 저작물이므로 무단전재와 복제를 금합니다.